Liebe deine Stadt

Ihr habt wohl nie aus euren dumpfen Mauern
Auf Deutschland und Europa rings geblickt:
Wie könnte sonst der leere Stolz noch dauern
Auf solch ein Bruchstück, ärmlich ausgeflickt?

August Wilhelm Schlegel, „An die Kölner“, 1841

Für meine Tochter Anna, geboren in Düsseldorf,
aufgewachsen in Köln

Andreas Rossmann

Das kann nur Köln sein

Ein Glossar

Fotografien von
Manfred Wegener

Verlag der Buchhandlung
Walther König, Köln

STÄDTEQUIZ

Im Juni 1994 nimmt die Stadt, deren Namen wir hier suchen, die Schenkung einer bedeutenden Kunstsammlung an. Dafür soll ihr Stifter, bisher „Partner" eines Doppelmuseums, dieses fortan allein benennen und die ältere Kunst einen Neubau erhalten, der – so viel vorweg – im Januar 2001 eröffnet wurde. Aber auch den anderen Museen soll kein Nachteil entstehen, und so wird dem Völkerkundemuseum „mindestens zeitgleich" ein Neubau versprochen. Im März 1995 wird der Wettbewerb ausgelobt: Das Museum soll mit anderen Instituten in ein neues Kulturzentrum in der Stadtmitte ziehen. Im Juni 1996 wird die Aufgabe abgespeckt, im Dezember der Wettbewerb entschieden, im März 1997 das siegreiche Architekturbüro beauftragt. Im Oktober 1999 stellt es nach einem Dissens zwischen den Nutzern eine zweite Vorplanung fertig, die der Rat im April 2000 verabschiedet und mit einem Kostendeckel von 120 Millionen D-Mark versieht. Ein Jahr später liegt die Entwurfsplanung vor, im Juli 2001 wird die Bauausführung beschlossen, im Januar 2002 eine Bauförderung beim Land beantragt und im Juli gegen Proteste der Kulturszene der alte Komplex, mit Kunstverein und Kunsthalle, abgerissen. Als Termin der Fertigstellung wird nun Herbst 2005 genannt. Im April 2003 werden die Arbeiten wegen der desolaten Finanzlage der Kommune eingestellt. Im Juli 2003 gibt der Rat den Auftrag einer „Optimierung", die statt eines Kammermusiksaals eine Tiefgarage vorsieht. Im Mai 2005 werden die Arbeiten wieder aufgenommen, im Juni der Grundstein gelegt. Im März 2006 ist die Tiefgarage fertig, im April beginnt der Bau der oberirdischen Gebäude, die im Oktober 2008 bezogen werden sollen. Seitdem streitet sich die Stadt mit den ausführenden Firmen um viele hundert Mängel des Innenausbaus. Inzwischen ist die Übergabe für den 14. Mai 2010 in Aussicht gestellt, sodass die Eröffnung im September stattfinden kann. Aber vielleicht auch nicht. Wie heißt die Stadt, die sich gerne die nördlichste Italiens nennt?

Inhaltsverzeichnis

SO SEHEN SIE DEN ALTEN GERN

Ein Denkmal für Konrad Adenauer an der Kirche St. Aposteln

Ein Stück Rheinufer und zwei Straßen, ein Haus, ein Weiher, eine Schule und der Flughafen sind in seiner Heimatstadt nach ihm benannt – auf ein Denkmal aber hat Konrad Adenauer in Köln lange warten müssen. Nicht die Stadt, sondern eine Bürgerinitiative, die „Interessengemeinschaft Neumarkt“, hat denn auch die Bronzeskulptur in Auftrag gegeben, die den kleinen Platz an der Nordseite der romanischen Kirche St. Aposteln zentriert. Kein generöser Sponsor, sondern Hunderte von kleinen Spendern haben – mit Beiträgen zwischen 1,67 und vierzigtausend D-Mark – etwas mehr als eine halbe Million dafür aufgebracht.

Was lange währt, wird endlich gut – das gilt auch für das Denkmal selbst. Schon 1987 war das Komitee zu seiner Errichtung gegründet worden, gleich dreimal musste ein Künstler dafür ausgewählt werden: Der Wunschkandidat, Giacomo Manzù, starb, noch ehe er den Auftrag angenommen hatte, und Hans Wimmer, der für ihn einsprang, konnte die Plastik vor seinem Tod nicht mehr vollenden. So musste einer seiner Schüler letzte Hand anlegen: Ein Jahr lang hat Gerd Weiland an dem Kopf gearbeitet, den sein Lehrer erst im Umriss gestaltet hatte.

Und dann kam es auch noch zu einer Kontroverse über den Standort: Die CDU-Ratsfraktion hätte „ihren“ Adenauer lieber vor dem Historischen Rathaus gesehen, wo er von 1917 bis 1933 und noch einmal kurz nach Kriegsende als Oberbürgermeister regierte. Dass das Denkmal nicht dort, sondern an der belebten Ecke von Mittel- und Apostelnstraße, etwa fünfhundert Meter von seinem Geburtshaus in der Balduinstraße entfernt, platziert wurde, dürfte den Absichten der Initiatoren näher kommen: Hier sehen die Kölner den „Alten“ gern, wird so doch nicht vor allem der Politiker, sondern auch der Bürger Adenauer geehrt.

Wimmer hat den ersten Kanzler der Bundesrepublik warm angezogen: Im dicken, mit breitem Pelz besetzten Wintermantel tritt er den Kölnern überlebensgroß entgegen. Das hat weniger mit dem „Kalten Krieg“ als mit der hageren Konstitution des realen Vorbilds zu tun. So gelingt es dem vielleicht letzten großen dem klassischen Schönheitsideal verpflichteten Bildhauer, dass sich die zwei Meter dreißig hohe Figur ohne Pathos und Pose behauptet und eine gedrungene Würde gewinnt.

Seit das Denkmal am 1. Juli 1995 von zwei Nachkommen, dem politischen Enkel Helmut Kohl und dem leiblichen Enkel Konrad Adenauer, enthüllt wurde, wird darüber in Köln auch gestritten: „Der Kopf ist zu klein“ und „Der Mantel ist zu groß“, „Dä hät joh ne Puckel“ und „Dä hät keine Hals“, „Die Proportionen stimmen nicht“ und „So war der nit“ – noch achtundzwanzig Jahre nach seinem Tod erregt Adenauer die Gemüter. Die Bäckersfrau, die am anderen Ende der Apostelnstraße auch „Adenauerbrot“, ein Maisbrot nach dem Originalrezept des Kriegsjahres 1915, das Pfund für 4,10 D-Mark, anbietet, steht darüber: „Nein, die Nachfrage ist, seit das Denkmal eingeweiht wurde, nicht gestiegen“, sagt sie, „aber so, wie er da steht, so ist der Adenauer gewesen.“

DER ONKEL IST FÜR ALLE DA

Murks mit Marcks: wie dem Denkmal für Albertus Magnus mitgespielt wird

Wie hat sich die Stadt um diesen Künstler bemüht. „Die geistige Welt wacht trotz der Ruinen wieder auf in Köln. Helfen Sie uns dabei“, wendet sich, fast flehentlich, die Bildhauerin Hildegard Domizlaff am 16. November 1945 in einem Brief an Gerhard Marcks, den befreundeten Kollegen. Der scheint nicht abgeneigt, ist aber gerade dabei, sich andernorts zu binden: „Ich bin in Verhandlung mit Hamburg, wird wohl perfekt werden, und das hieße, dass ich nicht nach Köln kann, wohin mich manches lockt: z.B. der Rhein, Paris, romanische Architektur, überhaupt der Westen. Vielleicht schaffe ich das doch noch!"

Marcks schafft es. Denn Köln wirbt heftig um ihn. Geht es doch darum, auch in Konkurrenz zu Düsseldorf, der Akademiestadt, den eigenen Ruhm als Kunststadt zu festigen. 1946 erhält Marcks den Auftrag für den „Todesengel", ein Mahnmal für die Opfer des Kriegs, das 1949 in der Ruine St. Alban aufgestellt wird. Im selben Jahr wird ihm die Stephan-Lochner-Medaille zuerkannt, welche die Stadt erstmals vergibt. Der damalige Kulturdezernent Wilhelm Steinforth nutzt, unterstützt von dem Sammler Josef Haubrich und Leopold Reidemeister, dem Generaldirektor der Kölner Museen, die häufigen Aufenthalte des Künstlers am Rhein, um ihn für folgendes Angebot zu gewinnen: Die Stadt lässt ihm, auf einem von ihm gewählten Grundstück, ein Atelierhaus errichten und verrechnet die Kosten mit dem Erwerb einiger seiner Plastiken. Marcks nimmt an und zieht 1950 von Hamburg nach Köln, wo er bis zu seinem Tod 1981 lebt und arbeitet. Der bei aller Großzügigkeit schlichte Winkelbau in Müngersdorf, den ihm der Architekt Wilhelm Riphahn ganz seinen Bedürfnissen gemäß entworfen hat, atmet bis heute seinen Geist: Auf dem Pfeiler der Einfahrt wacht eine Hundeplastik von Gerhard Marcks, und im Garten liegt seine Großfigur „Aigina".

Im Jahr 1954 erteilt die Stadt Marcks den Auftrag, „aus dem Geist der heutigen Zeit" ein Denkmal für Albertus Magnus (1198 bis 1280) zu gestalten, der als Prior des Dominikanerklosters und Universalgelehrter eng mit Köln verbunden ist. Den Antrag dazu hat Haubrich eingebracht, der für die SPD im Stadtrat sitzt und sich, mit dem Ausbau seiner exquisiten Expressionisten-Sammlung, wie kein zweiter in Köln als Förderer der Künste betätigt. Die Skulptur soll vor der Universität aufgestellt werden und hier mit der Bronzeplastik eines „Max Planck“, die Bernhard Heiliger für die Berliner Humboldt-Universität geschaffen und von der Köln 1952 einen Zweitguss erworben hatte, in Dialog treten.

Im Mai 1955 hat Marcks nicht nur den geforderten Kleinentwurf, sondern schon ein gussfertiges Modell fertig. Der Kulturausschuss votiert einstimmig für die Skulptur, die auch im Rat der Stadt eine deutliche Mehrheit findet. Nur in der CDU-Fraktion regen sich ablehnende Stimmen, die ganz im Geiste des neunzehnten Jahrhunderts die „gemäße Gewandbehandlung, die das Hehre des Gesamtbildes erhöhen würde“, vermissen: „Wer den Heiligen Albertus Magnus in der Plastik ausdrucksvoll gestaltet sehen will, kommt nicht zu seinem Recht.“ Dagegen plädiert Haubrich für Albertus als großen Gelehrten und „Naturforscher“, der „auf den Knien die aufgeschlagene Schrift des Aristoteles“ halte und sich mit Max Planck über die Jahrhunderte hinweg verständige.

Gerhard Marcks zeigt sich amüsiert über Kardinal Frings, der moniert habe, dass Albertus „keine Kutte angepasst“ worden sei, war dieser, so der Künstler, „doch wohl ein ‚Säkularisierer‘ der Wissenschaft, so weit das damals möglich war. Hat sozusagen Teil an der Erfindung der Atombombe.“ Doch auch von ganz unvermuteter Seite wird Widerstand angemeldet: Der Kunsthistoriker Hans Kauffmann, der seine Maßstäbe für Skulptur an Donatello gebildet hat und gerade zum Rektor der Universität gewählt worden ist, erklärt „Marcks für Murks“ und eine zentrale Aufstellung vor der Universität für nicht erwünscht.

Es bleibt Leopold Reidemeister vorbehalten, dem „Rektor gründlich die Meinung“ zu sagen. Erst danach bekennt sich der Senat dazu, dass „das eindrucksstarke Bildwerk von Gerhard Marcks an dem vom Künstler vorgesehenen Standort unserer Universität zur Zier gereichen würde“. Dieser Platz aber wurde der Figur, von der die Universitäten von Bogota (seit 1965) und Houston (seit 1970) Zweitgüsse in Ehren halten, in Köln nie gewährt. Statt unmittelbar vor dem Hauptgebäude wurde sie in einer städtischen Grünanlage an der Universitätsstraße aufgestellt und so ins Profil gesetzt, dass sie, so der Künstler, „an der Universität vorbei" redet. Wiederholt beklagt sich Marcks, der mit dem Tod von Josef Haubrich 1961 seinen einflussreichsten Fürsprecher verloren hat, über diese Missachtung seiner Absichten: „Köln ist nicht schlechter als alle anderen Städte, und ich muss sagen: solange Haubrich lebte, war es ideal. Seitdem er tot ist, hat Köln sehr viel eingebüßt. Haubrich war ein großer Kunstverstand, und jetzt sind da lauter Leute, die dilettieren", äußert er sich 1979, zwei Jahre vor seinem Tod, verbittert.

Seitdem hat die Universität, obwohl ihr Rektor schon 1963 hatte prüfen lassen, dass die Plastik Eigentum der Stadt ist, „ihren" Albertus nach Belieben herumgeschubst. Im Zuge von Umbauarbeiten muss er mehrmals den Standort wechseln, ehe er vom Hauptgebäude vor das Philosophikum abgeschoben und hier, auf niedrigem Sockel und in tiefgelegter Grünanlage, wie ein Gartenzwerg zur Dekorationsfigur degradiert wird. Jeder Distanz beraubt, wird die Skulptur um ihre Aura gebracht und, wie der Künstler mitansehen muss, „als Klettergerüst" missbraucht: „Die Füße sind schon völlig abgewetzt, das Buch, das offenbar für den Sitz-Geist geeignet empfunden wird, hübsch geglättet und der ganze Mann durch dauerndes Betatschen scheußlich poliert. Ich fürchte, in spätestens fünfzig Jahren ist ein Albertus parvus daraus geworden."

Erst 1985 zieht die Stadt die Notbremse und lässt die Skulptur, auf Kosten ihrer Versicherung, in der einst mit dem Guss betrauten Kunstgießerei reinigen und neu patinieren. Vor weiteren Verschandelungen ist Albertus damit nicht gefeit: 1996/97 lässt die Universität eine Postkarte drucken, auf der stolz vorgeführt wird, wie es sich eine Studentin im Schneidersitz auf dem aufgeschlagenen Buch bequem macht. „Onkel Albert ist für alle da, doch keiner weiß, wer Albert der Große war", kommentiert das Hans Ost, der an der Universität Köln Kunstgeschichte lehrt, sarkastisch. Die Skulptur ist zur Besetzung freigegeben und erfährt im Sommer 1998 die bislang schlimmste Attacke: Nachdem die „Rosa Armee Fraktion" der Schwulen und Lesben vom Rektor keine Erlaubnis erhalten hatte, ihre Regenbogenflagge auf der Universität zu hissen, wird Albertus von Kopf bis Fuß mit den einschlägigen Farben und Parolen beschmiert. Die Bizarrerien potenzieren sich: Der Rektor wird „abgestraft" durch Schändung von städtischem Eigentum, und die Universität setzt den Irrtum fort, indem sie meint, den Schaden selbst beheben zu müssen.

Im September lässt die Universität ihr vermeintliches Eigentum in den Hinterhof eines Steinmetzen am nahegelegen Friedhof Melaten schleppen, der sich – die Berufsbezeichnung ist nicht geschützt – „Restaurator" nennt und, Hauptsache billig, ein besonders wohlfeiles Angebot gemacht hatte. So droht die Herrichtung zur Hinrichtung zu werden: Nach Auskunft der Handwerkskammer ist der Steinmetz zu Tätigkeiten im Metallbereich nicht befugt; ein Pressefoto aber zeigt ihn, wie er mit schwerem Schuhwerk auf dem abgewetzten Bronzesockel herumturnt und ein Sandstrahlgerät in der Hand hält. Munitioniert ist es mit jenem Dolomitmehl, das der Laie als bewährtes Scheuermittel zur Reinigung von Toiletten kennt. Die Patina der Skulptur wird damit nicht wiederherzustellen sein, die – so einst Marcks – „scheußlich polierte" Partien aber können glänzend herausgeputzt werden.

Für den 6. November 1998 hat die Universität Köln eine Feierstunde für Albertus, den sie „als einen ihrer geistigen Väter betrachtet", anberaumt: Begangen wurde die siebenhundertfünfzigste Wiederkehr des 1248 von den Dominikanern gegründeten Generalstudiums, das der Alma mater als wichtiger Bestandteil ihrer Vorgeschichte gilt. Zu diesem Anlass wurde die Bronzeskulptur, gereinigt, aber nicht restauriert, wieder vor dem Hauptgebäude aufgestellt, ohne dass die dafür zuständigen Fachleute von Museen und Denkmalpflege um Rat gefragt worden wären. Der Sockel ist bereits aufgemauert: Wieder wird Albertus danach nicht frontal als „Wächterfigur“ stehen, sondern ins Profil gerückt, wieder wird er „an der Universität vorbei“ reden. Die Honoratioren von Universität und Stadt wird das nicht hindern, Köln einmal mehr als „Kunstmetropole“ zu preisen, und sich gegenseitig zu versichern, dass sie sich um Gerhard Marcks, ein gutes Vierteljahr vor seinem hundertsten Geburtstag am 18. Februar 1999, verdient gemacht haben.

RAUS AUS DER HUNDEHÜTTE

Spieglein, Spieglein am Straßenrand: ein glänzender Aldi-Markt in Ossendorf

Die Fassade zeigt Häuser, Bäume, Himmel, auch Menschen und Autos, doch nichts Eigenes. Denn, zusammengesetzt aus leicht welligen Aluminiumverbundplatten, spiegelt sie „nur“, was sie vor sich hat: Verdopplungen, die Außenwelt abbilden und sie ein wenig entstellen. Der Baukörper beweist sein Anderssein, indem er seine Umgebung aufnimmt und sich mit ihr gemeinmacht. Und betont seine Eigenständigkeit, indem er sie leugnet – eine Ambivalenz, die ihn als architektonisches Vexierspiel erleben lässt. Im Vorspiegeln inszeniert er sein Verschwinden. Von jeder Seite präsentiert er sich anders.

Das Gebäude, das nicht gesehen werden will, ist der dunkle Zwilling eines Gebäudes, das wir nicht mehr sehen, weil es überall gleich stereotyp daherkommt. Eine langgestreckte, fensterlose, weiße Schachtel, eine Art Hundehütte in XXL, deren schwach geneigtes Satteldach ausladend ist, um einladend zu wirken. So wie in Köln-Ossendorf hat eine Filiale des Discounters Aldi Süd noch nie ausgesehen. Ein Ort des Übergangs, egalitär und banal, der hin-, aber nicht wahrgenommen wird.

Der Kölner Architekt Johannes Schilling hat sich vom Flughafen Butzweilerhof, der bis 1957 zivil (und danach noch bis 1980 sportfliegerisch) genutzt wurde, inspirieren lassen. Ein Stück alte Landebahn verläuft, noch erkennbar, gleich neben dem Parkplatz. Dafür hat er die Farben historischer Flugzeuge wie der Junkers Ju 52 („Tante Ju") aufgenommen, das glänzende Silber des Wellblechkleids, das helle Grau der Propeller, das Anthrazit der Gehäuse, das Schwarz an der Unterseite des Rumpfs. Die Farbgebung halbiert die Längsseiten des riesigen Quaders, der sich nur auf der Ecke des Eingangs, auf der das bunte Logo sitzt, als Aldi-Filiale zu erkennen gibt. Im Innern hat der Architekt wenig verändern können, die Gebäudemaße sind Standard, achthundert Quadratmeter Verkaufsfläche, der Parcours mit vier Gängen, vom Kaffee bis zu den Gemüsekonserven, ist der immergleiche. Doch statt Weiss, Gelb und Beige herrschen Schwarz und Grautöne vor.

Nirgends ist die Baukultur derart auf Diät gesetzt wie in den Speckgürteln der Städte. In Köln-Ossendorf, einem Gewerbegebiet mit Speditionen und Baumärkten, Groß- und Autohändlern, Metall- und Verpackungsfirmen wird das geradezu musterhaft ausgebreitet. Dabei hat das Architekturbüro Gatermann + Schossig in derselben Mathias-Brüggen-Straße etwas weiter stadtauswärts mit der Rimowa-Kofferfabrik, deren horizontal geriefelte Aluminiumverkleidung das Produkt des Unternehmens und dessen Corporate Identity abbildet, bereits 1986 versucht, dem Un-Ort ein Gesicht zu geben.

Johannes Schilling, der gerade die Restaurierung des Doms in Hildesheim abgeschlossen hat, hatte schon mit dem Vertriebszentrum von Ernstings Family in Coesfeld (1999) gezeigt, dass er sich für ganz profane Aufgaben nicht zu schade ist. Weil sein dezidiert anderer Aldi-Markt auf den Ort Bezug nimmt, kann er nicht Modell für weitere Filialen stehen. Wohl aber ein Beispiel dafür geben, dass sie nicht überall gleich aussehen müssen.

DER PREIS DER U-BAHN

Der größte anzunehmende Unfall: Was ist aus dem Schutt des Historischen Archivs zu retten?

Was der Einmarsch der Franzosen 1794 und der Zweite Weltkrieg nicht vollbracht haben, hat der U-Bahn-Bau in Köln, der mit großer Wahrscheinlichkeit die Ursache für den Einsturz des Hauses Severinstraße 222–228 ist, geschafft: Das Historische Archiv der Stadt, in dem mehr als tausend Jahre ihrer Geschichte aufbewahrt wurden, ist weitgehend zerstört, das Gedächtnis des Gemeinwesens ausgelöscht. Was davon gerettet und aus den Trümmern geborgen werden kann, ist noch unklar, doch vermag brüchiges Pergament Beton und Stahl wenig entgegenzusetzen. Nicht zuletzt wird es auf das Wetter ankommen: Sollte es regnen, würden die geringen Chancen, einen Teil der Bestände sichern zu können, weiter sinken.

Die Aussage seiner Fassade schien eindeutig, ja beruhigend: Was in diesem Haus verwahrt wird, ist sicher. Ist geschützt vor den Einwirkungen des Lichts und des Klimas, vor Brand und Diebstahl, wird erhalten für alle Zeit. Fenster hatte das Gebäude in der Nähe des Waidmarkts nur im Erdgeschoss, in den sechs Stockwerken darüber gliederten schießschartenschmale Öffnungen die vorgehängten Granitplatten und gaben ihm die Anmutung eines Bunkers. Dabei war der moderne Zweckbau, 1970/71 im Stil der Zeit errichtet, ein Schatzhaus, auch wenn er nichts davon hermachte: Vorbild für andere Archivbauten, die nach dem „Kölner Modell“ errichtet wurden. Eine doppelte Ziegelmauer sorgte für natürliche Klimatisierung, die Alarmanlage war auf dem neuesten Stand, und die Zentrale der Feuerwehr befindet sich gleich um die Ecke. Was konnte da schon passieren?

Und nun das! Der größte anzunehmende Unfall: Gau. Unfassbar, nicht zu fassen, und das im wörtlichen Sinn: Die meisten Originale wird nie mehr jemand in die Hände nehmen (können).

Welch unglaublicher Tribut an den technischen Fortschritt, welch horrender Preis für ein U-Bahn-Bauprojekt, das zwischen Hauptbahnhof und Chlodwigplatz 28 Meter in die Tiefe geht und von Anfang an umstritten war. Zunächst auf 630 Millionen veranschlagt, ist es längst aus dem Kostenrahmen gelaufen und wird inzwischen auf 950 Millionen Euro kalkuliert. Schon im September 2004 hatte es, was sich nun wie ein Menetekel ausnimmt, den Kirchturm von St. Johann Baptist, zweihundert Meter südlich des Archivs, in Schieflage versetzt, zwei Monate später eine Sperrung von St. Maria im Kapitol erzwungen und im Juli 2007 im Turmkeller des Rathauses, wo viele Kölner sich trauen lassen, den Boden gesenkt. Auch die kleine, nördlich des Archivs gelegene romanische Kirche St. Georg ist in Mitleidenschaft gezogen: Kleinigkeiten im Vergleich zu dieser Katastrophe, die großartige Spenden von Bürgern, Künstlern und Institutionen liquidiert und die Arbeit mehrerer Generationen von Archivaren durchstreicht.

Das Historische Archiv der Stadt Köln galt lange als das Flaggschiff unter den Kommunalarchiven in Deutschland, und das nicht nur, weil es eines der ältesten und das größte nördlich der Alpen ist. Erstmals erwähnt wird es 1322, da hat es noch Platz in einer Kiste. Schon 1406 wird ein Gewölbe unter dem Rathausturm dafür bestimmt, zwei Jahre später werden 34 Abteilungen angelegt. Schriftgut aus achthundert Jahren ist hier gespeichert und bildet das Rückgrat der verwahrten Überlieferung: Beschlüsse des Stadtrats sind seit 1320, zunächst nur die bedeutenderen, von 1513 an lückenlos, protokolliert, Stadtrechnungen seit 1370 erhalten, und 1367 beginnt die Reihe der 221 Briefbücher, die die Schreiben an andere Städte, Fürsten und Herren enthält. Allein die Zahl der Pergamenturkunden beläuft sich auf 65.000, die der Karten und Pläne auf mehr als hunderttausend, die der Fotos auf eine Million. Von dem Stolz auf diese Geschichte zeugt der neugotische Palazzo, der 1897 errichtet wurde. Den Bombenkrieg hat er zwar überstanden, doch waren seine Kriegsschäden größer als zunächst angenommen, und so wurde er für den Funktionsbau aufgegeben, der mit dreißig Regalkilometern auf dreißig Jahre ausgelegt war. Schon länger platzte er aus allen Nähten, doch wurde die Statik des Hauses, das nur über ein Kellergeschoss verfügt, als stabil genug eingeschätzt, um eine Aufstockung zu erwägen.

Groß und reich geworden ist das Historische Archiv zu Beginn des neunzehnten Jahrhunderts, als ihm bedeutende Bürgerstiftungen, so von dem Kunstsammler und Museumsgründer Franz Ferdinand Wallraf oder von Baumeistern wie Sulpiz Boisserée, Jakob Ignaz Hittorf oder Dombaumeister Ernst Zwirner, übergeben wurden. Die Nachlässe von Dichtern und Architekten, bei denen es sich anders als beim amtlichen Schrifttum nicht um gesetzlich vorgeschriebene Aktivitäten handelt, ließen es mit Einrichtungen wie dem Deutschen Literaturarchiv in Marbach und dem Architekturmuseum in Frankfurt konkurrieren: So beherbergt es nicht nur den Nachlass von Heinrich Böll, mit 380 Kartons der umfangreichste, der erst vor drei Wochen um ein letztes, größeres Konvolut ergänzt wurde, sondern auch den von Irmgard Keun, Vilma Sturm, Paul Schallück, Hans Mayer oder Albrecht Fabri. Siebenhundert private Einzelfonds verzeichnet das Inventar. Als die seit Jahren unterfinanzierte Einrichtung 2003 ganz in Frage gestellt wurde, fühlten sich die beiden wichtigsten Schriftsteller der Stadt getäuscht. Doch während Dieter Wellershoff die schon übergebenen Manuskripte, für die er auch ein Angebot aus Marbach hatte, in Köln beließ, sah sich Jürgen Becker an seine Zusage nicht mehr gebunden und bedachte stattdessen die Akademie der Künste in Berlin. Jochen Schimmang, lange in Köln zu Hause, hat noch nicht so weit vorgesorgt, ist aber ganz nah dran: Geistiges Zentrum seines für Juli angekündigten Romans „Am Rhein so schön“ ist ein Mitarbeiter des Archivs.

Auch Verlage wie Kiepenheuer & Witsch oder Pahl-Rugenstein haben umfangreiche Bestände hierher gegeben, das größte Archiv von Jacques Offenbach ist in Köln ebenso beheimatet wie die Nachlässe des Komponisten Max Bruch, des Tenors William Pearson, des Dirigenten Günter Wand, des Malers Wilhelm Leibel, der Fluxus-Künstlerin Mary Bauermeister oder des Medientheoretikers Vilém Flusser. Für Architekten galt das Haus als erste Adresse, mehr als sechzig von ihnen haben ihm Pläne und Modelle anvertraut, darunter Karl Band, Dominikus und Gottfried Böhm, Wilhelm Riphahn oder Theodor Merrill sowie zuletzt Hans Schilling, der am Tag des Unglücks zu Grabe getragen wurde.

Von einer „Katastrophe für die europäische Geschichtsschreibung“ spricht der Historiker Eberhard Illner, der von 1985 bis 2008 hier tätig war, seit 1999 die Abteilung Nachlässe, Sammlungen und Fotos leitete und heute Direktor des Historischen Zentrums in Wuppertal ist: Das Volumen des Schadens sei erheblich größer als beim Brand der Anna Amalia Bibliothek in Weimar. Andererseits sind die Aussichten auf Restaurierung bei Schutt günstiger als bei Feuer, und schon erklärt die Regierung des Landes Nordrhein-Westfalen, das als Leihgeber von Kloster- und Stiftungsurkunden direkt betroffen ist, es zeichne sich ab, „dass die alten und weltberühmten Urkunden (...) weitgehend sicher geborgen werden können“. Dabei dürfte es sich um die Bestände der Magazinräume im hinteren Kellerbereich handeln, noch wertvollere Urkunden aber befanden sich im Hauptmagazin, das zerstört am Boden liegt.

Ausgelagert wurden in jüngster Zeit eher belanglose Dokumente, auch um kulturpolitisch den Druck für ein dringend benötigtes neues Domizil zu erhöhen. Verfilmt sind die Bestände vor allem bis 1945, doch gilt die Qualität der Aufnahmen, die in einem Stollen im Schwarzwald liegen, als mäßig bis schlecht. Der tiefe Krater, der in die Severinstraße gerissen wurde, wird schnell verfüllt sein. Die viel größere Wunde ist unsichtbar: Eine Amnesie, deren Ausmaß sich nicht abschätzen lässt. Doch die Kölner Mentalität ist eine andere: „Erst wenn der Dom vollendet ist, geht die Welt unter.“

ZETTELS TRAUMA ODER WENN PAPIER UM HILFE SCHREIT

Fetzen, Brösel, Schutt: Sechs Wochen nach dem Einsturz entsteht eine Notfallambulanz für Archivalien. Ein Besuch im zerstörten Gedächtnis der Stadt

Einer hat den Kopf verloren. Einsam ragt die Bronzebüste aus dem Boden der großen, grauen Lagerhalle an der Peripherie von Köln, drum herum liegen Bücher, Hefte, lose Blätter, Ordner. Nur, wer ist es? Kein Prominenter offenbar. „Gehört wahrscheinlich zu einem Nachlass", sagt Ulrich Fischer, stellvertretender Leiter des Historischen Archivs, und geht – „Steht da nichts drauf?" – in die Hocke: „Doch, Moment mal, hier ist eine Gravur: Der Name des Künstlers, könnte ‚Rumpf' heißen oder so ähnlich, jedenfalls 1957." Vielleicht ein Unternehmer, der sich, markantes Profil, schütterer Haarkranz, verewigen ließ? Schön konventionell, in Originalgröße. Der Einsturz des Archivs hat dem Kopf kaum zugesetzt, leichte Blessuren am Hinterhaupt, Staubspuren um die Brauen. Nun steht er heimatlos herum. Ein Solitär und ein Fremdkörper. Noch weiß niemand, wo er hingehört.

So bizarr es sich auf den ersten Blick ausnimmt, es ist ein Bild mit Symbolkraft. Nur, dass hier keiner den Kopf verloren, sondern das Archiv ihn wiedergefunden hat. Noch sitzt er nicht auf dem Körper, den er bewegen und lenken kann, doch er arbeitet wieder, nimmt Informationen auf, ordnet, systematisiert. In der Lagerhalle, einem monströsen, polygonalen Containerbau armseligster Zweckarchitektur, wurde das „Erstversorgungszentrum" eingerichtet: Hierher werden alle Schätze, die aus der Unglücksstelle geborgen werden und sich nicht mit Baumaterial oder Möbeln verklumpt haben, gebracht, um gesichtet, grob gereinigt, registriert und erstbegutachtet zu werden. Eine riesige Notfallambulanz für Archivalien, in der, was dringender Hilfe bedarf, sofort versorgt oder zum Spezialisten überwiesen wird.

Zwischenstation Niemandsland. Die Lagerhalle liegt im Kölner Süden, wo die Stadt ausfranst und sich Auto- und Möbelhäuser, Büroparks und bescheidene Siedlungen zwischen landwirtschaftlich genutzte Felder fressen. Nicht einmal die Domtürme sind noch zu erblicken, Köln sieht hier aus wie überall. „Bitte berücksichtigen Sie in Ihrer Berichterstattung, dass das Gebäude für die Öffentlichkeit weiterhin nicht auffindbar sein darf und insoweit Ihre Beschreibung des Ortes hinreichend unscharf sein muss“, hatte der Pressesprecher des Kulturdezernats mit auf den Weg gegeben, an dessen Ziel „der Sicherheitsdienst Sie in Empfang nehmen“ wird. Der wartet, dunkelblau uninformiert, in einem Kabuff im ersten Stock, in das eine freistehende Metalltreppe steigt. „Absolutes Foto-Verbot!“ und „Ab sofort ist aus Sicherheitsgründen mit Taschenkontrollen zu rechnen!“ rufen Plakate von den Wänden. Jeder Besucher muss sich ein- und wieder austragen sowie eine Verschwiegenheitserklärung unterschreiben. „Für Journalisten gilt das natürlich nicht“, doch dürfen freiwillige Helfer nur in Anwesenheit des „Archivars im Dienst“ befragt werden. Ein Security-Mitarbeiter weicht der Gruppe nicht von den Fersen.

Szenenwechsel. Der Unfallort am Waidmarkt, knapp sechs Wochen danach. Über der Stelle, wo bis zum 3. März das Archiv stand, und dem Straßenstück spannen sich, von einem Stahlgerüst getragen, zwei große Zeltdächer mit flachen Giebeln, um den Regen abzuhalten. In Süd-Nord-Richtung fällt das, was von dem Gebäude und seinem Inhalt übrig geblieben ist, von etwa vier Meter über dem Straßenniveau auf sechs Meter Tiefe: ein Steilhang aus Stahlbetonträgern, Zementbrocken, Ziegeln, Schutt, Erde, Sand, Rohren, Kabeln, Metallschränken, Kartons, Regalbrettern, Heizkörpern, Teppichresten und eben auch Archivalien in ganz unterschiedlichem Erhaltungszustand. Archäologie der Gegenwart.

Nur Feuerwehrleute, zu ihrem eigenen Schutz angeseilt, falls der Geröllberg nachgeben sollte, dürfen Archivalien sichern, je sechs bis acht von ihnen stehen an der obersten und untersten Stelle,

15

SENATSSAAL
SENATSSA

JOSEF
KARDINAL
FRINGS
Restaurant Falsta

wo Bagger die größten Brocken zerkleinern. Was sie mit den Händen herausholen können, legen sie in graue Pappkisten, die, etwa halb so groß wie Umzugskartons, ihnen gereicht werden. Diese werden beladen und nach oben getragen, wo Archivmitarbeiter sie in Empfang nehmen. Unter dem aufgeständerten Quertrakt des Friedrich-Wilhelm-Gymnasiums haben sie eine provisorische Aufnahme eingerichtet: Eine Untersuchung zur „Beförderung der Obstbauzucht" aus dem Jahr 1838 landet hier neben einer frühneuzeitlichen Urkunde, ein Leitzordner des Bundes der Vertriebenen neben Reichstagsprotokollen. Karton auf Karton wird gefüllt und auf Lastwagen gehoben, die täglich zehn, elf Ladungen ins Erstversorgungszentrum bringen.

Szenenwechsel. Was im Erstversorgungszentrum ankommt, tritt den mehr oder weniger langen Weg der Rekonvaleszenz an. Doch nicht alle Archivalien finden direkt hierher. Einzelne Stücke bleiben im Bauschutt hängen und zunächst so verborgen, dass sie in die Schuttsortierhalle geraten. Zwei Fußballfelder groß erstreckt sich in vielen Farben grau und braun eine Brache, auf der Materialien getrennt werden: Steine, Erde, Metall, Kunststoff, Holz werden zu Haufen geschichtet und von Archivresten befreit. Oft sind es nur einzelne Seiten, Ausschnitte, Kladden, Fotos, Fetzen, die mühsam herausgelöst werden. Staub hängt in der Luft, es riecht modrig. Die zehn, zwölf Menschen, die hier schuften, in der Mehrzahl Ein-Euro-Jobber, tragen Atemmasken und möchten nicht fotografiert werden – ein Wühlen in Trümmern und Dreck, bei dem sie wie Schatzsucher auf kleine Trouvaillen stoßen. „Nomina Discipulorum Gymnasii trium coronarum anno MDCXXXIII" heißt es auf dem Titelblatt eines kleinen Buches, das in zierlicher Handschrift die Namen von Schülern des Dreikönigsgymnasiums auflistet.

Zurück im Erstversorgungszentrum. „Warenausgabe" steht über den Laderampen der fensterlosen Halle: Wo Möbel gelagert wurden, wird nun Archivgut angeliefert. Ein Aufzug hebt die Kisten ins erste Obergeschoss, wo sie ausgepackt werden. Auf einer Teilfläche sind mehrere Tische aneinandergereiht, an denen bis zu dreißig Helfer stehen und zunächst alles, was nass geworden und akut von Schimmelfraß bedroht ist, aussortieren, in Stretchfolie hüllen und in Gitterboxen legen. Ein-, zweimal am Tag geht eine Fuhre nach Münster, wo sie in Kühlhäusern eingefroren und gefriergetrocknet werden: „Die Stretchfolie hat den Sinn, dass beim Auftauen einzelne Akten herausgenommen werden können. Ohne Folie müsste man den ganzen Block auf einmal auftauen und so große Gefriertrocknungsanlagen gibt es nicht“, erklärt Max Plassmann, der als Schichtleiter im Erstversorgungszentrum arbeitet und bis zu fünfzig Freiwillige koordiniert. Die Helfer tragen weiße Overalls, Latex-Handschuhe und Mundschutz, der „Archivar im Dienst“ ein rotes, der Restaurator ein grünes, die Mitarbeiter des Archivs blaue T-Shirts. Die meisten Dokumente haben keine oder so geringe Feuchtigkeitsschäden, dass sie am Ort getrocknet werden können. An der Wand sind, von Hand geschrieben, die Handlungsanweisungen angeschlagen: Der Oberflächenstaub wird abgefegt, die Dokumente in blaue Plastikwannen gelegt oder, wenn stärker zerstört, eingewickelt oder in Mappen gesteckt, nummeriert und mit Hilfe der EDV erfasst.

„Wir schmeißen grundsätzlich nichts weg“, versichert Plassmann, der zuvor das Universitätsarchiv Düsseldorf leitete und erst zwei Wochen vor dem Einsturz nach Köln gewechselt hat: „Die Frage ‚Lohnt sich das überhaupt?‘ stellen wir nicht, das wäre in Ruhe zu überlegen, dafür haben wir keine Zeit.“ Nur beschädigte Kartonagen wandern in den Abfall. „Auch die Frage, was früher und was später restauriert wird, kann erst entschieden werden, wenn die erste Bergungsphase abgeschlossen ist, wir wirklich den Überblick haben und die Schadensbilder kennen: Erst dann können wir eine systematische Restaurierungsstrategie entfalten.“ Noch aber ist die Severinstraße nicht komplett abgegraben, bis Ende Mai dürften sich die Arbeiten dort hinziehen, und noch ist nicht bekannt, ob und wie viele Archivalien ins Grundwasser gerutscht sind.

Der Lastenaufzug rattert in die dritte Etage. Nur ein winziges Oberlicht hellt den fensterlosen, neonbeleuchteten Raum etwas auf – ein Ort weitläufiger Unwirtlichkeit, in dessen Tiefen sich Stahlregale und Gitterwagen reihen, Kartons stapeln oder nur dunkle Leere gähnt. Gleich neben dem Aufzug ist ein Zelt abgehängt, in dem ein halbes Dutzend Bautrockner rattern: Die Koletten, wie die fahrbaren Paletten heißen, sind mit Einlegebögen nachgerüstet, auf denen aufgeblätterte Bücher mit so geringen Feuchtigkeitsschäden liegen, dass sie nicht in den Gefriertrockner müssen. Die Luft wird angesaugt und mit einer Feuchtigkeit von nur dreißig Prozent wieder ausgeblasen: So ist das Papier innerhalb von vierundzwanzig Stunden trocken, die Dokumente können herausgeschoben und weiterbearbeitet werden. Eine Akte des Metropolitan Water Board der City of London vom 3. April 1955, wahrscheinlich aus einem Nachlass, liegt hier neben Teilen der Sammlung Alfter, Zeitschriften, genealogischen Schriften und Katalogen.

Robert Fuchs, der an der Fachhochschule Köln das Institut für Restaurierungs- und Konservierungswissenschaft leitet, schaut immer wieder nach dem Fortgang der Arbeiten. „Im Moment", so schätzt er, „dürften die Kosten der Restaurierung den Wert der Materialien noch übersteigen." Doch derlei Überlegungen möchte er – „es gibt ja auch intrinsische Werte, die man nicht beziffern kann" – erst gar nicht vertiefen: „Der Restaurator denkt anders: Wenn ein Objekt um Hilfe schreit, nimmt er es sich als erstes vor; da ist es ganz egal, ob es sich um eine mittelalterliche Bibel oder eine Akte von 1945 handelt. Er sieht nur: Wenn ich warte, geht das kaputt." Abwägungsfragen dazu, was als nächstes und womöglich zu wessen Lasten wiederhergestellt werden soll, müssen in den nächsten Jahren vieltausendmal beantwortet werden: Zu entscheiden sind sie von Archivaren und Restauratoren gemeinsam, und für Max

Plassmann könnte es „ein Anknüpfungspunkt der Katastrophe sein, dass eine engere Verzahnung beider Bereiche stattfindet".

In einer Ecke sortiert eine Restauratorin Plakate, von denen die meisten gut erhalten sind. Obwohl noch keine vier Jahrzehnte alt, vermitteln die Entwürfe den Eindruck einer beschaulicheren Zeit. Für einen, der das Jubiläum der Kölner Verkehrs-Betriebe feiert, gilt das besonders: „100 Jahre KVB – 1877–1977". Daneben stapeln sich Architekturmodelle: Städtebauliche Szenarien werden mit Baukörpern visualisiert, die nicht größer als Streichholzschachteln sind und fragile Kompositionen ergeben. Da es sich um Arbeiten zu Wettbewerben handelt, tragen sie keine Namen, sondern Kennziffern, die entschlüsselt werden müssen. Entwürfe für die Neugestaltung der Domumgebung sind darunter, die klobige, für die Siebzigerjahre typische Formen und – gerade, weil sie nicht realisiert wurden – hohen dokumentarischen Wert haben. Zeugnisse einer vergangenen Zukunft.

Der Weg der Archivalien durch das Erstversorgungszentrum endet in der Packstation, wo sie aus den blauen Plastikwannen geholt, noch einmal auf Feuchtigkeit überprüft und, sofern möglich, zu Einheiten zusammengestellt werden. Nur ganz wertvolle Schätze, Handschriften aus der Sammlung Wallraf, Schreinsbücher oder Pergamenturkunden, bleiben in Köln und werden dem Archiv des Erzbistums anvertraut. Alles andere wird in Kartons der richtigen Größe gepackt, die nummeriert, im Computer erfasst, auf Paletten gesetzt, zum Transport freigegeben und in Archive verbracht werden, die freie Magazine zur Zwischenlagerung angeboten haben: ins Bundesarchiv nach Koblenz und St. Augustin, zur Friedrich-Ebert-Stiftung nach Bonn, ins Archivamt nach Brauweiler, in die Landesarchive in Münster und Detmold, aber auch weiter weg, bis nach Freiburg und Potsdam.

Wann was zurückkehrt und restauriert wird, wann die Bestände wieder unter einem gemeinsamen Dach sein werden und für den Bürger zugänglich sind, ist eine Frage der Zeit und auch der

Kosten. Noch immer erscheinen die Dimensionen der Katastrophe unermesslich. Der Einsturz hat die Bestände durcheinandergequirlt und jede Ordnung aufgehoben. „Seriös kann noch niemand sagen, dass dieser oder jener Bestand komplett erhalten ist, bisher sind es nur einzelne Stücke oder Teile, aber wir freuen uns über jedes Exemplar, das auftaucht“, erteilt Max Plassmann voreiligen Rettungsmeldungen eine Absage. Zwanzig, womöglich dreißig Jahre, so schätzt er, wird es dauern, bis das Archiv, auch wenn es viele unwiederbringliche Verluste hinnehmen musste, wieder so weit hergestellt ist, dass es an die Zeit vor dem Einsturz anknüpfen kann. Erst dann wird der Kopf wieder auf dem Körper sitzen.

MIT BERGBAURICHTLINIEN WÄRE DAS NICHT PASSIERT

Der Einsturz des Historischen Archivs fordert Konsequenzen in den Verantwortlichkeiten und der Verwaltungsorganisation

Der Ministerpräsident von Nordrhein-Westfalen hat die Kölner Archivkatastrophe zur Chefsache erklärt. Am 24. Juni lädt Jürgen Rüttgers zu einer Tagung in den Stiftersaal des Wallraf-Richartz-Museums ein, die sich mit den Konsequenzen aus dem Einsturz befassen wird: „Die Archivbestände von Köln sind europäische, sind internationale Kulturgüter“, die nie wieder gefährdet werden dürften, lässt Rüttgers wissen, der die „Expertenanhörung“ mit einer Rede eröffnen wird. Daher müssten Wissenschaft, Staat und gesellschaftliche Organisationen sich zentral mit der Frage beschäftigen, wie Archive gesichert werden könnten. Klingt gut. Auch Rüttgers großes Vorbild Johannes Rau hätte sich nicht besser als Kümmerer gerieren können. Die Erhaltung kultureller Überlieferung ist eine wichtige gesellschaftliche Aufgabe, und dass die Direktoren der großen Archive und Bibliotheken in Deutschland die Ungunst der Stunde genutzt, eine „nationale Anstrengung“ gefordert und dem Bundespräsidenten eine

Denkschrift „Zukunft bewahren" übergeben haben, zeugt von kulturpolitischer Wachheit und Verantwortungsbewusstsein.

Dem Landesvater, der die Sorgen und Interessen der Bürger im Blick hat, aber müsste es um mehr gehen, noch mehr. Denn dass die Archive nicht sicher sind, ist nur ein Teil der alarmierenden Botschaft der Kölner Katastrophe. Ihre ganze Wahrheit lautet: Der Tiefbau ist nicht sicher. Das Archivgebäude in der Severinstraße befand sich, auch wenn das oft, die vorliegenden Gutachten ignorierend, anders dargestellt wird, in einem soliden Zustand. Eingestürzt ist es nicht aufgrund statischer Mängel, sondern weil die U-Bahn errichtet und der Baugrund bewegt wurde. Nicht die Sicherung der Archivbestände, sondern die verlorene Sicherheit im Handeln ist das Thema, das die Öffentlichkeit beunruhigen müsste. Es bedarf keiner großen Katastrophenphantasie, sich vorzustellen, was alles hätte passieren können, wenn nicht die östliche, sondern – keine fünfzig Meter weiter – die westliche Schlitzwand Schaden genommen hätte. Und das nur zwei Stunden früher: Im Friedrich-Wilhelm-Gymnasium wäre noch Unterricht und die Zahl der Opfer womöglich ähnlich hoch wie in L'Aquila gewesen.

Die Kölner Katastrophe wirft Fragen auf, die eine Expertenanhörung zur Sicherung der Archive nicht beantworten kann und der Ministerpräsident auf die politische Tagesordnung setzen müsste: Inwieweit bergen die Verwaltungsorganisation und die Verantwortungsstruktur, wie sie bestehen und sich verändern, Risiken, die minimiert werden müssen? Dringend geboten erscheint es, die Behörden, Verordnungen und Kompetenzen, die in einem solchen Großbauprojekt zusammenwirken, zu prüfen und zu überdenken. In Nordrhein-Westfalen ist die technische Bauaufsicht, die den U-Bahn-Bau überwacht, nicht bei den einzelnen Bezirksregierungen angesiedelt, sondern bei der in Düsseldorf gebündelt: Eine Entscheidung, die Sinn macht, wenn damit die Kompetenzen zusammengeführt würden. Davon aber kann keine Rede sein – ist die Behörde doch mit gerade mal zwei Bauingenieuren besetzt.

Die staatliche Bauaufsicht konnte mithin schon personell nicht in der Lage sein, ihre Aufgaben selbst wahrzunehmen. Und das muss sie auch nicht, denn die Betriebsordnung Straßenbahn lässt es zu, die Aufsicht an die Stadt oder, wie es etwas altmodisch heißt, den Vorhabenträger zu delegieren. Gemeint war damit wohl einmal eine Behörde, die mit Fachbeamten besetzt und unabhängig war. Doch die Zeiten haben sich geändert, ohne dass die Betriebsordnung mit ihnen Schritt gehalten und berücksichtigt hätte, dass die Vorhabenträger keine Behörden, sondern womöglich als Aktiengesellschaften geführte Unternehmen sind, die die Kommunen ausgegliedert haben. In Köln sind das die Kölner Verkehrs-Betriebe (KVB), die privatwirtschaftlich organisiert und gewinnbringend aufgestellt sind. Auch wenn sie Aufgaben der Bauaufsicht vergeben, geschieht das unter Kostenaspekten, und da dürfte es einer Mini-Behörde von zwei Personen nicht gerade leicht fallen, sich mit Forderungen nach höheren Standards, die aufwendig und teuer sind, durchzusetzen.

So ist es einfacher, und auch das lässt die Betriebsordnung zu, die technische Bauaufsicht den KVB zu überlassen, und das, obwohl diese Bauherr sind und die Kompetenz dafür von außen über ein Ingenieurbüro einkaufen müssen. Der Interessenkonflikt ist programmiert (und legal), die KVB überwachen sich selbst, und wirtschaftliche Erwägungen senken nicht nur die Kosten, sondern auch die Sicherheit. Auf den Straßenverkehr übertragen, würde diese „Liberalisierung“ bedeuten, dass jeder, der zu schnell fährt, selbst entscheidet, ob er und wie viel Bußgeld er bezahlt. Diese Form der „doppelten“ Zuständigkeit allein kann die Katastrophe noch nicht erklären, markiert aber eine zentrale Schwachstelle, die, da es sich um eine Verordnung des Bundesbauministeriums handelt, nicht kölnspezifisch ist. Nach dem Unglück hat die Behörde in Düsseldorf die Aufsicht übrigens wieder an sich gezogen, personell aufgestockt aber wurde sie nicht.

Zu rekonstruieren, wie es einmal – und wann und warum? – zu einer solchen Vorschrift des Bundes, die feste Zuordnungen auflöst und damit den Gefahrenfaktor erhöht, kommen konnte, scheint schier unmöglich; erklären kann es (sich) heute niemand mehr. Erst recht muss sie in einem Bundesland verwundern, in dessen Zentrum der Steinkohlebergbau lange eine prägende Rolle gespielt und damit auch ein Vorbild dafür gegeben hat, wie Organisationsformen und Kompetenzverteilung auch aussehen können. Die beiden Disziplinen sind, trotz konstruktiver Unterschiede, durchaus vergleichbar. Hier wie dort erfolgt Streckenvortrieb im Untergrund, doch während der Schacht das Gestein stehen lässt und ausbaut, werden im Tunnelbau – wie für das Gleiskreuz am Kölner Waidmarkt – seitliche Schlitzwände geschaffen. Anders als die Betriebsordnung Straßenbahn sieht das Bundesberggesetz eine strikte Gewaltenteilung vor: Die Bergaufsicht ist eine staatliche Behörde, hierarchisch gegliedert mit einem hohen Beamten im Wirtschaftsministerium an der Spitze, Oberbergamt und Bergämtern, die alle Abbaumaßnahmen überwachen und nicht mit Verwaltungsfachleuten, sondern mit Ingenieuren besetzt sind. Nicht zuletzt diese Struktur und die Erfahrungen, die hier über Jahrzehnte erworben wurden, gelten als Gründe dafür, dass es im deutschen Bergbau relativ selten zu Unglücken kam. Im Sinne der Geschichte des Landes wie im Interesse des Archivs läge es, diese Traditionen wachzuhalten und auf den Tiefbau, in den viele Bergbauingenieure gewechselt sind, zu übertragen.

Auch herrscht im Bergbau, der immer großen Wert auf gesellschaftliche Akzeptanz und gute Nachbarschaft legte, eine umgekehrte Beweispflicht: „Entsteht im Einwirkungsbereich der untertätigen Aufsuchung oder Gewinnung eines Bergbaubetriebes durch Pressungen, Senkungen oder Zerrungen der Oberfläche oder durch Erdrisse ein Schaden, der seiner Art nach ein Bergschaden sein kann, so wird vermutet, dass der Schaden durch diesen Bergbaubetrieb verursacht worden ist", bestimmt Paragraph 120 des Bundesberggesetzes. Würde Analoges im Tiefbau gelten, hätte es zu dem peinlichen Auftritt eines KVB-Funktionärs nicht kommen können, der kurz nach dem Unglück an die Öffentlichkeit trat und kundtat, die Anwohner müssten erst einmal beweisen, dass die Schäden an ihren Häusern auf die U-Bahn zurückgingen.

Der Bergbau in Deutschland läuft, so ist es beschlossen, im Jahr 2018 aus, und wenn es nach Jürgen Rüttgers geht, schon vier Jahre früher. Die große Zeit der schweren Industrie ist Geschichte. Das aber müsste nicht heißen, dass auch ihr Sicherheitsdenken und ihre Arbeitsethik abgelegt und vergessen werden. Aus vielen ihrer bedeutenden baulichen Relikte sind, zur Identität und zum Stolz der Region, Gedächtnisorte und öffentliche Räume geworden, in die die Kultur eingezogen ist. Was darin einmal stattgefunden hat, aber ist verschwunden – eine verlorene Disziplin. Dabei sind es technische Fähigkeiten und Ingenieurleistungen, die sich weiter nutzen, übernehmen und entwickeln lassen. Vom Bergbau lernen, heißt sichern lernen.

EINE WALZE IST ÜBER UNS GEROLLT

Als das Historische Archiv einstürzte, konnte sich Alfred Kotthoff in letzter Sekunde retten. Auch fünf Jahre später ist er noch nicht in einem neuen Leben angekommen

„Als ob riesige Brocken Putz von den Wänden auf den Boden krachen, so hat sich das angehört", erinnert sich Alfred Kotthoff: „Ein Donnern, das immer stärker, immer lauter wurde." An Mittagsruhe war nicht mehr zu denken. Der Rentner, damals siebzig Jahre alt, der sich gerade kurz hingelegt hatte, schreckte hoch und machte sich auf die Suche. Im Treppenhaus fand er keine Veränderungen, auch nicht auf der Terrasse, von der aus er die hintere Hausfassade anschaute. Doch als er jetzt „in Panik“ ins Wohnzimmer lief und das Fenster zur Severinstraße aufriss, sah er, wie mehrere der dicken Platten, die als Fahrbahn auf der Baugrube gelegen hatten, dreißig Meter in die Tiefe stürzten: „Da war mir klar, dass in den nächsten Sekunden etwas ganz Furchtbares passieren wird. Ich nahm keine Geräusche mehr wahr, der Gedanke ‚Nichts wie raus hier!‘ trieb mich auf die Terrasse.“

Alfred Kotthoff ist mit dem Leben davongekommen. Während neben ihm das Kölner Stadtarchiv in die Tiefe gerissen und in dem Nachbarhaus, Severinstraße 230, in dessen zweitem Stock er mit seiner Lebensgefährtin eine Vier-Zimmer-Wohnung bewohnte, zwei junge Männer, der siebzehn Jahre alte Kevin und der sechs Jahre ältere Khalil, unter den Trümmern begraben wurden, konnte er sich im letzten Moment in Sicherheit bringen. Über das Geländer der Terrasse kletterte er auf das Flachdach des Anbaus. „Auf der hintersten Ecke hab ich mich so klein wie möglich gemacht, mir aus Angst vor Asbeststaub Mund und Nase zugehalten und dem einstürzenden Gebäude den Rücken zugekehrt. Ich war wie paralysiert. Ich traute mich nicht, mich zu bewegen, ich konnte in der riesigen Staubwolke nicht erkennen, ob mich die Brocken treffen. In meiner Todesangst beschäftigte mich nur, ob ich vom Dach herunterspringen muss oder mir jemand zu Hilfe kommt“, erzählt er. Wie lange er da gesessen hat, „vielleicht zehn Minuten“, weiß Kotthoff nicht genau, nur dass dann im Hof des von der Georgstraße angrenzenden Hauses ein Feuerwehrmann auftauchte: „‚Holen Sie mich runter?‘ hab ich gerufen, ‚isch kumm jlich‘, rief er auf Kölsch – und ward nicht mehr gesehen!“ Es dauerte noch einmal zehn Minuten, bis Kotthoff gerettet wurde: „Ein Mann drei Häuser weiter sah mich von seinem Balkon aus und ist dann mit zwei jungen Türken gekommen, die haben mir runtergeholfen.“

Fast scheint es, als hätte Kotthoff etwas geahnt an jenem Dienstag, dem 3. März 2009. Seit dem Mittag hatte er sich unwohl gefühlt und um 13.40 Uhr die Massage, für die er um 14.00 Uhr bestellt war, abgesagt. Ein richtiges Gefühl und eine falsche Entscheidung, denn wäre er damals, statt sich hinzulegen, spazieren gegangen, hätte er zwar auch alles, was er nicht am Körper trug, verloren, doch die Traumatisierung wäre weniger heftig gewesen. Ganz glimpflich ist auch seine Lebensgefährtin nicht davongekommen, die zur gleichen Zeit vom Berufskolleg an der Lindenstraße, wo sie Deutsch und katholische Religion unterrichtet, nach Hause radelte. „Es war eine große Unruhe in der Stadt, überall Blaulicht und Sirenen", erinnert sie sich, doch erst als sie sich über Umwege an den Georgplatz vorgearbeitet hatte, hörte sie was passiert war: „Ich hab die Nachbarn gesehen, die auf der Straße standen. Juliane, die Mitarbeiterin von St. Georg, hat mich umarmt. Das war ein Festhalten, wie um mich aufzufangen vor dem Zusammenbrechen. Mein Mann hat sich wie ein Stück Holz angefühlt, der war ganz steif, kreidebleich und zu keiner Regung fähig." Die erste Sorge galt der Freundin, die im ersten Stock wohnte: „Erst um 17 Uhr wussten wir, dass Birgit lebt."

„Unglaube, Hoffnung, dass man die Wohnung in ein paar Stunden wieder betreten kann, Verzweiflung, ungeheures Verlustgefühl, Verlassenheit, Hilflosigkeit, eine Walze ist über uns gerollt", hat die Lehrerin zum 3. März 2009 in ihrem Tagebuch notiert: „Fast schlaflose Nacht im kalten Pfarrhaus!" Von Angst, Unsicherheit, Hetze berichten ihre Einträge. Der Verlust der Wohnung, die mehr als zwanzig Jahre ihr Zuhause war, empfand sie als Stress: als eine einzige Strapaze. „Wir brauchen Ruhe und können nicht ständig die schreckliche Geschichte erzählen", schreibt sie, aber auch, schon am 6. März, mit Blick auf die Archivalien: „Schade, dass wir keine Urkunde sind."

Seit diesem 3. März 2009 ist nichts mehr, wie es war, im Leben von Alfred Kotthoff und seiner Partnerin. Köln hat an diesem Tag sein Gedächtnis verloren und das Paar fast alles, was es besaß. Die Wohnung in Bayenthal, in die es im August 2009 eingezogen ist, spiegelt es wider. Alles ist neu hier, Möbel, Bilder, Vorhänge,

Teppiche, der Fernsehapparat, das Geschirr. Nur die Bronzebüste von Alfred Kotthoffs Großvater, einem stadtbekannten Konditor, wurde in den Trümmern wiedergefunden und steht als einsamer Zeuge des verlorenen Hausstandes im Wohnzimmer. Doch mit diesem Tag hat für die beiden kein neues Leben begonnen. Bis heute wirft, was geschehen ist, einen langen, dunklen Schatten. Die seelische Belastung ist das eine: Schmerzen, Angstgefühle, Krankheiten durch ein geschwächtes Immunsystem, das die Infektanfälligkeit erhöhte. Das andere sind die Auseinandersetzungen mit den Kölner Verkehrs-Betrieben (KVB): „Für die erste Soforthilfe mussten wir vier Stunden anstehen", erinnert sich Kotthoff, „dagegen hat mir die Stadt innerhalb kürzestes Zeit neue Ausweise beschafft, das lief erfreulich unbürokratisch."

Wohin? Das war gleich am Abend des Unglücks die Frage. Die erste Nacht verbrachten sie im Pfarramt von St. Georg gleich um die Ecke: „Pfarrer Dr. Reuther hat mir alles gegeben, Strümpfe, Schuhe, Zahnbürste, Schlafanzug. Doch es gab kein Licht, kein warmes Wasser, keine Heizung, alles war abgestellt", erzählt Kotthoff. Am nächsten Tag wurden sie im Hotel Severinshof einquartiert, hundert Meter südlich des Stadtarchivs, das Zimmer ging auf die Straße: „Die Unglücksstelle war nächtelang taghell beleuchtet, wir waren ständig mit der Ruine unseres Wohnzimmers konfrontiert, es war unerträglich." Nach einer Woche konnten sie ins Hotel Maritim umziehen, wo sie fast fünf Monate wohnten: „Das Zimmer ist zum Wohlfühlen, aber kein Zuhause", notiert Kotthoffs Lebensgefährtin in ihrem Tagebuch. Eine einzige Wohnung hat ihnen die Stadt angeboten, vier Zimmer, doch nur 75 Quadratmeter und ohne Balkon. Viele Anzeigen haben sie aufgegeben und mehrere Makler beauftragt, ehe sie eine neue Bleibe fanden: „Hier haben wir dreißig Quadratmeter weniger und zahlen vierhundert Euro mehr."

Die ersten Wege führten zum Arzt und zum Anwalt, neue Ausweise mussten beantragt, die Konten geklärt, Daueraufträge storniert,

Anwohnerversammlungen besucht, Kleider gekauft werden. „Zwei Wochen sind wir in den gleichen Sachen rumgelaufen." Um von ihrem Vermieter die Kaution zurückzubekommen, mussten sie vor Gericht ziehen: „Das Mietverhältnis hat sich nicht geändert", hatte der Verwalter wissen lassen. Nur zwei Wochen nach dem Unglück teilten die KVB dem Anwalt von Alfred Kotthoff mit, dass sie „die Ihrer Mandantschaft bei dem Unglück am Waidmarkt entstandenen Schäden in einer angemessenen und großzügigen Weise ersetzen wird, ohne dass eine Diskussion über den Rechtsgrund etwaiger Ansprüche vertieft werden soll". Das beruhigte. Doch es kam anders.

Tatsächlich haben Alfred Kotthoff und seine Lebensgefährtin im Juni 2009, vier Monate nach dem Unglück, eine Entschädigung über tausend Euro pro Quadratmeter erhalten, 118 250 Euro insgesamt. Das waren zweihundert Euro mehr als bei einer Hausratsversicherung üblich, die achthundert Euro pro Quadratmeter zugrunde legt. Doch sie hatten auch wertvolle Erbstücke verloren, darunter ein Gemälde des Genueser Altmeisters Alessandro Magnasco, das Kotthoffs Mutter zur Hochzeit erhalten hatte, Nymphenburger und Meißner Porzellan, Champagnergläser, Silberbestecke, Schmuck, Chippendale-Möbel und ein Sofa der Bielefelder Werkstätten, Teppiche, Murano-Glas und antiquarische Bücher, wofür sie eine Entschädigung erwarteten. Anderes ließ sich nicht ersetzen: die von der Mutter geerbte Madonna aus Holz, die Bibel des Großvaters, Souvenirs einer Japan-Reise, Familienfotos, Briefe.

In wochenlanger Kleinarbeit erstellten Alfred Kotthoff und seine Partnerin, auf Rat ihres Anwalts, Inventarlisten, in die sie alles, was sie verloren hatten, aufnahmen. Die Preise und Werte recherchierten sie im Internet und in Fachgeschäften, bei Verwandten und Freunden: Gegenstand, Anzahl, Alter, Anschaffungspreis, Zustand, Wiederbeschaffungspreis, Zeugen. Insgesamt 1468 Positionen. Doch die KVB bestritten die Ansprüche, und so reichte Kotthoff im Juli 2009 Klage ein. Anderthalb Jahre musste er auf den Prozess warten. Für die Zeugenbefragung wurden zwischen März und Oktober 2011 drei Termine angesetzt, die erste Beweisaufnahme dauerte fünf Stunden. Die Gegenseite wollte von einem „angemessenen und großzügigen" Schadenersatz nichts mehr wissen: „Da die Beklagte die Bauarbeiten zur Errichtung der Nord-Süd-Stadtbahn nicht selbst durchgeführt hat und es sich bei den von ihr mit der Bauausführung beauftragten Bauunternehmungen auch nicht um Verrichtungsgehilfen (…) gehandelt hat, haftet sie für die angeblichen Schäden des Klägers (…) auch nicht deliktisch", heißt es in dem Antrag der KVB-Anwälte, die Klage abzuweisen. Selbst dass Alfred Kotthoff „zum Zeitpunkt des Schadenfalls in der Wohnung war", wird in dem Schreiben „vorsorglich bestritten".

Den ersten Vorschlag des Gerichts, sich mit 250 000 Euro zu vergleichen, lehnte die KVB ab und bot 100 000 Euro an; das Urteil, das am 31. Januar 2014 rechtskräftig wurde, umfasst 28 Seiten und spricht dem Kläger 157 495,79 Euro nebst Zinsen zu. Eine Regelung neu für alt wurde nicht angewendet, nur der gebrauchte Wert ersetzt: Der Weinkühlschrank, der tausend Euro gekostet hatte und Alfred Kotthoff im September 2008 zum siebzigsten Geburtstag geschenkt worden war, wurde mit fünfhundert Euro entschädigt, das Magnasco-Bild, vom Gutachter auf 65 000 Euro geschätzt, weil angeblich die Echtheit nicht bewiesen werde konnte, mit gerade mal 3000 Euro; bei Kleidungsstücken wurden Internet-Schnäppchen zum Vergleich herangezogen. „Ich bin 1977 von Polen nach Deutschland übergesiedelt. Damals musste ich neu anfangen", sagt Kotthoffs Lebensgefährtin: „Jetzt muss ich es wieder."

Das Mitgefühl und die Verbindlichkeit der Versprechungen nahmen schneller ab, als den Betroffenen gut getan hätte. Der jahrelange Streit um Entschädigung kostete die beiden Kraft und Nerven und stellte ihre Beziehung – „wir haben uns oft gestritten" – auf die Probe. Auch der Freundeskreis hat sich verändert: „Da gab es regelrechte Neider, die haben so getan, als hätten wir im Lotto gewonnen. Andere haben uns zum Essen eingeladen, für uns gesammelt, uns Kleider geschenkt, und manche haben sogar die Geduld gehabt, uns zuzuhören, das war vielleicht am wichtigsten", erzählt Kotthoff. Seine Partnerin kann bis heute nicht verstehen, „wie alles so lange dauern konnte, wie juristisch formal an eine solche Ausnahmesituation herangegangen wurde. Das habe ich als kaltschnäuzig empfunden."

Regelmäßig sind die beiden in den letzten fünf Jahren an der Unglücksstelle vorbeigekommen, denn sie gehen weiter in St. Georg zum Gottesdienst. „Da überkommt mich immer eine Mischung aus Trauer und Wut", sagt Kotthoff, „inzwischen überwiegt die Wut, weil die Stadt immer noch nichts getan hat, um hier der Opfer zu gedenken." Mit der Wohnung hat das Paar auch seinen Platz im Karneval verloren: „Der Rosenmontagszug zog ja direkt am Haus vorbei, da kamen jedes Jahr dreißig, vierzig Bekannte zum Feiern, und wir haben mehrere Fass Kölsch besorgt." Seitdem hat die Lust am jecken Treiben nachgelassen. In diesem Jahr verbringt das Paar das Wochenende lieber in Prag.

Alfred Kotthoff ist heute 75 Jahre alt, seine Gesundheit ist angeschlagen: Sein Blutdruck sei, so sagt er, „besorgniserregend" und deutlich höher als vor dem Unglück. Seitdem habe er keine Nacht mehr durchgeschlafen. Schon früh haben er und seine Partnerin sich in ärztliche und psychotherapeutische Behandlung begeben, diagnostiziert wurde eine posttraumatische Belastungsstörung. Von einer Klage auf Schmerzensgeld haben sie Abstand genommen: „Das würde ein neues Verfahren bedeuten und womöglich nochmal drei Jahre dauern." Kotthoff fällt es schwer, „in die Vergangenheit zu gehen" und zu erzählen, was ihm zugestoßen ist. „Ich merke, mit welcher Traurigkeit mich das immer noch erfüllt", sagt er plötzlich: „Und wundere mich, dass meine Emotionen nicht steuerbar sind. Das habe ich vorher nicht gekannt." Ein Satz seines

Psychotherapeuten beschäftigt ihm: „Keine Bewältigung der Vergangenheit ohne Entschädigung.“

Die Sache will nicht aus ihm heraus, die Geschichte lässt ihn nicht los. Dabei würde er nichts lieber tun, als sich wieder in das Leben einrichten, wie es früher war.

EIN BILD DER STADT

Acht Jahre danach: das Archiv als Spiegel der Kommunalpolitik

Heute jährt sich der Einsturz des Kölner Stadtarchivs zum achten Mal. Dass es des leidigen Jubiläums überhaupt bedarf, um daran zu erinnern, ist Teil des Problems. Aus der öffentlichen Wahrnehmung ist das Thema nahezu verschwunden, auch in Köln ist die Aufmerksamkeit dafür verblasst. Dabei wird die Katastrophe vom 3. März 2009, die zwei junge Männer in den Tod riss, die Stadt noch sehr lange belasten und in ihrer Entwicklung zurückwerfen, die Folgen wirken auf vielen Ebenen nach. Die Ermittlungen der Staatsanwaltschaft, die eine überaus aufwendige Beweissicherung durchführen musste, stehen unter dem Zeitdruck der Verjährung, die 2019 ausläuft; der Steuerzahler droht auf dem Schaden in Höhe von 1,2 Milliarden Euro sitzen zu bleiben. Die U-Bahn vom Hauptbahnhof zum Chlodwigplatz wird nicht vor 2023 fahren. Für den Neubau des Archivs, den Jürgen Roters, der im Herbst 2009 zum Oberbürgermeister gewählt wurde, vor dem Ende seiner Amtszeit 2015 eröffnen wollte, wird am 17. März 2017 erst der Grundstein gelegt. Anders als nach dem Brand der Anna Amalia Bibliothek in Weimar hat Köln es versäumt, die Schock- und Mitleidswelle in einen Spendenstrom zu kanalisieren. Die Stiftung Stadtgedächtnis, die im vergangenen Jahr gerade mal siebzigtausend Euro eingeworben hat, steht, weil die Betriebskosten die Erlöse übersteigen, vor dem Aus. Schließlich kommt der Wiederaufbau des Archivs nicht mit der gebotenen Entschiedenheit voran. Zwar sind die mikroverfilmten Bestände und Digitalisate bereits online zu benutzen, doch ist die Bergungserfassung noch nicht abgeschlossen. Auch mehren sich die Anzeichen dafür, dass es um das Arbeitsklima nicht gut bestellt ist. Die Abteilungsleiterin für die Vor- und Nachlässe, eine anerkannt kompetente und engagierte Archivarin, wurde im November von ihrer Aufgabe entbunden. Den Grund dafür hat auch die Interessengemeinschaft der Vor- und Nachlassgeber nicht erfahren, ihre Nachfragen wurden mit Floskeln („interne Angelegenheiten", „gestörtes Vertrauensverhältnis") abgespeist. Mitarbeiter, die nicht genannt werden wollen, berichten von einer überforderten Direktorin, deren angstgesteuerter Führungsstil einen hohen Personal- und Ressourcenverschleiß mit sich bringe. Viele Kollegen, die schon vor dem Einsturz im Archiv arbeiteten, seien vergrault worden; Restaurierungshelfer erhielten nur Zwei-Jahres-Verträge, die oft nicht verlängert würden. So erscheint das Kölner Archiv, ohne dass es real vorhanden ist, als Sinnbild der Stadt, in dem sich deren Nachlässigkeiten, Versäumnisse und Provisorien konzentrieren. Die Verwaltungsreform, die die Oberbürgermeisterin vollmundig auf den Weg gebracht hat, ist hier noch nicht angekommen.

UNORTSWANDEL

Vom Schandfleck zum Straßenmuseum: das Baptisterium

Auch der Dionysos-Brunnen sprudelt wieder. Die Skulptur von Hans Karl Burgeff (1928 bis 2005) stellt den paganen Gott auf einen steinernen Doppelzylinder, der sich aus dem Erdinneren herausschraubt, und bringt ihn durch eine Windung des bronzenen Sockels in eine liegende Position. Das linke Bein angezogen und den Kopf aufgerichtet, scheint er sich zu drehen und so sein Füllhorn gleichmäßig über Köln ausschütten zu können.

Überfluss, den 57 weitere Brunnen ins Bild setzen, die am 1. April 2016 – kein Scherz – in der Stadt angestellt wurden. Trotz leerer Kassen und nur tröpfelnder Sponsorengelder. Symbole eines Reichtums, von dem die Kölner oft gar nichts wissen. Einer der lange vergessenen Schätze findet sich gleich hinter dem Dionysos-Brunnen von 1973, der unter der Laufebene des Doms zwischen Hauptbahnhof und Philharmonie neu platziert wurde: das Baptisterium, wahrscheinlich aus dem sechsten Jahrhundert und das früheste Zeugnis des Christentums in Köln, von dem die achteckige Piscina, das Taufbecken mit eingeschwungenen Seitenwänden, überliefert ist.

Östlich der damaligen Bischofskirche errichtet, dürfte das Baptisterium spätestens im elften Jahrhundert beim Anschluss der romanischen Basilika St. Maria ad Gradus an den vorgotischen Dom unter die Erde verschwunden sein. Wiederentdeckt wurde es erst 1866 bei Bauarbeiten östlich des Chors. Richard Voigtel, der damalige Dombaumeister, ließ es ausgraben und mit einem Schutzraum versehen, der es sicherte – und wieder vergessen machte. Zweimal, 1926 und im Zuge des U-Bahn-Baus 1968, wurde es archäologisch untersucht, die Domplatte brachte es in dem eigens geschaffenen Dionysos-Hof hinter Betonwände und schmale Gitter, der Bau des Museumskomplexes überließ es der Unterwelt, wo es zum Unort verwahrloste, an dem Drogendealer und Wildpinkler ihre Geschäfte verrichteten. Passanten, so sie sich überhaupt hierher trauten, zogen den Kopf ein und hielten die Nase zu. Rampen und Treppen wurden gemieden, der Beton korrodierte, Wasser schmierte die Wände hinunter. Der Schutzraum verkam zum Schmutzraum.

Das änderte sich erst, als 2006 die Arbeitsgemeinschaft Baptisterium antrat und mit Veranstaltungen und Publikationen auf den Missstand aufmerksam machte. Schon 2002 hatte ein Workshopverfahren zur Neugestaltung der östlichen Domumgebung stattgefunden, in dem sich das Münchner Architekturbüro Allmann Sattler Wappner durchsetzte, das 2011 ein städtebauliches Gesamtkonzept vorlegte. Zwei Jahre später begannen die Abrissarbeiten, die Domplatte wurde zurückgebaut und eine Rampentreppe zwischen die Ebenen gesetzt. Das Baptisterium erhielt einen großzügigen Vorraum, der sich mit einem Panoramafenster zur Straße hin öffnet: Seine Wände sind mit gefalzten Goldbronzeplatten verkleidet, die an die ehemaligen Vorhänge erinnern sollen, eingestreute Steine im Terrazzoboden kokettieren mit den Mosaiken, die als Schmuck gedient haben könnten. Die Lichtinstallation „zwei, drei Szenen für das Baptisterium“ von Mischa Kuball greift den Grundriss und die Christussymbole Alpha und Omega, das Gitter aus Goldbronze und das Oktagon des Taufbeckens auf. Ursprünglich standen auf den Ecken wohl Säulen, die es mit einem Baldachin auszeichneten: Betreten wurde das Becken über Stufen auf zwei Seiten, die Taufe erfolgte durch Übergießen oder vollständiges Untertauchen.

Das neugestaltete Baptisterium, das von Dompropst Gerd Bachner gesegnet und eingeweiht wurde, setzt den ersten Baustein zur Neuordnung der östlichen Domumgebung und gibt städtebaulich wie atmosphärisch ein Versprechen: Wo sich ein schummriger Angstraum auftat, entsteht ein Straßenmuseum, in dem auch die Dombauhütte und das Römisch-Germanische Museum Schaufenster bespielen. Blicke auf den Reichtum der Stadt an einer Stelle, wo sie jahrzehntelang abgas- und urinwolkenreich zum unsichtbaren Himmel stank.

ENDSTATION?

Deutschlands ältestes Bahnhofsgebäude verfällt in Müngersdorf

„Romantik, Realismus, Revolution – Das neunzehnte Jahrhundert“: Die Themen des „Tags des offenen Denkmals“ 2011 führt auch der ehemalige Bahnhof „Belvedere“ im Kölner Vorort Müngersdorf zusammen, in dessen parkähnlichem Garten Platanen rauschen. 1839 von der „Rheinischen Eisenbahn-Gesellschaft“ errichtet, ist er das älteste erhaltene Stationsgebäude in Deutschland. Wie ein Bahnhof sieht er nicht aus, auch das hat er mit seinem Pendant im Mutterland der Eisenbahn, der neun Jahre älteren „Liverpool Street Station“ in Manchester, gemein. Doch die Vorderfront, die auf eine klassizistische Villa schließen lässt, täuscht: Die Schmalheit des zweigeschossigen Baus, der sieben Achsen lang und nur zwei Achsen breit ist, zeigt an, dass er nicht zum Wohnen gedacht und geeignet ist.

Der Bahnhof, der vermutlich von dem Kölner Stadtbaumeister Johann Peter Weyer (1794 bis 1864) entworfen wurde, war nur für zwei Jahre Endstation der sieben Kilometer langen Strecke, die vom Bahnhof Am Thürmchen nach Müngersdorf führte und am 2. August 1839 eingeweiht wurde. Als Ausflugsziel war er sofort beliebt: Die Hangkante bot eine schöne Aussicht – Belvedere – auf die Stadt. Schon 1841 wurde die Strecke nach Aachen, im Jahr darauf bis an die Grenze nach Belgien verlängert, wo das Netz 1846 Paris erreichte.

Als 1842 mit dem Weiterbau des Doms begonnen wurde, war „Belvedere“ schon kein Haltepunkt mehr und Müngersdorf mit etwa fünfhundert Einwohnern noch weit von der Künstlerkolonie entfernt, die es mit den Bildhauern Gerhard Marcks und Hildegard Domizlaff, den Architekten Wilhelm Riphahn, Rudolf Schwarz und Oswald Mathias Ungers, mit Heinrich Böll, dem Dirigenten Günter Wand oder dem Sammler Josef Haubrich einmal werden sollte. Der Bahnhof blieb Ausflugsziel, bis 1859 wurden auch Gemeinderatssitzungen darin abgehalten, in den 1870er Jahren nutzte die „Rheinische AG für Zuckerfabrikation“ ihn als Lager, 1892 ging er in den Besitz der Stadt, die ihn als Künstleratelier zur Verfügung stellte. Seit dem Tod des Bildhauers Günter Maas 2009 steht das Haus leer und verfällt. Die Stadt scheut die Sanierungskosten von 1,7 Millionen Euro und will es verkaufen. Eine kulturelle Nutzung ist angedacht, doch fehlt ein tragfähiges Konzept. Endstation für Deutschlands ältesten Bahnhof?

BIZET ZEIGT BIZEPS

Klapperndes Mundwerk: „Carmen“ auf Kölsch

Die kommerzielle Musicalwelle ist bislang an Köln vorbeigeschwappt. Pläne, auf der rechten Rheinseite eine Halle für „Die Schöne und das Biest“ zu bauen, sind auf Eis gelegt. Die Stadt hat solche Importe nicht nötig: Sie hat den Humus und die Töne für eigene Geschichten und die Extrovertiertheit, sich mit ihnen darzustellen. Und sie hat einen schrägen Vogel wie Walter Bockmayer, der ihnen den Weg auf die Bühne bereitet. Zwei Bauchlandungen im Schauspielhaus hat er hinter sich, doch wirft ihn so schnell nichts um. Vor knapp einem Jahr hat er das Theater Kaiserhof, ein traditionsreiches Etablissement auf dem Ring, wieder flottbekommen, um hier mit hausgemachten Musicals zu reüssieren.

Gleich um die Ecke vom Kaiserhof liegt der Klapperhof, eine Rotlichtstraße, die auch nicht mehr ist, was sie einmal gewesen sein soll. Hier packt Bockmayer den Stier bei den abgewetzten Hörnern: „Auf in den Kampf, Torero“, singt „Carmen, die Königin vom Klapperhof“. Der Opernhit wird eingekölscht, also verschlagert und verballhornt, vulgarisiert und veräppelt, auf dass er außer Rand und Band gerät. So kommt das hanebüchene Melodram um eine Prostituierte dabei heraus, die ohne Luden läuft und der die Männer zu Füßen liegen: Ihr Don José ist ein tumber Schupo namens Jupp Schmitz aus Kalscheuren, und ihr Escamillo heißt Toni Schmuhmacher und trägt das rot-weiße Trikot des FC. Die Sonne Sevillas sticht zwischen Deutz und Müngersdorf.

Bizet zeigt Bizeps und mehr: Die Anmache wird auf der Bühne fortgesetzt. Die Arbeiterinnen aus der Zigarrenfabrik sind zu zickigen Bordsteinschwalben geliftet, die schnattern und schnulzen, rocken und röhren. Kräftig werden die Beine geworfen: Tutti Frutti aus dem Hinterhof. Und mittenmang eine Frau mit Tantenkomplex: Gigi Herr ist die Nichte von Trude Herr, einer lokalen Legende, und sieht ihr auch ähnlich. Die resolute Ulknudel hat die Grazie einer Rubensfigur und die Herrlichkeit eines Marzipanengels: Kokett klimpern die Augendeckel, kölsch klappert das Mundwerk. Einfach unwiderstehlich.

Im Ernst, auch wenn's schwerfällt: Zwischen Travestie und Trallala, Schmiere und Schlagerparodie, Klatschmarsch und Mitspielquatsch blitzt immer wieder etwas von dem plebejischen Witz auf, wie er in dieser Mischung aus Vulgarität und Sensibilität wohl in keiner anderen deutschen Stadt mehr anzutreffen ist. „Carmen, die Königin vom Klapperhof" trieft nur so vor Lokalpatriotismus. Doch wird er den Kölnern nicht, wie sie das selbst gerne tun, ums Maul geschmiert, sondern so dick aufgetragen, dass sie ihr Fett abkriegen: Ein Regierungspräsident namens Hans Herpes vorneweg. Womöglich ist dieses Musical die schrillste Show am Rhein: Nirgendwo sonst wird hemmungsloser und herzerfrischender dilettiert, nirgendwo mit solchem Einsatz und solcher Spielwut!

Aggressiv, wie er jede Glätte und jeden Perfektionismus schmäht, wird der gute Geschmack bei Bockmayer zum roten Tuch: Seine „Carmen" ist ein Rundumschlag gegen die öffentlich diktierten Schönheits- und Schlankheitsideale der keimfreien Fitness- und Werbeästhetik. Köln, wie es stinkt und lacht. Das Publikum tobt, ein Volksbegehren, das aus dem Bauch kommt: kollektiver Aufschrei gegen die Aktion „Saubere Stadt".

DSCHUNGEL ALAAF!

Kölscher geht's nicht: „Tarzan – wo die Datteln rappeln"

Wer in Köln aus dem Zug steigt, kommt kaum daran vorbei. Seit einem halben Jahr ist der Hauptbahnhof zum „Musicaldome" mit Gleisanschluss verfremdet. Eine Fließbandproduktion namens „Gaudí" bläht sich in einem azurblauen Zelt am Rheinufer, musikalisches

Fast-Food für diätbewusste Erlebnishungrige, wie es, glitzernd verpackt, genauso gut in Aachen oder Alsdorf, wo es davor schon lief, Arnheim oder Atlanta verfüttert werden könnte. Wer es geschluckt hat, hat noch nichts von der Stadt geschmeckt.

Köln mag wenig Geschmack haben, aber es hat ein eigenes Aroma. Der römische Bodensatz lässt sich nicht auflösen, Karneval und Katholizismus, Obergäriges und Reibekuchen, plebejischer Witz und Lokalstolz sind die würzigsten Ingredienzen. Wer etwas davon mitbekommen will, muss tiefer in die Stadt eindringen. Auf den Ringen, die einmal ihre Prachtboulevards werden sollten, ist ein Hauch und mehr davon zu spüren. Hier hat Walter Bockmayer, gebürtiger Pirmasenser des Jahrgangs 1948 und Kölsches Original, 1994 das legendäre Theater Kaiserhof, früher Gastierquartier für Josephine Baker oder Heinz Erhardt, reanimiert, um eine lokale Spielart des Musicals zu päppeln und die Fortsetzung des Volkstheaters mit vitaleren Mitteln zu proben. Sein vorerst letzter Streich heißt „Tarzan – wo die Datteln rappeln" und führt – nein, nicht in den Dschungel, sondern in den Bauch der Stadt. Köln, wie es bleibt und bebt.

Die Heldin des Stücks trägt die Schlingpflanze schon im Vornamen: Liane Jockemöller. In Köln betreibt sie ein Reisebüro, das – der Schreibtisch steht auf Elefantenbeinen, die Wände tapezieren Zebrastreifen – voll auf Abenteuerreisen abfahren lässt. Wochenendsafaris nach Afrika, inklusive eines Fototermins mit Tarzan und Jane, sind der letzte Kitzel, und Gerhard und Christel Pfuscher, Sexshop-Betreiber aus Bergheim, lassen sich nicht lumpen und ein kleines Vermögen dafür springen. Da kommt die Kunde, dass die Urwald-Helden von einer Elefantenherde über den Haufen gerannt wurden. Liane Jockemöller sitzt in der Bredouille. Mit Ehemann Harald, Tierpfleger im Affenhaus des Zoos, macht sie sich auf nach Afrika, um aushilfsweise selbst ins Leopordenfell zu schlüpfen. Aiiaiiaijaaau!

Die Story hat einen Sonnenstich, noch ehe sie in den Tropen den Hitzekoller kriegt. Zunächst aber muss Liane als Gegenleistung bei Harald im Delphinarium aushelfen und den Killer-Wal reiten: Flipper in der Badewanne oder Copacabana à la Colonia. Im Urwald geht's dann richtig rund, denn nicht nur Affen und Elefanten, auch die Sarotti-Mohren tanzen im Kreis und lassen die Baströckchen fliegen. Tarzan nimmt sich zwar, um es in der drastischen Metaphorik des Stücks zu sagen, brustumfänglich neben Johnny Weissmüller wie ein Pfeifenreiniger neben einer Klobürste aus, aber sein Schrei ist ein O-Ton und sein Sprung übers ganze Parkett hinweg fürs Dschungelbuch der Rekorde. Dabei muss er sich zwischen zwei Frauen zerreißen, denn auch Putzfrau Eloise Pütz ist mit von der Safari. Spuk der Urwaldgeister, Delirium der Triebe.

Bockmayer nimmt kein Feigenblatt vor den Mund. Sein Schmuhsical, das Songs von Harry Belafonte bis Barry Ryan aufmischt, ist die schrägste Show am Rhein: hemmungslos, hanebüchen und herzerfrischend. Die Stilblüten werden wie nebenbei entblättert. Denn ohne sie direkt aufs Korn zu nehmen, schickt der Autor, der sein eigener Regisseur ist, die Abenteuer-, Sex- und Erlebnisreisen parodistisch in die Wüste. Sein „Tarzan" unternimmt eine Safari in Saunaschlappen, die die Plüschtiere auf die Palme bringt, eine Persiflage auf den Tourismus, die den Dschungel im Dorf lässt und Afrika im „Veedel" entdeckt. Kölscher geht's nicht. Die Schauspieler mögen nicht allzu viel drauf haben, doch sie geben alles: vorneweg Gigi Herr, ein Drallbonbon des kölschen Lebens, die mit den Hüften wie den Silben wackelt, auf dass ihr die Lacher wie reife Mangos in den Lendenschurz kullern. Dabei weiß der Zuschauer lange nicht, ob er weglaufen soll oder sich hinreißen lassen darf. Alles Banane.

Das Finale klopft beim „Sommernachtstraum" auf den Busch: Drei Paare haben sich gefunden. Doch nicht Shakespeare, sondern Tünnes und Schäl zieht Bockmayer die Grimasse. Da hat längst auch das Publikum alle Hemmungen fallen gelassen und tobt wie vom wilden Affen gebissen.

FÜNF BILDER UND KEIN HALLELUJA

Der Galerist Rafael Jablonka hat in Hürth eine Kirche des Architekten Gottfried Böhm erworben

Anderswo reicht Köln weit über den Autobahnring, die Luxemburger Straße hinaus aber markiert er die Stadtgrenze, und gleich dahinter beginnt Hürth. Der erste Kreisverkehr, der sich dreht, kennt die Sehenswürdigkeit schon: „Böhm-Kapelle". Neu ist sie nicht, früher hieß sie Kirche St. Ursula, und das genau fünfzig Jahre lang, von 1956, als sie geweiht, bis 2006, als sie – wie derzeit viele Gotteshäuser in Deutschland – entweiht wurde. Die Gemeinde sei, so Joachim Kardinal Meisner zur Begründung, so klein geworden, dass „das gottesdienstliche Leben sinnvollerweise in den anderen Kirchen des Seelsorgebereichs (...) konzentriert werden soll". Gemeindemitglieder demonstrierten damals gegen die Profanierung, mit der, so der Bonner Liturgiewissenschaftler Albert Gerhards in dem Buch über St. Ursula, das er 2009 herausgab, eine „historia calamitatum", eine Unglücksgeschichte, begonnen habe.

Links zeigt das Schild auf den Jägerpfad, der aber, eine Umgehungsstraße, die sich zwischen Feldern und Gewerbegebieten aufstelzt, gar nicht so aussieht, und von dort geht es eine Ausfahrt in die Straße An der Hausenkaule hinunter und wieder links in die Hans-Böckler-Straße. Die läuft im Ortsteil Kalscheuren zwischen einer lückenhaften Wohnbebauung rechts und den Produktionshallen der Magic Media Company (MMC) links auf den Bahnhof zu, von dessen P & R-Parkplatz die Pendler auf den Zug umsteigen. Ein Umfeld, in dem sich kreative Milieus ansiedeln, sieht anders aus, und ein Wallfahrtsort für die Kunst erst recht. Aber genau der soll hier, im Niemandsland am Rande des Speckgürtels, entstehen. In „Böhm Chapel" übersetzte ihn die Einladung vor wenigen Wochen. Denn die Kirche und das umgebende Grundstück, die damals an ein Bauunternehmen veräußert wurden, hat inzwischen Rafael Jablonka erworben, der, nach einem „Gastspiel“ in Berlin, seine Galerie wieder in Köln hat und künftig in Hürth Kunst zeigen möchte: „Terry Winters Bilder“ heißt die Ausstellung, mit der er den exklusiven Ort eröffnet hat.

Den Besucher fasziniert an dem Raum, wofür der Baumeister der Kirche berühmt ist: das Licht. Denn St. Ursula ist ein frühes Werk des Architekten Gottfried Böhm, der das Gotteshaus von 1954 bis 1956 geschaffen hat. Wer den weißen Zentralbau, dessen Kuppeldach von vorgestellten, schlanken Pfeilern getragen wird, zum ersten Mal betritt, wird sofort davon gefangen. Durch die raumhohen Netzfenster zwischen den sechs Konchen flutet, reich und lebhaft, ein Licht herein, das Stimmungen auslöst und das „Kreis-Erlebnis“ der Kirche betont. Im Innern kommt sie mit wenigen Materialien aus: Stahlbeton, Zedernholzdecke, heller Terrazzoboden und einfaches Industrieglas, nur die Kreuzungspunkte des Netzes sind durch Buntglasbrocken hervorgehoben. Ein freistehender Glockenturm ergänzt den Rundbau auf der Eingangsseite.

Fensterflächen von mehr als hundert Quadratmetern charakterisieren den stützenlosen Raum, über jeder Wand fließt Licht ein und lässt die Decke schweben. Die Vorstellung, hier Kunst zu zeigen, hat Jablonka sofort begeistert, obwohl – oder gerade weil – es immer nur fünf Bilder sein können: eines in jeder Konche, da in der sechsten der Eingang liegt. Und auch das ist nur möglich, solange es hell genug ist. Auch denkt Jablonka, wie er versichert, nicht daran, Trenn-, Hänge- oder Stellwände oder eine künstliche Beleuchtung einzuziehen: „Die Architektur muss atmen können.“ Dass Exponate zum Verkauf angeboten werden, möchte er nicht ausschließen, doch habe das keine Priorität. Als nächstes bereitet er für Ende März 2011 eine Ausstellung von Sherrie Levine vor, die sich den Ort bereits angesehen hat. Öfter als alle sechs Monate möchte Jablonka aber nicht wechseln: „Langsamkeit ist mir wichtig.“ Im Zuge der Umwidmung des Kirchraums hat sich der Galerist schon im Sinne der Denkmalpflege, die St. Ursula im Jahr 1993

Park-Cafe
CAFE
RESTAURANT

SAMOLOTY I AUTOBUSY DO POLSKI
FLÜGE UND BUSSE NACH POLEN

DEVK
Feel the
WWW.WEWILLROCKYOU.DE
QUEEN
BACKSTAGE +++
AUTOBUSOWE
I LOTNICZE

Rheinboul

vard
Stadt Köln
JACK IN THE BOX

fundia

personal affairs
JANSEN
frei

Pepe Jeans
adidas
Friesenwall
frei
27. 1. – 22. 4. 2007
Bild

METZGEREI
Schmitz
30

SALON
Schmitz
GYM

www.waidmarkt.de
cken.
uen.
eten.
erstmal
en:
0 - 52 00 00
Papa
Rudi's

SPD

unter Schutz stellte, engagiert: Der Turm wurde von einem bleiverkleideten Vorbau befreit und damit in den Originalzustand zurückversetzt, der die Achse zum Eingang betont, und ein Glockenspiel mit Musik von Philip Glass installiert.

Seit die Kirche entweiht wurde, hat sich in ihrer Nachbarschaft viel getan. Ein Bauunternehmen hat, wie es in bestem Immobiliendeutsch heißt, das „Carré Campanile“ mit dreimal neun Reihenhäusern realisiert, die, weiß und zweistöckig, die Kirche von drei Seiten einfassen. Statt von einem großen Freigelände, auf dem sie einst errichtet wurde, umgeben zu sein, bildet sie nun den Mittelpunkt eines kleinen Neubauviertels. Die Gemeinde, mit deren Schrumpfen die Profanierung begründet wurde, wächst wieder. Dass sie so zahlreich wird, dass der Beschluss wieder rückgängig gemacht werden könnte, steht aber vorerst nicht zu erwarten, und so gibt das Bespielen mit Kunst, behutsam und respektvoll, wie Rafael Jablonka das vorhat, das Beispiel einer würdigen Säkularisation.

Der neunzig Jahre alte Kirchenbaumeister Gottfried Böhm jedenfalls strahlte, als er der Wiedereröffnung seines Jugendwerks die Ehre gab, und auch Liturgiewissenschaftler Gerhards spricht, wiewohl er die Profanierung „grundsätzlich“ für eine falsche Entscheidung hält, nicht mehr von einer Unglücksgeschichte, sondern von einer „Nutzung, mit der wir leben können“.

HINTER DEM BAHNHOF IST VOR DEM BAHNHOF

Abschied vom Hinterhof: ein zweites Entree in die Stadt

Die Einfahrt nach Köln kann etwas Festliches haben, Pünktlichkeit hat dann keine Priorität. Der Zug hält auf der Hohenzollernbrücke, „alles kommt für eine kurze Andacht zum Erliegen“. So hat es der Schriftsteller Hanns-Josef Ortheil beschrieben und dafür auch die schönste, kölscheste Erklärung gegeben: „Aus Pietät! Denn er nähert sich nicht nur Köln, sondern mehr noch dem Kölner Dom." Das mache den Hauptbahnhof zu einer „Vorhalle des Himmels". Der Abstieg begann mit dem Abstieg – hinunter in die Bahnhofspassage und durch die Halle hinaus auf den Vorplatz. Doch seit 2005 ist er von Reibekuchenbude und Schmuddelecken, Containern und Taxivorfahrt, die an den Nebenausgang verlegt wurde, befreit, zum Weltjugendtag wurde die verschachtelte Treppenanlage zum Dom durch eine breite Freitreppe ersetzt. Blieb die Rückseite, der Breslauer Platz, erst durch den Zweiten Weltkrieg entstanden, vorher hatte die Bebauung des Kunibertsviertels bis an die Nordseite des Bahnhofs gereicht, und lange dessen Hinterhof: eine öffentliche Rumpelkammer mit Buden, Kübeln, Mülleimern, Werbetafeln, Beschilderungen, Parkplätzen und Vorfahrten für Pkws und Taxen sowie dem Geschiebe des Fernbusbahnhofs, dominiert von dem – nomen est omen – Kommerzhotel, einem grau-orangen Tort für die Augen, und dem blauen, den Durchgang zum Fluss blockierenden mülltütenförmigen Musicalzelt, das seit 1996 als temporäres (!) Provisorium das Rheinpanorama verhunzt und noch bis mindestens 2015 der Oper als Interimsspielstätte aushilft.

Die beiden baulichen Schandflecke lassen sich nicht so schnell entfernen, aber die Platzfläche selbst ist endlich gefasst. Das Büro Büder + Menzel Architekten (Köln/Brühl), einer der beiden Preisträger des bereits 1992 veranstalteten Wettbewerbs, hat zunächst einen Durchgang entlang des Bahnhofsgebäudes gelegt und dann eine dreieckige Fläche gestaltet, die in ihrer Farbe den Terrazzoboden der – ebenfalls von ihnen entworfenen und „römisch" überbauten – U-Bahn-Station aufnimmt: Ringförmig gepflastert, symbolisieren die abwechselnden Reihen die Wellen eines ins Wasser fallenden Steines. An der Bahnhofseite von zehn Lichtstelen flankiert, macht der großzügig aufgeräumte Platz das Angebot einer öffentlichen Bühne. Hinter dem Bahnhof ist vor dem Bahnhof: ein zweites, gleichwertiges Entree in die Stadt.

Doch schon rührt sich im Kölner der ihn schnell befallende „horror vacui“: Ein Brunnen soll in der Mitte platziert werden und das Gefühl der Leere mindern und erträglich machen. Aber das muss an dieser Stelle, so lange die Stadtkasse nicht sprudelt, vielleicht wirklich nicht sein.

DER HORIZONT IST OFFEN

Baldachin aus Buchstaben: das erste Denkmal für Deserteure

Es sind keine Worte, die schon in Stein gemeißelt wurden, keine Inschriften, wie wir sie von Denkmalen kennen, keine Spruchformeln der Erinnerungskultur, die hier herrschen. Noch immer besteht Unsicherheit und nicht einmal rechtlich Eindeutigkeit gegenüber Deserteuren, die im Krieg als Wehrdienstzersetzer und Verräter abgeurteilt und noch lange danach als Feiglinge und vaterlandslose Gesellen kriminalisiert wurden. Und so sind die Sätze, mit denen Ruedi Baur mit seinem Kölner Mahnmal die Deserteure der NS-Militärjustiz würdigt und ihrer gedenkt, nicht festgelegt oder gar verankert, buchstäblich hängen sie in der Luft und lassen sich doch nicht auseinander nehmen. Denn sie treten in einer Reihe auf, in der einer aus dem anderen folgt, sodass sich der militärische Ungehorsam aus der individuellen Geste der Zivilcourage ableitet: „Hommage den Soldaten, die sich weigerten zu schießen auf die Soldaten, die sich weigerten zu töten die Menschen, die sich weigerten zu foltern die Menschen, die sich weigerten zu denunzieren die Menschen, die sich weigerten zu brutalisieren die Menschen, die sich weigerten zu diskriminieren die Menschen, die sich weigerten auszulachen die Menschen, die Zivilcourage zeigten, als die Mehrheit schwieg und folgte.“

Der aus diesen Sätzen gestrickte Satz steht, nein: nicht auf einer Wand, sondern förmlich an den Himmel geschrieben, in großen, poppig bunten und mehrmals die Farbe wechselnden Lettern aus

Aluminium, die keinen festen Hintergrund, keinen Rückhalt haben: Als Kettentext hängen die Buchstaben in einer leichten, offenen Stahlkonstruktion, die in der Länge acht, in der Breite vier und in der Höhe mehr als drei Meter misst. Einer Pergola ähnlich steht sie am Appellhofplatz, Ecke Burgmauer/Neven-DuMont-Straße, und wirkt dabei so schräg und scheinbar deplatziert wie so manches im Kölner Stadtbild. Neben dem Eingang zur U-Bahn, in der Sichtachse des mächtigen Doms ist das Denkmal aufgestellt und etwa gleich weit von drei Gebäuden entfernt, zu denen es Blickbeziehungen aufnimmt: dem Zeughaus, das als Teil des Stadtmuseums die Kölner Geschichte speichert, dem Verwaltungsgericht, vor dem Krieg Ort der Strafjustiz, an dem Sondergerichte während des Nationalsozialismus mindestens 123 Todesurteile gefällt haben, und dem EL-DE-Haus, in dem die Gestapo ihre Folterkammer hatte und seit 1988 das NS-Dokumentationszentrum der Stadt untergebracht ist. Doch das Denkmal steht frei. Im Schnittpunkt der Geschichte ist es selbst nicht Teil von ihr. Wer es sich ansieht, muss sich unterstellen, ohne Schutz zu finden, aber sich nicht in Demut hinunterbeugen, sondern – ganz im Gegenteil – hinaufblicken. Was er dann liest, bleibt nicht in der Historie befangen, sondern beschriftet den Horizont, den es bedeckt, aber nicht schließt.

Es sei, teilt die Stadt Köln mit, das erste Denkmal für Deserteure in Deutschland, das im öffentlichen Raum errichtet wurde. Vierzehn Künstler hatten die Initiatoren zu einem internationalen Wettbewerb eingeladen, dreizehn von ihnen, darunter prominente wie Rosemarie Trockel, Bogomir Ecker, Luca Vitone oder Gregor Schneider, haben sich beteiligt, doch gewonnen hat überraschend und einstimmig der schweizerisch-französische Grafiker und Typograf Ruedi Baur, der in Köln schon die Piktogramme des Flughafens gestaltet hat. Was er entworfen und, scheinbar provisorisch, gebaut hat, ist frei von Einschüchterungspathos und Betroffenheitsästhetik: ein Denkmal, das landläufige Vorstellungen von Denkmal verändert und in Frage stellt, es buchstäblich auseinander nimmt und ihm Bedeutung zurückgewinnt. Denk mal.

FUNDORT FABRIK

Im Dornröschenschlaf: eine Industriehalle des Jugendstil-Architekten Bruno Möhring in Deutz

Entdeckungen verschollener Kunstwerke sind, ganz pragmatisch gesehen, zunächst eine Frage des Umfangs – Länge mal Breite mal Höhe. Das Notenblatt eines Komponisten hält sich leichter im Verborgenen als das Manuskript eines Romanciers, das seinerseits mit der Schublade auskommt, in die das Bild eines Malers nicht passt. Wofür es dann zumindest eines Dachbodens bedarf, dessen Maße dieser Fund (mit einer Länge von 36, einer Breite von 16 und einer Höhe von 18 Metern) – und schon das macht ihn zu einer Rarität – weit hinter sich lässt: In Köln wurde eine Ausstellungshalle aufgetan, deren „architektur- und industriegeschichtliche Bedeutung", so der Denkmalpfleger Walter Buschmann, „nicht hoch genug einzuschätzen ist".

Fast hundert Jahre hat sie auf dem Gelände der Gasmotoren-Fabrik Deutz gestanden, ohne dass ihr Rang und ihre Autorschaft erkannt worden wären. Bis sich der in Sachen Industriekultur beschlagene Künstler Alexander Calvelli auf dem Areal umsah und sich, durch drei angestellte Silos hindurchblickend, die Augen rieb: Vor allem die Jugendstilelemente der Fenster und der zweite, nicht tragende Bogen machten ihn stutzig. Nachforschungen bestätigten seine Vermutung: Die hochaufragende Halle mit Satteldach, ein Stahlfachwerkbau mit Ziegelsteinausfachung, stammt von dem Berliner Architekten Bruno Möhring (1863 bis 1929).

Ursprünglich für die „Industrie-, Gewerbe- und Kunstausstellung für Rheinland, Westfalen und benachbarte Gebiete" 1902 in Düsseldorf aufgestellt, diente die Halle der Gasmotoren-Fabrik

Deutz zu Ausstellungszwecken. Integriert war sie dabei in einen fünfteiligen Komplex, der gemeinsam mit der Gutehoffnungshütte genutzt wurde. Damit ist sie eine Schwester der Jahrhunderthalle des „Bochumer Vereins", die anschließend die Gaskraftzentrale des Hüttenwerks aufnahm und 2003 zum Festspielhaus der Ruhrtriennale umgerüstet wurde, wie auch der Kruppschen „Kanonenburg", die auf das Areal der Friedrich-Alfreds-Hütte in Duisburg-Rheinhausen versetzt wurde. Die vier anderen Teile des Hallenkomplexes wurden nach Mexiko-City transloziert, wo sie von einem Institut der Universität genutzt werden. Doch während diese „Weltreise" der Fachwelt bekannt war, hatte sich die Spur nur vierzig Kilometer rhein-aufwärts verwischt: In Köln wurde Möhrings Halle in vereinfachter Form – ohne schmückende Zusätze wie das weit ausladende Dach und zwei Türme – wiederaufgebaut, auch ist sie durch eine Geschossdecke unterteilt worden. Die Stahlkonstruktion mit Bindern, deren Untergurte – wie auch die Fachwerkträger – in Bogenform ausgeführt sind, begründet ihre bautechnische Besonderheit.

In den Formen der Halle kommen zwei Entwicklungen der Industriearchitektur zusammen: die Verbreitung des Stahlfachwerkbaus und dessen Nobilitierung für Repräsentationszwecke. Im Gegensatz zu den meisten Pavillons auf der Düsseldorfer Ausstellung kam dieser ganz ohne monumental wirkende Verkleidungen aus Putz und Rabitz aus. Ebendarin ist er folgenreich für eine Entwicklung, die in Möhrings Maschinenhalle (1904) der Zeche Zollern II/IV in Dortmund einen ersten Höhepunkt erreichte und in der Zeche Zollverein 12 in Essen von Fritz Schupp und Martin Kremmer (1932) fortgeführt wurde.

In Köln wurde die Halle, die, zwischen Deutz-Mülheimer-Straße und Rhein gelegen, öffentlich nicht zugänglich ist, in jenes Fabrikensemble integriert, das als „Wiege der Weltmotorisierung" gilt. Der aus dem Taunus stammende Kaufmann Nikolaus August Otto, der 1864 hinter dem Kölner Hauptbahnhof die erste Motorenfabrik gründete und auf der Pariser Weltausstellung von 1867 einen atmosphärischen Motor vorstellte, hatte 1869 auf der anderen Rheinseite eine Fabrik errichtet, in der Gottlieb Daimler und Wilhelm Maybach, damals 29 und 26 Jahre alt, von 1872 bis 1881 als Technische Direktoren wirkten, ehe sie in Cannstatt den Automobilbau vorbereiteten. Auf diesem Feld wurde von 1907 bis 1912 auch in Deutz gearbeitet und als Ingenieur Ettore Bugatti gewonnen.

Nachdem im Zweiten Weltkrieg das Gelände zu mehr als zwei Dritteln zerstört worden war, wurde die Halle bis im vergangenen Jahr zur Rippenzylinderfertigung und Kernlagerung genutzt. Ihrer Unterschutzstellung steht, darin sind sich Denkmalpflege und Landesentwicklungsgesellschaft als Eigentümerin einig, nichts im Wege.

SCHIFFSBUG IM HÄUSERMEER

Wieder frisch: das Disch-Haus

„Köln liebt Disch!“ flattert es flott an der Hauswand, doch auch wenn das rheinisch vertraut zischt und (nach)klingt, scheint es nicht auf unwiderstehliche Gegenliebe zu stoßen. Denn noch stehen viele Büro-Einheiten im frisch sanierten Disch-Haus, 1928 bis 1930 von Bruno Paul und Franz Weber errichtet, leer. Aber vielleicht liegt das ja auch an dieser plakativen Art der Werbung, die den markanten Bau gar nicht voll zur Geltung kommen lässt, sondern ihm gleichsam ein Taschentuch vors Gesicht hält.

Denn es ist die Fassade, die das während der Amtszeit von Oberbürgermeister Konrad Adenauer als städtisches Verwaltungsgebäude entstandene Haus unverwechselbar macht. Die Ecke des Grundstücks, auf dem das berühmte Hotel Disch, ein spektakulärer Gründerzeitbau, stand, bezwingen die „modernen“ Architekten mit einem eleganten Bogen, dessen mächtige Rundung einen Schiffsbug andeutet und die beiden Straßenfronten zu einer Einheit verschmilzt. Ein breit gelagerter Erker im ersten Obergeschoss (in der Brückenstraße) und ein turmartig überhöhtes Treppenhaus über dem zweiten Obergeschoss (in der Herzogstraße) unterbrechen die strenge, stromlinienförmige Gliederung, mindern den Anklang an den Dampfer und bewirken Maßangleichung an die Nachbargebäude. Das spiralförmige Treppenhaus im Innern greift den Schwung der Außenfassade auf. Unverkennbar standen die Schocken-Kaufhäuser von Erich Mendelsohn in Stuttgart und Chemnitz mit ihrer auffälligen Querbänderung Pate.

Das Denkmal, das 1983/84 schon einmal renoviert, wieder mit einer Travertin-Fassade versehen und dem Originalzustand angenähert wurde, erscheint nun in diesen zurückversetzt: Die Hauptaufgabe der Sanierung durch die Frankfurter Architekten KSP Engel und Zimmermann bestand darin, Verbautes zurückzunehmen, das Alte freizulegen, das Erscheinungsbild der Fenster wiederherzustellen und die Fassade aufzuarbeiten. Einen zweistelligen Millionenbetrag hat der neue Eigentümer, der die Immobilie von der Stadt erworben hat, aufgewendet. Unten brummt der Laden schon: Im Erdgeschoss ist das Warenhaus Manufactum eingezogen, das hier sein gesamtes Sortiment, vom Frisch-Pflaumenmus bis zum Fahrrad, ausbreitet. Die Münchner Innenarchitekten Landau + Kindelbacher haben dafür ein modulares System entwickelt, das losgelöst von der Gebäudehülle funktioniert. Der ruhige, ordnende Eindruck, den es vermittelt, aber wird durch eine aufwendige Beleuchtung mit Spotwirrwarr konterkariert.

Auch in die Stadtgestaltung wurde investiert. Köln kann wieder stolz sein auf einen seiner bedeutendsten Bauten der klassischen Moderne, der Anfang der Achtzigerjahre mühsam vor dem Abbruch bewahrt worden war. Und das an einer prominenten Stelle: gleich neben Kolumba, dem neuen, im September 2007 eröffneten Kunstmuseum des Erzbistums von Peter Zumthor. Auch der Platz davor trägt einen klingenden Namen. Vor einigen Wochen wurde er nach dem Photokina-Gründer L. Fritz Gruber benannt. Nun muss er nur noch vom Blech befreit werden.

DIE WUCHT AM RHEIN

Der Dom war von Anfang an mehr als nur ein Gotteshaus: Monument für den politischen Machtanspruch der Erzbischöfe, Nationaldenkmal, Einheits-, Friedens- und Fortschrittssymbol. Doch wofür steht er heute?

Der sicherste Weg zu ihm führt über die Rolltreppe. Der sicherste, um verunsichert, um erschüttert zu werden. Aus der U-Bahn-Station Dom/Hauptbahnhof auf den Kardinal-Höffner-Platz. Und während der Fußgänger hinauffährt, dreht sich der Kopf bis zum Anschlag in den Nacken, und die Augen fahren mit. Nur schneller, steiler, höher, bis an die Spitze der Zwillingstürme, die links neben ihm aufsteigen, die senkrecht in den Himmel stürmen. Nicht nur „im Mondenschein", so Heinrich Heine in „Deutschland. Ein Wintermärchen", ragt der „kolossale Geselle" „verteufelt schwarz empor". So eindrucksvoll, erschlagend und überwältigend, dass es die Vorstellung übertrifft. Jedes Mal wieder.

Das Städtische Verkehrsamt im Rücken, hat der Betrachter dessen Vorzeigestück vor Augen. Und staunt. Über die schiere Größe. Über die imposante, mehr als sechzig Meter breite Westfassade. Über die rationale, stilreine gotische Architektur, über die 157 Meter hohen Türme und ihre feingliedrigen Maßwerkhelme, über die zahlreichen Einzelheiten in Grund- und Aufriss, streng geordnet in ihrer Einheitlichkeit. Notre-Dame ist überschaubar dagegen, das Ulmer Münster zwar fünf Meter höher, doch hat es nur einen Turm; in Straßburg wurde die zweite Spitze nie realisiert. Das Vorbild, die 1220 begonnene Kathedrale von Amiens, wird übertroffen, Meister Gerhard, der erste Architekt, hat es intensiv studiert. Der Kölner

Dom ist, auch wenn er erst 1880 vollendet wurde, die – so der frühere Dombaumeister Arnold Wolff – „vollkommene Kathedrale". Einzigartig, unvergleichlich, perfekt.

Doch nur vor der Westfassade ist diese Größe, diese Wucht, diese Erhabenheit noch zu spüren und zu erleben. Denn 1970 wurde der Dom auf eine Platte gestellt – und damit vom Sockel geholt. Auto- und fußgängergerecht. Auf eine große Flanierzone, die auf einer zweistöckigen Garage steht. Statt über eine breite, repräsentative Treppe wird das Gotteshaus seitdem durch das Hauptportal auf gleicher Ebene betreten, antihierarchisch und „demokratisch"; Städtebau der Sechzigerjahre, als Höhenstufungen und Aufgipfelung nicht mehr gefragt waren. Auch ein Reflex auf den Nationalsozialismus. Verständlich, politisch korrekt und aller Ehren wert. Doch die Nivellierung hat den Dom von der Stadt isoliert und ihm etwas von seiner Monumentalität – mehr als vierhunderttausend Kubikmeter umbauter Raum! – genommen. Es ist der Versuch einer Degradierung und Domestizierung, die ihn nicht kleinkriegt und ihm doch zusetzt: Von Süden, vom Roncalli-Platz aus betrachtet, an dessen Ende erst vor ein paar Wochen – wie beschaulich – Bänke aufgestellt wurden, sieht es aus, als hätte man die gotische Kathedrale auf ein Tablett geschoben. Lego lässt grüßen.

Der Kölner Dom ist die beliebteste Sehenswürdigkeit in Deutschland. Sieben bis acht Millionen Menschen besichtigen ihn jedes Jahr, die Dresdner Frauenkirche, das Brandenburger Tor und Schloss Neuschwanstein folgen auf den Plätzen. Im Schnitt sind es zwanzigtausend Besucher täglich, mehr als die größte mittelalterliche Kirche der Christenheit verkraften kann. Aus der ganzen Welt kommen sie angereist: Pauschaltouristen aus China, Gewerkschaftler aus Polen, Architekturstudenten aus Italien, Pfadfinder aus den Niederlanden, Ordensfrauen aus Indien.

Das religiöse Symbol, das der Dom auch ist, hat seit dem Zweiten Weltkrieg an Anziehungskraft verloren. Im Jahr 1948, als sein siebenhundertjähriges Jubiläum, zu dem sich zahlreiche Kirchenfürsten aus dem Ausland einfanden, mit einer großen Prozession durch die Trümmer und Schuttberge der Stadt begangen wurde, war sie noch groß. Die Feier damals war kirchlich, nicht politisch ausgerichtet und bedeutete keineswegs schon die Rückkehr Deutschlands in die Völkergemeinschaft, die im Nachhinein daraus gemacht wurde. Auch 1956, als der Katholikentag in Köln stattfand, stand der Dom für den Glauben. Und als Charles de Gaulle im September 1962, zwei Monate nach der „Versöhnungsmesse" in Reims, zum Gegenbesuch in die Bundesrepublik reiste, kam der fromme Europäer nach Köln, um im Dom zu beten. Den Trauerzug für Joseph Kardinal Höffner begleiteten 1987 noch dreißigtausend Kölner, bei seinem Nachfolger Joachim Kardinal Meisner waren es im Juli 2017 nur ein paar hundert. Solange Bonn Sitz der Bundesregierung war, rangierte der Dom als Hauptattraktion im Damenprogramm der Staatsbesuche; den G8-Gipfel 1999 nach Köln zu vergeben, war das letzte Trostpflaster für die verlorene Hauptstadtnähe, welches das Bild der Stadt und damit ihres Wahrzeichens noch einmal um den Globus schickte.

Man mag das bedauern und der Geistlichkeit dürfte es bewusst sein: Doch die große Mehrheit der Menschen, die heute die Metropolitankirche des Erzbistums aufsuchen, kommt nicht aus Glaubensgründen. Dennoch ist die Attraktion ungebrochen, der Dom ist populär und fast immer gut besucht. Dabei hat er nichts Anheimelndes, gar Gemütliches, sondern entzieht sich, rational durchgestaltet und gigantisch, jeder Maßstäblichkeit. Auch nichts Romantisches wie noch der Torso, als nicht die Türme, sondern der mittelalterliche Baukran auf dem Stumpf des Südturms das Wahrzeichen der Stadt war. Was aber ist es dann, das die Menschen heute fasziniert? Und wofür steht der Dom, wenn er nicht mehr für die Religion steht? Und auch nicht mehr wie im neunzehnten Jahrhundert, als er, nach fast dreihundert Jahren Bauunterbrechung, vollendet wurde, für die Einheit der Nation, für die Einigkeit der Konfessionen, für Friede und Fortschritt, für die Verbindung von mittelalterlicher und, mit der Eisenbahn, die über den Rhein auf den Chor zurollt, moderner Technik? Steht er womöglich für nichts mehr? Ist er nur noch ein Weltwunder der Architektur, das, von keinen ideologischen Inhalten belastet, für sich selbst steht?

Der Kölner Dom war von Anfang an mehr als nur ein Gotteshaus. Der an der Stelle des Alten Doms errichtete Neubau, für den 1248 der Grundstein gelegt wurde, war eine politische Demonstration. Als überdimensioniertes Schreinsgehäuse nahm er die kostbaren Reliquien der Heiligen Drei Könige auf, die in Mailand geraubt, 1164 nach Köln gebracht und bald so etwas wie Staatsreliquien der deutschen Könige wurden. Ähnlich wie die Dornenkrone, die als Hauptreliquie in Sainte-Chapelle in Paris, der Palastkapelle der französischen Könige, vorn im Chor aufbewahrt wurde und ein Symbol für die irdische, von Christus legitimierte Herrschaft war. Die Kölner Erzbischöfe ahmten das nach. Sie hatten seit dem elften Jahrhundert das Krönungsrecht für die deutschen Könige, das ihnen eine entscheidende Rolle im weltlichen Machtgefüge zuwies. Der Besitz der Dreikönigsreliquien untermauerte diesen Anspruch. Nach der Krönung, die meist in der Aachener Pfalzkapelle Karls des Großen stattfand, sind die Könige zu den Heiligen Drei Königen nach Köln gekommen, denn die waren als erste christliche Könige ihre Vorgänger.

Die Repräsentation von weltlicher und geistlicher Herrschaft im Dom wird dadurch demonstriert, dass beide, Kaiser und Papst, kraft Amtes dem Domkapitel angehören. Dass von Beginn an neben der Aufgabe als Pilgerkirche und als Kirche der Erzbischöfe sowie des Domkapitels der Krönungsgedanke steht, macht das Bildprogramm des Domchors deutlich: An den Pfeilern im Binnenchor stehen die zwölf Apostel, wie es das davor nur in Sainte-Chapelle und später auch in Aachen gab. Der Zyklus in den Fenstern des Obergadens zeigt vierundzwanzig Königsfiguren, zwölf „Paare“ mit je einem alten und einem jungen König.

Im Spätmittelalter tritt die politische Bedeutung des Doms hinter der Pilgerkirche zurück. Köln verliert an Bedeutung; um 1520 kommt der Weiterbau zum Erliegen. Kupferstiche und Holzschnitte des Doms betonen das Halbvollendete und vermitteln mit der kleinteiligen Bebauung um die Kathedrale zunehmend ein pittoreskes Bild. Georg Forster, der 1790 „das finstre, traurige Köln" besucht und „recht gern" wieder verlässt, bedauert, „dass ein so prächtiges Gebäude unvollendet bleiben muss". Schon vor dem Ende der Besatzung durch die Franzosen von 1794 bis 1814, die den Dom profanieren, mehren sich die Stimmen, die auf den Weiterbau drängen. Sulpiz Boisserée schickt 1810 sechs Zeichnungen von der Domkirche an Goethe, der, mit den Romantikern überkreuz, dem „Märchen vom Turm zu Babel an den Ufern des Rheins" zunächst skeptisch begegnet, um 1820 die „vaterländische Unternehmung" doch zu rühmen. Joseph Görres ruft 1812, noch republikanisch gesinnt, im „Rheinischen Merkur" als Erster zur Vollendung auf: „Ein ewiger Vorwurf steht der Bau vor Augen. … In seiner trümmerhaften Unvollendung, in seiner Verlassenheit ist es ein Bild gewesen von Teutschland seit der Sprach- und Gedankenverwirrung; so werde es denn auch ein Symbol des neuen Reiches, das wir bauen wollen."

Noch bevor 1815 das Rheinland zu Preußen kommt, zeigt sich der Kronprinz begeistert, und auf einer seiner vielen eigenhändigen Zeichnungen versetzt er 1817 den Dom auf die Spreeinsel. Zwei Jahre, nachdem der „Romantiker auf dem Thron" diesen bestiegen hat, beschwört Friedrich Wilhelm IV. am 4. September 1842 bei der Grundsteinlegung für die Domvollendung „den Brudersinn aller Deutschen, aller Bekenntnisse" und den „Geist deutscher Einigkeit und Kraft". Der Preußische Oberbaudirektor Karl Friedrich Schinkel beruft den Architekten Ernst Friedrich Zwirner zum Dombaumeister und damit zum Herrn über die größte deutsche Baustelle im neunzehnten Jahrhundert. Ohne Preußen, das jedes Jahr fünfzigtausend

Taler, etwa ein Drittel der Bausumme, aus der Staatskasse bereitstellt, wäre der Dom ein Torso geblieben.

Schon 1840 lässt Max Schneckenburger „Die Wacht am Rhein" chauvinistisch donnergrollen, doch erst die Vertonung durch Carl Wilhelm 1854 lässt das Gedicht zur inoffiziellen Nationalhymne avancieren. Joseph von Eichendorff preist den Dom 1842 als „das erhabenste Denkmal Deutscher Baukunst", Ludwig Uhland als „Denkmal – der gemischten Ehe!" Franz Grillparzer äußert sich skeptisch: „Schon einmal, dass sich Einheit nicht verliert, / Erbauten sie den Riesenturm zu Babel; / Doch ward die Sprache gleich, der Sinn verwirrt, / Und Turm und Widmung kennt nur noch die Fabel." Ähnlich wie auch Annette von Droste-Hülshoff revidiert Heinrich Heine, in der Vorrede zur Neuausgabe des „Atta Troll" von 1846, seine frühere Sympathie für die Domvollendung und prophezeit, seinem Versepos werde es ergehen wie dem „Cöllner Dom": „Er ward nicht fertig". Als 1880, nach nur 38 Jahren, der letzte Stein auf die Kreuzblume gesetzt wird, entzweit der Kulturkampf das Land, und Wilhelm I. macht aus der Festveranstaltung eine Kundgebung für das Reich. Doch der Erzbischof befindet sich in der Verbannung, und das Domkapitel ruft zu „würdiger Zurückhaltung" auf, was die Kölner Bürgerschaft nicht abhält, an dem bombastischen historischen Festzug teilzunehmen. Fahnen, Hüte und Tücher wurden geschwenkt; Glockengeläut, Kanonendonner, Jubel.

Die Domvollendung als steingewordener Nationalgedanke hallt nach bis über das Ende des Ersten Weltkriegs. Noch die Rheinlandbefreiung wird davon erfasst: Als am 31. Januar 1926 die letzten britischen Soldaten aus Köln abgezogen sind, wird in der darauffolgenden Nacht vor dem Dom ein großes Freudenfest veranstaltet. Die Nationalsozialisten aber können die Kathedrale ideologisch nicht vereinnahmen, dazu ist die gotische Architektur zu französisch. Sie bevorzugen die Romanik und okkupieren den Braunschweiger Dom und die Stiftskirche Quedlinburg, in der Heinrich I., der in der

Geschichtsschreibung als Gründer des „regnum teutonicum“ gilt, begraben liegt. Doch das, was Heinrich Böll ein „Hohenzollerngebilde“ nennt, wird weiter als Machtsymbol geschmäht, der Kölner Literaturnobelpreisträger formuliert 1979 unter „Deutsche Utopien I“ ein ironisches Plädoyer für die Dekonstruktion: „Die Türme des Kölner Doms werden nun doch abgetragen, / Beuys – als Bildungsbeauftragter des Landes NRW zuständig – / beteiligt daran die Kölner Bevölkerung … .“

Heute ist der Dom weitgehend frei von ideologischen Besetzungen. Aber nicht von emotionalen. „Mer losse d'r Dom en Kölle, denn do jehööt hä hin. Wat sull di dann woanders, dat hätt doch keine Senn“, singen die Bläck Fööss, und die Kölner singen mit. Das 1973 veröffentlichte Lied ist zur Lokalhymne geworden. Die Kölner tragen den Dom trotz seiner kalten Pracht im Herzen. Wie durch ein Wunder hat er den Krieg weitgehend unbeschadet überstanden, als Zeichen der Hoffnung ist er in der Trümmerwüste stehen geblieben und seitdem mehr als nur ein Wahrzeichen: Überlebenssymbol, Identitätsanker. Der Zentral-Dombau-Verein, der, 1841 gegründet, bis heute mehr als sechzig Prozent der Bauunterhaltung finanziert, ist mit derzeit 16 500 Mitgliedern die größte und älteste Bürgerinitiative in Deutschland.

„Wenn der Dom fertig wird“, so der Volksmund, „geht die Welt unter.“ Die Karnevalisten ziehen, wenn die Session beginnt, vor den Hochaltar, um sich segnen zu lassen, und der 1. FC Köln, in dessen Wappen der Geißbock zum Sprung über die Domtürme ansetzt, tut es ihnen nach: Seit 2014 trifft er sich zu einem ökumenischen Mittagsgebet, bei dem die Orgel die Vereinshymne spielt und die frommen Fans mit Trikot, Schal oder Fahne in den Vereinsfarben – rot-weiß wie die Chorkleidung – „Mer stonn zo dir FC Kölle“ singen.

Der Dom ist auch Werbemittel, Unternehmen von Brauereien über Makler und Spediteure bis hin zu einer Bank führen ihn in ihrem Logo, das Wahr- ist genauso ein Markenzeichen. In mehr als hundert Liedern, Karnevalsliedern zumal, kommt der Dom vor, und jedes Jahr werden es mehr. Kein Gebäude weltweit dürfte so vielstimmigen musikalischen Zuspruch erfahren. Die Kölner lieben den Dom. Aber achten sie ihn auch? Die Debatte um die Hochhäuser auf der gegenüberliegenden Rheinseite, die 2005 den Welterbestatus bedrohten und bis in die Stadtspitze Zuspruch fanden, lassen da Zweifel aufkommen, ebenso wie die Horden von Wildpinklern, die sich an ihm vergehen. Als Monument der nationalen Einheit hat der Dom ausgedient, weil es eines Denkmals dafür nicht mehr bedarf, und dass eine Wippe in Berlin für das stehen könnte, was im neunzehnten Jahrhundert der Dom verkörperte, wirft ein kritisches Licht auf das Geschichtsbewusstsein jener Zeitgenossen, die das für eine angemessene Form des Gedenkens halten. Seine Bildmacht aber ist ungebrochen. Die Silvesternacht 2015, in der der Dom die publicityträchtige Kulisse für kollektive Kriminalität abgab, hat es bewiesen.

Auch 769 Jahre nach der Grundsteinlegung geht von dem Bauwerk eine einzigartige Kraft aus, die jeden, der es betritt, in eine andere Welt versetzen kann. Das, was der Kunsthistoriker Hans Jantzen als entscheidendes Merkmal der gotischen Kathedralbaukunst ausgemacht und als „Diaphanie“ bezeichnet hat, eine Wahrnehmung des Raumes, der nicht mehr von Mauern, sondern von durchscheinenden farbigen Glasfenstern und weiten Arkaden bestimmt wird, sodass seine Grenzen verwischen und tendenziell aufgehoben werden, das lässt sich hier erfahren – numinos und transzendent. Indem er dies überwältigend vor Augen führt, reißt uns der Dom aus der Gewohnheit.

VERRUFNUMMER

Woran jedes Telefonat mit der Hohen Domkirche erinnert

„Unsere Rufnummer hat sich geändert, bitte wählen Sie: 1794 0300.“ Eigentlich hatten wir nur die Dombaumeisterin sprechen und uns nach den Sturmschäden an der Kathedrale erkundigen wollen. Doch was ist der Verlust einer Fiale, die der Orkan vom Nordturm pustet und in die Tiefe reißt, gegen diese Telefonnummer? 1794: Das war das Jahr, als der Kölner Bürgermeister der anrückenden französischen Revolutionsarmee die Schlüssel der Stadttore aushändigte und es mit der reichsstädtischen Freiheit vorbei war, die Universität geschlossen, Kirchen und Stifte aufgehoben, ihre Vermögen eingezogen, viele ihrer Bauten geschleift, Kunstwerke und Altertümer nach Paris entführt und der Dom, damals noch unvollendet, zu einem Furage-Magazin, ja, auch zu einem Pferdestall, wie das vornehm hieß, profaniert wurde. Vom Chorgestühl wurden „die hölzernen, verzierten Schilder und Wappen mit ihren daran gehefteten Inschriften“ entfernt, berichtet A. E. d'Hame in seiner „historischen Beschreibung der berühmten Hohen Erz-Domkirche zu Coeln am Rhein“ von 1821, und, unter lebhafter Beteiligung der Bevölkerung, „bei einem französisch-republikanischen Feste hier auf dem Neumarkt öffentlich verbrannt“. Und an all das und noch viele Schandtaten mehr werden die Dombaumeisterin wie auch jeder ihrer knapp hundert Mitarbeiter seit kurzem jedes Mal erinnert, wenn sie ihre Telefonnummer nennen, und alle, die dort anrufen, auch. Was sich die Telekom so alles herausnimmt! Erst bringt sie Tausende von Kleinaktionären um ihr Sauerverdientes und nun ist sie sich nicht zu schade, eines unserer heiligsten Kulturdenkmäler dem klammheimlichen Spott auszusetzen. Aber vielleicht war es, und dafür gibt es verstohlene Hinweise, auch gar nicht die Telekom, die sich diese ständige Gemeinheit ausgedacht hat, sondern ein leitender Angestellter der Hohen Domkirche selbst, der das ausgeheckt, die Nummer ausgesucht und dafür angeblich sogar den Segen des Dompropsts erhalten hat. Deren Zuteilung wollen, so heißt es, die Domoberen nämlich keineswegs als schlechten Scherz, sondern, ganz im Gegenteil, als Ausdruck einer gewachsenen Souveränität, ja, als halböffentlich dokumentierten Beleg dafür verstanden wissen, dass sie mit diesem finsteren Kapitel endlich abgeschlossen, es ein für allemal überwunden haben. In der Banalität einer Telefonnummer bleibt es präsent: Was für ein Zeugnis einer erfolgreichen Geschichtsbewältigung!

DIE DOMPLOMBE

Nach sechzig Jahren wird die
Kriegswunde geheilt

Es gibt viele Geschichten, die sich um diese Steine ranken. Eine besagt, dass der Direktor des Deutzer Realgymnasiums der „Retter des Doms" gewesen sei: Als Kommandeur des Pionier-Ausbildungs-Bataillons 253 in Köln-Westhoven habe er die Baukräfte bereitgestellt, die den schweren Bombenschaden vom 3. November 1943 mit, so viele waren es genau, 27 500 Ziegeln flickten und so die Standfestigkeit des Nordturms sicherten. Doch waren die Soldaten nur an den Aufräumarbeiten beteiligt, alles weitere hat der hochrangige NS-Funktionär, wie erst nach seinem Tod 1985 bewiesen wurde, erfunden, um sich einen „Persilschein" zu seiner Entnazifizierung zu erschleichen. Ein andermal sollen es Kriegsgefangene gewesen sein, die damit eine „Heldentat" gegen das „antikirchliche" Regime vollbrachten. Aber auch das ist Legende. Schon zwei Tage nach dem Einschlag erteilte der „Gaubevollmächtigte des Generalbevollmächtigten für die Regelung der Bauwirtschaft im Gau Köln-Aachen" eine Ausnahmebewilligung für den zerstörten Pfeiler, an dem eine kleine Firma, die – wie die überlieferten Abrechnungen der Stundenzettel belegen – auch zwei holländische Zwangsarbeiter beschäftigte, die Reparatur ausführte und schon Anfang 1944 abschloss. Erst in jüngster Zeit wurden Stimmen laut, die die Domplombe als Mahnmal für das deutsche

Copia del pinnacolo
a doppia croce gigliata
Alto metri 9,50 largo metri 4,60
Posto sulle torri del duomo
a suo completamento
nell'anno 1880
Modelo do florão nas torres da Catedral
em tamanho original,
símbolo da conclusão
da construção da Catedral em 1880
Altura 9,50 m. Largura 4,60 m.
BMW

Leiden beanspruchen wollen. Und womöglich ist ja dieser untaugliche Versuch einer nachträglichen Stigmatisierung zum Opfer auch die Konklusion dafür, den letzten und größten Kriegsschaden an der gotischen Kathedrale nach mehr als sechzig Jahren doch zu beseitigen. Als das Metropolitankapitel 1995 den Antrag dafür einreichte, wurde das in der Stadt zum Thema einer öffentlichen Kontroverse, in der beide Seiten gute Argumente hatten: Die Kirche, federführend der damalige Dombaumeister Arnold Wolff, sprach sich, dem neogotischen Ideal verpflichtet, für das unversehrte Bauwerk als „Symbol für die Vollkommenheit Gottes" aus, während die (weltliche) Denkmalpflege, vertreten durch Stadtkonservator Ulrich Krings, ganz im Gegenteil die Geschichtsspur als „authentisches Erinnerungsmal der Kriegszerstörung" und „Abbild menschlicher Unvollkommenheit" erhalten sehen wollte. Entschieden wurde die Diskussion damals durch eine Anmaßung des Oberstadtdirektors, der am Stadtkonservator vorbei die Erlaubnis für die Entfernung des zehn Meter hohen Provisoriums erteilte. Inzwischen, fast acht Jahre später, hat die Dombauhütte die fehlenden Steine gefertigt, um sie, so Dombaumeisterin Barbara Schock-Werner, „in kleinteiliger und sehr komplizierter Arbeit" einzufügen, und auch sechs Figuren samt Baldachinen, Wasserspeier und Zierrat originalgetreu vorproduziert: Anfang der Woche wurde das Gerüst aufgebaut, und bis zum Sommer 2005, pünktlich zum Weltjugendchortreffen, soll die Wunde verheilt sein. Doch wird die Plombe nicht etwa gezogen und der rote Backstein ausgetauscht, sondern weitgehend erhalten und mit Oberkirchener Sandstein ummantelt. Für ein paar Jahre wird die Ausbesserung noch als helle Stelle am Strebepfeiler zu erkennen sein, bis die Witterung sie allmählich angeglichen hat. Dann wird der Dom, soweit ihm das als „ewiger Baustelle" überhaupt möglich ist, wieder perfekt und die Narbe verschwunden sein. Doch wird diese fortan auch keine Geschichten mehr erzählen.

DIE KREUZBLUME

Gemütswert geht über Kunstwert

Weder die ins Ungewisse verschobene Wiedereröffnung des Opernhauses noch die sich immer länger hinziehende Aufklärung des Archiv-Einsturzes, nicht einmal der seit Wochen torschusslahme Geißbock vermag die Kölner Volksseele derzeit so sehr in Wallung zu bringen wie die Kreuzblume. Kaum ein Tag, an dem das besondere Bauteil nicht die Leserbriefspalten der am Ort erscheinenden Tageszeitungen füllt. Nun wäre die Kreuzblume außerhalb jeder Diskussion und Reichweite, wenn es sie nur auf den 157 Meter hohen Türmen des 1880 vollendeten Doms gäbe. Seit 1980 aber steht sie als Replik auch zu seinen Füßen, und zwar genau in der Sichtachse vor dem Westportal, wo sie ihm viel von seiner Wucht und seiner Würde nimmt. Platziert hat sie hier das Verkehrsamt der Stadt, das die Nachbildung aus Kunststoff zum hundertjährigen Domjubiläum beisteuerte. Doch was als temporäre Festdekoration gedacht war, ist zum Dauerprovisorium geworden und den Kölnern so sehr ans Herz gewachsen, dass sie gar nicht daran dachten, es wieder wegzuräumen. Das schaffte erst der Orkan „Wiebke", der die Kreuzblume 1990 derart beschädigte, dass sie entfernt werden musste, um schon im Jahr darauf, diesmal aus Beton gegossen, zurückzukehren. Sogar ein schmales Blumenbeet wurde um ihren Sockel herum angelegt und Metallschilder in fünfzehn Weltsprachen, die erste von ihnen Kölsch, befestigt, um das Wunder zu erklären. Die plumpe Kopie hat keinen künstlerischen Eigenwert, das aber bewahrt sie nicht davor, dass die Kölner ihr einen Gemütswert zuschreiben und sie als Treffpunkt, Fotomotiv und Touristenattraktion unverzichtbar finden. Die Entscheidung der Bezirksvertretung Innenstadt, sie ans andere Rheinufer, vor das alte Messegebäude in Deutz, zu verfrachten, hat einen Sturm der Entrüstung ausgelöst, kein einziger Leserbriefschreiber bisher, der die Abschiebung begrüßen würde. Aber auch keiner, dem aufgefallen wäre, dass der bescheiden in den Boden eingelassene „Taubenbrunnen" daneben, ein – auch wenn das damals noch nicht so hieß – minimalistisches Meisterwerk des Bildhauers Ewald Mataré aus dem Jahr 1953, von dem falschen Denkmal bedrängt und förmlich erschlagen wird. Wie die Kreuzblume den öffentlichen Raum besetzt, reiht sie sich ein in die vielen Objekte – von der Reklametafel vor dem Hauptbahnhof über die Tiefgarageneingänge auf dem Heumarkt bis zum Aufzugshäuschen vor dem Severinstor –, mit denen Köln demonstriert, dass es kein Gefühl für seine Plätze hat. Von wegen die nördlichste Stadt Italiens: ganz unvorstellbar, dass vor dem Palazzo Vecchio in Florenz eine Reproduktion der Turmspitze aufgestellt würde.

DOM-FARBEN

Gerhard Richters Entwurf für das Fenster
im südlichen Querhaus

„Wäre das nicht etwas für Sie?", lautete die Allerweltsfrage, aus der sich etwas ergeben sollte, was die Kunststadt Köln zum Leuchten bringen wird wie lange nichts mehr. Geradeheraus, wie es ihre Art ist, hatte Dombaumeisterin Barbara Schock-Werner den Maler Gerhard Richter angehauen, als sie ihn 2001 auf dem Geburtstag von Weihbischof Friedhelm Hofmann traf. Der Künstler war, wie er gestern in der Dombauhütte gestand, „sofort begeistert, aber auch erschrocken": Ein Glasfenster für die Kathedrale zu entwerfen, das war für ihn eine Aufgabe, der er sich noch nie – „Ich bin ja früher auch nicht gefragt worden" – gestellt hatte: „Schon war ich dabei, abzulehnen, da ich keine Form dafür fand", doch dann kam eines zum anderen, und Richter sagte zu.

Mehr als hundert Quadratmeter misst das Fenster im südlichen Querhaus, das, zwanzig Meter über dem Roncalli-Platz, selbst zweiundzwanzig Meter hoch ist. Schon lange wird die Verglasung, die – nach einem Entwurf von Wilhelm Teuwen – dort nach dem Krieg eingesetzt wurde, als unzureichend empfunden: zu hell, zu grau, zu farblos. Das Original, das König Wilhelm I. dem Dom geschenkt hatte, stammte von 1863 und war, Erbe des wenig geschätzten neunzehnten Jahrhunderts, anders als die mittelalterlichen Fenster im Zweiten Weltkrieg nicht ausgeglast und prompt zerstört worden. Auch die für eine Rekonstruktion notwendigen Unterlagen in der Königlichen Glasmalereianstalt in Berlin-Charlottenburg sind verbrannt: Als lebensgroße Standfiguren waren darauf weltliche Herrscher wie Karl der Große, Heinrich II., Sigismund von Burgund, aber auch die Kölner Erzbischöfe Anno und Engelbert sowie Erzbischof Otto von Bamberg zu sehen.

Eine figürliche Darstellung, die Märtyrer des zwanzigsten Jahrhunderts zeigte, hatte lange auch das Domkapitel favorisiert; „zwei sehr eindrucksvolle Entwürfe“, so Schock-Werner, lagen bereits vor, doch erwiesen sie sich als schwierig und wohl auch als nicht mehr zeitgemäß. Es soll dann einige Überzeugungskraft gekostet haben, das Domkapitel umzustimmen und für Richters abstrakten Entwurf zu gewinnen: Dieser sieht eine in Quadrate aufgelöste Farbfläche vor, deren 9,4 mal 9,4 Zentimeter großen Felder aus mundgeblasenem Glas mit Silikon-Gel auf Trägerscheiben geklebt werden. Jede der 72 Farben, die schon in den Fenstern des Mittelalters und des neunzehnten Jahrhunderts vorkommen, ist gleich oft vertreten. So wird der Farbkanon der Domverglasung aufgenommen und mit der Maßwerkgliederung des Doms gearbeitet. Die Anordnung folgt, computergestützt, dem Zufallsprinzip. Wiederholungen und Spiegelungen sollen den Betrachter herausfordern.

Motivisch knüpft Gerhard Richter, der schon in Werken wie „Acht Grau“ (2002) mit Glas gearbeitet hat, dabei an Gemälde wie „4096 Farben“ (1974) an. Finanziert wird das auf bis zu vierhunderttausend Euro veranschlagte Fenster allein aus Spenden. Seinen

Entwurf hat der teuerste Gegenwartskünstler dem Dom geschenkt: Die Realisierung, die im Frühjahr 2007 abgeschlossen werden soll, ebnet ihm, wenn er dort nicht schon angekommen ist, den Eintritt in die Unsterblichkeit.

BILDLOS GEISTIG

Das Fenster von Gerhard Richter wird geweiht

In ungläubiges Staunen hat das neue Südquerhausfenster von Gerhard Richter im Kölner Dom, als es am Samstag erstmals gezeigt wurde, die Besucher nicht versetzt, eher in andächtiges Ergriffensein. Der „entscheidende Schritt zur Vollendung des Doms", so Dompropst Norbert Feldhoff, feierte eine glänzende Premiere, bei der zumindest einer fehlte. Joachim Kardinal Meisner blieb dem Festgottesdienst fern. Wie seit Wochen in Köln zu hören ist, hatte er sich gegen die abstrakte Komposition ausgesprochen, die das Metropolitankapitel mehrheitlich befürwortete. Hausherr der Kathedrale aber ist nicht der Erzbischof, sondern der Dompropst, dem mithin die liturgische Eröffnung und Begrüßung oblag.

Über die künstlerischen und darin womöglich theologischen Argumente der Auseinandersetzung wurde nichts bekannt. Aufschlussreich aber ist in diesem Zusammenhang eine frühe Revision des Bildprogramms der gotischen Kathedrale, auf die der frisch pensionierte Kunsthistoriker der Dombauverwaltung, Rolf Lauer, hinweist: Erst als der Domumgang im Jahre 1322 für Pilger geöffnet wurde, sind die Ornamentfenster der sieben Kapellen in den unteren vier Zeilen durch figürliche Darstellungen ersetzt worden, wie sie zuvor allein das mittlere Fenster der Achskapelle auszeichneten. Bei einem Bischof von Chartres findet sich im dreizehnten Jahrhundert die dazu passende Bemerkung, dass Bilderzählungen in Fenstern Anstoß erregt und die Kleriker verwirrt hätten: Sprachen sie das „Volgare“ für die einfachen Leute, während die Geistlichen einen bildlosen und damit deutungsoffeneren Diskurs vorzogen?

Insofern wäre das neue Glasfenster auch eine Rückkehr zu den Ursprüngen des Doms und Richters Komposition, zusammengesetzt aus 11 263 Glasquadraten, die in zweiundsiebzig Farben leuchten, kirchengeschichtlich nobilitiert.

Die ersten Interpretationen der Auftraggeber sind eher vorsichtig und allgemein: So sagte Dombaumeisterin Barbara Schock-Werner, die den Entstehungsprozess intensiv begleitete, dass „alle Gedanken, alle Bilder, alle Heiligen in diesem Fenster“ vereint seien und es „eine Atmosphäre schaffen kann, die für das Religiöse öffnet“. Und Künstlerseelsorger Josef Sauerborn sprach in seiner Predigt von einer „Symphonie des Lichtes, in der alle Farben des Doms erklingen“. Doch nicht, was Richters Werk mit dem Dom macht, sondern wie dessen Architektur und das Licht sich des Entwurfs bemächtigen, hebt es heraus und sichert ihm, auch in dessen Œuvre, eine einzigartige Stellung.

Denn der Künstler, der dem Aufriss des Südquerhausfensters zunächst sein Gemälde „4096 Farben“ (1974) unterlegte, hat zwar schon – so in Werken wie „Acht grau“ (2002) – mit Glas gearbeitet; ein Kirchenfenster aber entzieht das Kunstwerk dem Anspruch auf Autonomie und hat zumindest eine Doppelfunktion: Es soll Licht in den Kirchenraum bringen und ist Teil der liturgischen Ausstattung. Wie es wirkt und leuchtet, darauf hat der Künstler, ist es erst einmal eingebaut, keinen Einfluss mehr. Lapidar gesagt: Es lässt sich nicht einfach abhängen oder ausknipsen. Nach oben offen in der Lichter-Skala, thematisiert das neue Fenster im Südquerhaus, indem es sich haarscharf auf der Grenze zwischen autonomer und angewandter Kunst bewegt, das Problem: Genau darin gründet seine große Faszination und Irritation.

Nebenan zeigt das Museum Ludwig, das sich verdienstvoll in die Rolle des Messdieners fügt, das profane Gegenstück zu Richters

Fenster. Sein neuestes Werk „4900 Farben“ (2007) hängt, 6,80 Meter mal 6,80 Meter mächtig, im Treppenaufgang. Auch das vorbildhafte „4096 Farben“ wird, aus Dresdner Privatbesitz ausgeliehen, hier ausgestellt, des weiteren „Studien zur Proportion, zu Methoden der Zufallsbestimmung, zur Spiegelung und Farbabstimmung“ des Domfensters. Die Vorarbeiten mögen einstimmen auf das Staunen, schmälern können sie es nicht.

GESCHWÜRFEL

Außen keine Zierde, innen strahlende Pracht:
die neue Schatzkammer

Der Kölner Dom wird, fast täglich ist es zu beobachten, auch nicht gerade schöner. Dabei sind es nicht mal so sehr die Schwefeldioxyd-Immissionsschäden als vielmehr Menschenhände, die ihm zusetzen. In der letzten Woche erst wurde eine Bronzetür des Nordportals, um 1890 von dem Bildhauer Wilhelm Mengelberg geschaffen, mit kirchenfeindlichen Sprüchen in roter Farbe beschmiert. Schon bald wird nach dem Nord- auch der Südturm für mehrere Jahre eingerüstet, um anfällige Sanierungsarbeiten schneller durchführen zu können. Doch als fügten Vandalismus und der Zahn der Zeit dem Gotteshaus nicht schon genug Schaden zu, hat das Metropolitankapitel ihm einen weiteren verpasst: Der Eingang zu der neuen Schatzkammer, die Kardinal Meisner feierlich eröffnet, ist ein ungestalter Kasten, der der gotischen Kathedrale alles andere als zur Zierde gereicht.

Wer auf Gleis eins des Kölner Hauptbahnhofs ankommt, steht, kaum hat er die Pforte auf dem Bahnsteig passiert, fast schon davor: Ein brauner, mit fenstergroßen Bronzeplatten verkleideter Kubus von doppelter Geschosshöhe wurde vor dem nördlichen Langchor auf die Domplatte gesetzt, den ein etwa halb so hoher Gebäuderiegel aus schwarzem Stein zum Rhein hin verlängert. Doch es handelt sich, auch wenn es so aussieht, um kein Provisorium, sondern um das Gehäuse, das den Besucher zu den prächtigsten Kostbarkeiten des Doms locken soll. Im Kontext der Domliturgie will Bernd Billecke, Architekt an der Dombauverwaltung, seinen in fünfjähriger Bauzeit realisierten Entwurf verstanden wissen – als erzenen Schrein, der, was in ihm steckt, wie eine antike Rüstung schützt. Doch das Ergebnis nimmt sich aus, als hätte ein Ungers-Epigone für eine Baumarktkette einen Selbermachkubus für Heimwerker kreiert und das Metropolitankapitel nach Schnäppchenjägerart zugeschlagen. Nicht dass er einen Fremdkörper bildet, macht den Anbau so problematisch, sondern dass er in sich so wenig klar, stimmig und kohärent erscheint. Ein Geschwür, das die Form eines Würfels hat: Geschwürfel. Der Eingang, auf den eine hohe goldene Stele aufmerksam macht, verläuft umständlich hintenherum, aber wer erst mal drin ist, wird reich entschädigt.

Der Kubus selbst fasst die „Heiltumskammer" und versammelt, das Licht fällt durch die Decke, ausschließlich Gefäße und Behältnisse, in denen Reliquien aufgehoben sind: In seiner Mitte prunkt der barocke Schrein des 1225 ermordeten, im Rheinland als heilig verehrten Erzbischofs Engelbert. Die weiteren Schätze lagern unterirdisch in zwei Räumen, die im sechzehnten Jahrhundert entstanden sind, als in den um 1270 errichteten, zehn Meter hohen Sakristeikeller mit seinem Kreuzgratgewölbe eine Decke mit Ziegelgewölbe eingezogen wurde.

Spätestens seit dem neunzehnten Jahrhundert wurde hier einem Nebengott namens Bacchus gehuldigt, bis der Weinverkauf 1960 eingestellt wurde. Seitdem standen beide Geschosse leer, die nun in exklusive Schauräume mit einer Gesamtfläche von fünfhundert Quadratmetern verwandelt wurden: Im oberen werden liturgische Instrumente, darunter vier Monstranzen, zwei spätgotische und zwei barocke, die eine Querachse bilden, gezeigt, dazu Kelche und Kreuze, Ölgefäße und Rauchfässer sowie Amtsinsignien. Ein Bischofsstab steht neben einem Zeremonialschwert; unten wurde eine Paramentenkammer eingerichtet, deren reich verzierte Messgewänder und Mitren bis heute zu festlichen Anlässen „ausgeliehen" werden. Im benachbarten Lapidarium sind Schmuckstücke aus den 1959 entdeckten fränkischen Fürstengräbern, in einem Nebengewölbe Handschriften, Bücher und Folianten zu bewundern.

Die Erschließung der Räume ist von gediegener Solidität – die Wände sind mit Mayener Basalt verkleidet, die Treppen aus afrikanischem Granit – und umgeht respektvoll die historische Bausubstanz. Die Ausstellungskonzeption, die der Dombauarchivar Rolf Lauer und die Künstlerin Ingrid Bussenius entwickelt haben, besticht durch makellose Perfektion: In eigens angefertigten Vitrinen aus entspiegeltem Glas, deren Gliederungsstränge klare Bezüge herstellen, wird jedes Stück einzeln beleuchtet (Lichtdesign: Daniel Zerlang-Rösch) und dabei in seiner Materialität und Aura so detailliert erfasst, dass es seine volle Strahlkraft entfaltet. Keine Konkurrenz mit der Architektur, keine falsche Vertraulichkeit wird zugelassen.

Der Abstieg in die neue Schatzkammer führt an die Fundamente der Stadt: Die Kruzifixe aus dem siebzehnten Jahrhundert sind vor einem Stück römischer Stadtmauer aufgestellt, die nirgends besser erhalten ist. Reiche Colonia! Oben auf der Domplatte wieder angekommen, stellt sich sofort der gegenteilige Eindruck ein: Der braune Kasten verpasst dem Dom eine Schramme. Was bei jedem größeren öffentlichen Bauvorhaben verlangt wird, wäre hier erst recht geboten gewesen: Für die elf Millionen D-Mark teure, in ihrem Raumgefüge komplizierte Bauaufgabe hätte die Kirche einen Wettbewerb ausschreiben müssen, statt sie von der eigenen Bauabteilung erledigen zu lassen. Doch zu spät. Als wäre das Bild der Stadt nicht geschunden genug, ist selbst ihre größte Sehenswürdigkeit vor den Anschlägen der „modernen" Architektur nicht mehr sicher. Armes Köln!

DIE KREATIVEN SIND DIE LEGITIMEN NACHFOLGER DER HANDWERKER

Ehrenfeld ist bunt, lebendig, angesagt – und trotzt im Wandel der Gentrifizierung

Ein Burger King und ein Matratzen-Outlet stehen vorne an der Straße, Protagonisten des Preiskampfes („Menu 3,99 Euro") auch hier. Doch ihre Tage sind gezählt. Dabei sind sie noch nicht alt, vor ein paar Jahren erst haben ihnen eine Tankstelle und ein Autohaus Platz gemacht. Zwischennutzungen und Provisorien bestimmen seit Kriegsende das Areal. Mehrere Gebäude und kleine Hallen wurden abgerissen, eine Brache und ein Parkplatz blieben übrig, das Schmuckstück im Hintergrund aber genießt Denkmalschutz: 1928 wurde aus der Montagehalle der hier 1884 angesiedelten Elektronenanlagenfabrik Helios die „Rheinlandhalle", in der Sechs-Tage-Rennen, Boxkämpfe, Kulturveranstaltungen sowie Massenversammlungen der Nazis stattfanden. Der Leuchtturm auf der Ecke, 44 Meter hoch und als Werbeträger errichtet, ist das Wahrzeichen des Stadtteils; das Innere aber ist entstellt, da sich ein Fahrrad-Megamarkt, Künstlerateliers und Probenräume, ein Möbel-Filialist und ein Fitness-Center darin verschachteln. Auch ein italienischer Supermarkt und ein Design-Büro befanden sich bis 2014 auf dem Gelände. Länger Bleiberecht genoss einer der angesagten Clubs der Stadt: Das „Underground" wurde im September 2017 geschlossen.

Eine Nachbarschaft, wie sie sich eher am Stadtrand breitmacht. Doch das Helios-Gelände reicht an den Gürtel, dem dritten der Straßenringe, die das linksrheinische Köln halbkreisförmig umfassen. Knapp vier Hektar groß, liegt es mitten im Stadtteil Ehrenfeld und ist, mit Regional-, S-, U- und Straßenbahn sowie Autobahn A 57, sehr gut angebunden: „Unser Filetstück", sagt Bezirksbürgermeister Josef Wirges. Darüber, dass es zu schade ist, um weiter als

Gammelfleisch vor sich hin zu modern, besteht schon lange Einigkeit. Doch wie es tranchiert und zubereitet werden soll, war zunächst umstritten.

Kommerzielle Interessen und öffentliche Belange prallten so grundsätzlich aufeinander, dass der Konflikt paradigmatische Tragweite gewann: Shopping-Mall oder kulturelles Gründerzentrum – so weit gingen, mit Abstufungen und Kombinationen, die Vorstellungen auseinander. Auf dem Helios-Gelände wird über die Zukunft des Stadtteils, der mit dem Hamburger Schanzenviertel und dem Prenzlauer Berg in Berlin verglichen wird, entschieden, und so war der Vorschlag der Kölner Sozialdezernentin Agnes Klein, hier eine inklusive Universitätsschule anzusiedeln, richtungsweisend. Im Jahr 2015 wurde ein Realisierungswettbewerb durchgeführt, aus dem das Kölner Büro Schilling Architekten als Sieger hervorging. „Die Universitätsschule wird sich nicht nur durch ihr äußeres Erscheinungsbild, sondern auch aufgrund ihres Raumgefüges von anderen Schulen unterscheiden und mit ihrer Cluster-Struktur eine neue Form des Miteinander-Lernens ermöglichen", sagt der Baudezernent Franz-Josef Höing, der zum 1. November 2017 nach Hamburg gewechselt ist: „Der Entwurf verspricht, dass hier nicht nur eine funktionierende Schule, sondern auch außerhalb der Schulzeiten ein Gebäude für den Stadtteil entsteht, der sich allen Bürgern öffnet."

In Köln heißt das Thema Gentrifizierung Ehrenfeld. Das Viertel ist jung, bunt, hip, aber keineswegs typisch für das Phänomen: Zuzug von Besserverdienenden, Austausch der Bewohner, Umwandlung von Miet- in Eigentumswohnungen, Luxussanierung ganzer Straßenzüge durch Immobilienhaie, galoppierende Preise – das alles ist (noch?) weit weg. „Wohnungsbau kann hier, an der Nahtstelle zwischen der gründerzeitlichen Stadt und industriellen Milieus, anders aussehen", findet Höing, der die Veränderungen positiv sieht: „Wir können das schrittweise umsetzen, haben extrem interessante Ergebnisse und eine sehr aktive Bürgerbeteiligung. Für Entwicklungsprozesse dieser Art gibt es noch eine Reihe anderer interessanter Orte, so zum Beispiel das Gelände des ehemaligen Ehrenfelder Güterbahnhofs, die Raum bieten können für unterschiedliche soziale Milieus, für Baugruppen, die sich bilden, um selbst Wohnraum zu schaffen, und einen geförderten Wohnungsbau jenseits der Norm – auch wenn wir feststellen müssen, wie unglaublich konventionell Wohnungsbau in der Regel betrieben wird."

Köln wächst, und die Kommune muss, will sie nicht Einwohner an die Nachbargemeinden verlieren, attraktiven und bezahlbaren Wohnraum anbieten. Zurück in die Stadt? Noch ist der Saldo mit dem Umland negativ, nur bei den Achtzehn- bis Dreißigjährigen, die überwiegend zur Ausbildung oder zum Berufsstart hierher ziehen, verzeichnet sie Zuwachs. Die Zahl der Baugenehmigungen ist seit 2016 gegenüber dem Vorjahr um 430 auf rund 3 800 gestiegen, rund 5000 Wohnungen befanden sich zu Beginn des Jahres 2017 im Bau.

Auch Ehrenfeld wächst, langsam. Der Stadtteil, Kern des dreimal so großen Stadtbezirks gleichen Namens, hat 37 375 Einwohner (Stand: Ende 2016), fast 2500 mehr als vor 25 Jahren, und 2025 werden es, so die Prognose, etwa 40 000 sein. Der Zuzug erfolgt durch Zubau. In Baulücken und auf ehemaligen Industriebrachen entstehen neue Wohnungen und Quartiere, allein 240 Wohnungen, davon 56 mit öffentlichen Mitteln, wurden 2015 am Grünen Weg errichtet. Die Bebauung des Neubaugebietes „Oskar-Jäger-Straße/Ölstraße" wurde 2016 mit 132 neuen Wohnungen an der Kohlenstraße abgeschlossen. Eine Aufwertung findet statt, ohne dass damit Verluste oder eine große Entmischung einhergehen. Ein Einkaufszentrum auf dem Heliosgelände mit mindestens zwanzigtausend Quadratmetern Bruttogeschossfläche und den üblichen Kettenfilialen hätte einen Klotz bedeutet, der die Venloer Straße mit ihren vielen kleinen Länden bedroht und ausgetrocknet hätte: „Mainstreaming", das dem Stadtteil seine Vielfalt und seinen Flair genommen hätte. Eine Shopping Mall wie die Köln Arcaden in Kalk konnte verhindert werden, aber ob auf dem Gelände auch ein kulturelles Gründerzentrum entstehen und es frei von Autoverkehr bleiben wird, ist noch keineswegs sicher.

Die Venloer Straße ist die Einkaufsmeile und Lebensader des Viertels: 190 Geschäfte, Außengastronomie, vierundzwanzig Nationen, Döner- und Imbissbuden aus aller Herren Länder, Ein-Euro- und Handy-Läden, Bäckerei-Filialen, Kaufland und Woolworth, Leihhaus und Rotkreuzladen, auch Buchhandlungen, Restaurants und Fachgeschäfte. Bio-Supermarkt und orientalischer Imbiss neben-, auch miteinander: „Bio-Falafel". Wenig Leerstand, viel Fluktuation, das obere Preissegment fehlt. Erst jenseits des Gürtels beginnt die Einkauf- zur Ramschmeile zu sinken, die Frequenz der Sonnenstudios, Sex-Shops, Wettbüros und Spielhallen erhöht sich. Aber auch die sind inzwischen auf dem Rückzug, werden abgelöst von Fachgeschäften wie Fahrrad-, Skateboard- oder sogar einem Surf-Laden. Nischenanbieter sitzen in den Seitenstraßen, wo aus Kölschkneipen Szenelokale, aus Werkstätten Kreativbüros wurden. Cafés heißen „Schwesterherz" oder „Goldmund", „Rotkehlchen" oder „Die Eisdielerin", Boutiquen „Besser als Schokolade" oder „Herrenbude". Vor allem die Körnerstraße ist Kult: Ziel von auch innerstädtischem „Tourismus", der etwa das Cinenova, eine Art alternatives Multiplex-Kino, ansteuert, das sich in zwanzig Jahren zum besten Filmtheater der Stadt entwickelt hat. Immer mehr Galerien, Kleintheater und Clubs gibt es in Ehrenfeld, das Schauspiel hatte lange eine Probebühne in der Stammstraße, die Rheinische Musikschule ihren Sitz in der Vogelsanger Straße, doch eine Einrichtung der Hochkultur gibt es (noch) nicht.

Mitte des neunzehnten Jahrhunderts als „Doppelstadt" von Alt-Köln gegründet, wurde Ehrenfeld 1888 eingemeindet, ein Industrievorort, Metall, Maschinen, Chemie, Glas, Bier, Schokolade, Parfum, weniger proletarisch als von Kleinhandwerkern geprägt. Enge

Straßen, viele Drei-Fenster-Häuser, unten das Geschäft, darüber die Wohnung, im Dachgeschoss die Lehrlinge, über dem Hof die Werkstatt. Die Struktur ist weitgehend erhalten geblieben; Wohnen und Arbeiten unter einem Dach. Dazwischen stehen auch herrschaftliche Häuser wie die prächtige Gründerzeitvilla des Direktors der Kunstgießerei in der Körnerstraße, deren Eingang Skulpturen von Pluto und Merkur schmücken. Der blau-goldene 4711-Komplex mit dem zehnstöckigen Büroriegel wurde 1994 zum Barthonia Forum umgebaut, Kriegslücken erst einfach, später oft anspruchsvoll geschlossen.

„Alles Schlechte dieser Welt kommt aus Nippes, Kalk und Ehrenfeld", behauptet ein Kölner Kindervers, auf dessen Schlusswort der Volksmund auch „Räuberfeld" reimt. Doch das gilt nicht mehr. Heute ist das Viertel angesagt, nach Migranten und Studenten, von denen viele geblieben sind, kamen Designer, Fotografen, Goldschmiede, Medienleute. Doch fehlte mitunter die Konsequenz. Evelyne Savvidis, die die Kita Ehrenfeld neben dem Bezirksrathaus leitet, berichtete noch im Herbst 2011, wie schwer sich zugezogene Akademiker taten, ihren Nachwuchs bei ihr anzumelden: „Die fragten erst, wie viele Migrantenkinder in der Gruppe sind, und wenn sie hörten ‚achtzehn von einundzwanzig', sagten sie, ‚das ist ja ganz schön bei Ihnen', und schickten ihre Kinder nach Neuehrenfeld oder Lindenthal. Was sie ihnen damit an Chancen nehmen, nämlich kulturelle Vielfalt zu leben, war ihnen nicht bewusst." Im Februar 2016 wieder darauf angesprochen, kommt die Erzieherin zu einem ganz anderen Befund: „Die Situation hat sich rasant verändert, ja, sie ist dabei, sich umzukehren, und wir müssen aufpassen, dass wir keine ‚rein deutsche' Einrichtung werden."

Auch die Michael-Ende-Schule in der Platenstraße, wo sich die Zahl der Schüler im gleichen Zeitraum (von 78 auf knapp 200) fast verdreifacht hat, spiegelt diesen Wandel: „Die Zusammensetzung der Schülerschaft hat sich deutlich verändert: Früher hatten wir einen hohen Anteil an Schülern mit Migrationshintergrund sowie viele Kinder aus bildungsfernen und/oder sozial schwachen Elternhäusern, heute haben wir eine sehr heterogene Schülerschaft, die aus Kindern unterschiedlicher Herkunft, Bildung und sozialer Schichten besteht", sagt Anne Lena Ritter, die Leiterin der offenen katholischen Grundschule: „Der Anteil der Schüler mit Migrationshintergrund ist von etwa drei Vierteln auf gut die Hälfte gesunken, zugleich ist der Anteil der Schüler bildungsnaher Familien, darunter auch viele mit Migrationshintergrund, gestiegen. Wir schätzen diese Vielfalt und freuen uns, dass unsere Schüler Unterschiedlichkeit als Selbstverständlichkeit und Bereicherung erleben dürfen."

„Der Nullpunkt des Viertels war um 1980 erreicht", berichtet der Architekt und Stadtplaner Jochen Scharf: „Ehrenfeld war überaltert, es herrschte eine defätistische Stimmung!" Alteingesessene Handwerkbetriebe gaben auf, die Inhaber starben weg, langsam begann ein Umbruch, von 1990 an wurde das Viertel von innen heraus entwickelt: „Die Kreativen", so Scharf, „sind die legitimen Nachfolger der Handwerker." Seit 1967 lebt Günter Wallraff im Viertel: „Streng genommen, bin ich kein Kölner, ich bin bekennender Ehrenfelder", sagt der Schriftsteller. Sein Großvater, ein aus Marseille eingewanderter Hugenotte, hat in dem Haus, das Wallraff in der Thebäerstraße bewohnt, Klaviere hergestellt und repariert. Auch das Neptunbad ist ein Beispiel für den Strukturwandel: 1912 als „Städtische Badeanstalt" errichtet, wurde das Jugendstiljuwel 2002 zum „Premium Sports and Spa" geliftet.

Überregional bekannt wurde der Stadtteil durch den Bau der Großmoschee, die auf der Ecke Venloer/Innere Kanalstraße gegenüber dem die Innenstadt einfassenden Grüngürtel eine Portalfunktion einnimmt. Der Anteil der Einwohner mit Migrationshintergrund beträgt 35 Prozent (Stand: Ende 2016), etwa ein Drittel von ihnen haben türkische Wurzeln, auf die der Repräsentationsbau der Ditib eine große Sogwirkung ausübt. Nirgendwo sonst in Köln liegen die Religionen so dicht beieinander: Jenseits der Subbelrather Straße, in Neuehrenfeld, das „Tintenviertel“ genannt wird, weil hier viele am Schreibtisch tätige Beamten wohnten, befindet sich – auf dem Gelände des ehemaligen „Israelitischen Asyls für Kranke und Altersschwache“ – das jüdische Wohlfahrtszentrum mit Verwaltung, Kindertagesstätte, Grundschule, Elternheim und einer Synagoge. Doch die multikulturelle Prägung ist für den Stadtteil dominant, bestimmt sein Selbstverständnis und sichert ihm eine entspannte, fast dörfliche Atmosphäre.

Die Entscheidung für die Inklusionsschule hat das Schreckgespenst Gentrifizierung wenn nicht gebannt, so doch gezähmt. Dass es Ehrenfeld akut bedroht hat, darf bezweifelt werden. Mit seiner bescheidenen Bausubstanz, den kleinen Parzellen, engen Straßen, harten Bruchkanten und nur vier Prozent Erholungsfläche verfügt der Stadtteil nicht über die Möglichkeiten, wie das Agnesviertel oder die Südstadt sie bieten, die mit großzügiger zugeschnittenen Wohnungen und Straßenräumen sowie der attraktiven Nähe zum Rhein in den Achtzigerjahren zu besseren Adressen wurden – und sich dennoch eine kleinteilige Nachbarschaft bewahren konnten. Köln erweist sich dank der Assimilationskraft seiner „Veedel“ resistent gegenüber einem globalen Phänomen, das andere Großstädte aus der Balance zu bringen vermag.

ODE À COLOGNE

Wo Köln an der Nase herumführt: „Farina gegenüber“ ist die älteste „Parfum Fabrik“ der Welt

„Ich habe einen Duft gefunden, der mich an einen italienischen Frühlingsmorgen erinnert, an Bergnarzissen, Orangenblüten kurz nach dem Regen. Er erfrischt mich, stärkt meine Sinne und Phantasie“, schreibt Johann Maria Farina 1708 an seinen Bruder Johann Baptist, der sich in den Niederlanden beim Militär verdingt. Seine

„absolute" Nase täuscht den experimentierfreudigen Parfumeur nicht, hat er damals doch eine „Aqua mirabilis" komponiert, die ihn lange überleben und bis heute die Eigenschaften behalten sollte, die er ihr so poetisch zuschreibt. Mit dem Namen, die er ihr 1740 gibt, ehrt er die Stadt, die ihm zur neuen Heimat geworden ist: „Eau de Cologne" – als Ode à Cologne!

Als Johann Maria Farina in Köln sesshaft wird, ist der ältere Bruder mehr als nur erster Ansprechpartner. Johann Baptist hatte 1709 an der Ecke Unter Goldschmied/Große Budengasse eine Warenhandlung, zusammen mit einem Kommissions- und Speditionsgeschäft, eröffnet, die Galanterie- und Seidenartikel, Schmuck, Schnallen, Federn und Perücken, Duft- und Toilettenwässer verkauft: „Französisch Kram", wie das Bürgeraufnahmebuch es nennt. Sehr viel anderes bleibt dem Unternehmer, der aus Santa Maria Maggiore bei Domodossola in die Freie Reichsstadt gekommen ist, auch gar nicht übrig. Denn als Einwanderer kann er sich in Köln, da er katholisch ist, zwar „bürgerlich qualifizieren" lassen und Immobilien erwerben, nicht aber in eine der Zünfte eintreten, die den Umfang von Handel und Gewerbe regeln.

Schon 1714 holt Johann Baptist Farina den Bruder nach, passen dessen Produkte doch bestens ins Sortiment: „Die Wässerchen kannst Du auch hier mixen. Wir räumen Dir genügend Platz ein", lockt er ihn, und der lässt sich nicht lange bitten. Die Geschäfte florieren und die Fratelli Farina ziehen 1723 zwei Ecken weiter, an die Straße Obenmarspforten, ins vornehmste Quartier der Stadt. Hier residiert die Firma, die sich in achter Generation im Familienbesitz befindet, bis heute, und da ihr Gründungsdatum der 13. Juli 1709 ist, begeht sie am 13. Juli 2009 ihren dreihundertsten Geburtstag. Oberbürgermeister Fritz Schramma, der sie, gleich vis-à-vis dem Rathaus, ständig im Blick – und womöglich auch in der Nase – hat, lässt ihn mit sechshundert Gästen feiern: „Die älteste Parfum Fabrik", wie es auf ihren roten Markisen heißt, ist die älteste Firma in Köln.

Das Haus von 1709 steht nicht mehr, und der klassizistische Nachfolger von 1849 wird fünfzig Jahre später durch einen Prachtbau aus gelbem Sandstein ersetzt, der nach dem Krieg nicht ganz so verziert rekonstruiert wird. Die beiden Fassaden verbindet eine abgerundete Ecke, die eine Kartusche mit dem Wappen und eine vergoldete Inschrift trägt: „Johann Maria Farina gegenüber dem Jülichs-Platz." Ursprünglich „Vis-à-vis La Place Juliers", wird die Adresse nach der Franzosenzeit eingedeutscht und das „J", obwohl der Namensgeber Nikolaus Gülich heißt, nicht preußisch korrigiert. Im neunzehnten Jahrhundert setzt sich die Abkürzung durch, die bis heute im Firmensignet, einer roten Tulpe, steht: „Farina gegenüber".

Wer den „Shop" im Erdgeschoss betritt, bekommt eine Duftnote mit und kann sich mit Johann Maria Farina verabreden. Im Rokokokostüm stolziert er herein, mit Allonge-Perücke, Jabot und weißen Strümpfen. Der Schauspieler Maciej Marek Lysakowski spielt den Firmengründer mit Noblesse und erzählt dessen Geschichte. Wie er in ein Köln der rauschenden Feste, scharfen Gerüche und sozialen Gegensätze kommt, wie er seine Kunden mit Kandisfrüchten und Wein empfängt, wie er eingerichtet ist: „Die anderen Webteppiche befinden sich heute im Louvre."

Auch sein Schreibtisch („Portugal, 1680") und Stuhl („Rheinland, um 1700") sind erhalten, an der Wand hängt der Stammbaum, das „Buch der bösen Schuldner" ist aufgeschlagen. Allmählich tritt die Person hinter die Erfolgsgeschichte ihrer Erfindung zurück: „Der Kölner Kurfürst Clemens August bestellte vierzig Flaschen im Monat, Napoleon Bonaparte brauchte auch etwa eine Flasche am Tag", und hat sich die Stiefel so schneidern lassen, dass sie im Schaft Platz hatte. „Kurz vor meinem Ableben", so Johann Maria Farina (1685 bis 1766) stolz, „konnte ich schreiben: Es gibt in Europa kaum ein Königshaus, das ich nicht beliefere." Farinas Firmenarchiv ist das größte nördlich der Alpen, dreihundert Regalmeter mit der Korrespondenz und allen Geschäftsakten, und da es nicht der

Stadt, sondern dem Rheinisch-Westfälischen Wirtschaftsarchiv anvertraut ist, auch komplett erhalten.

Der Stammsitz entpuppt sich als wunderkammervolles Privatmuseum, in dem die Stadtgeschichte durch den Flakon betrachtet und eine kleine Kulturgeschichte (nicht nur) des Parfums aufgeblättert wird. Die grünen Rosolien, in die 125 Jahre lang Eau de Cologne verfüllt wurde, stehen neben antiken Gefäßen, die auf dem römischen Grundstück entdeckt wurden, und als 1912 in Köln die Sonderbundausstellung stattfand, hat Wassily Kandinsky eine quadratische Flasche entworfen, die bis 1960 die „Herrenlinie" prägte. Die der „Damenlinie" war rundlich, der Inhalt derselbe.

Die Konkurrenz wird nicht ausgespart, trägt sie doch eine berühmten Zahl: 4711. Denn mit der Französischen Revolution beginnt 1789 ein Jahrhundert der Markenpiraten und Trittbrettfahrer. Wilhelm Mülhens erwirbt von anderen Farinas die Namensrechte und handelt mit ihnen: 1865 gibt es in Köln 39 Hersteller von Parfum dieses Namens, die den Markt mit minderwertiger Ware überschwemmen. Die „echten" Farinas wehren sich, führen 1200 Plagiatsprozesse und werden zu Vorreitern des Markenschutzes, der 1875 endlich in Kraft tritt: So kommt es, dass die ersten drei registrierten Warenzeichen in Deutschland von „Johann Maria Farina gegenüber dem Jülichs-Platz" sind. Erst daraufhin weicht Mülhens auf die Hausnummer aus: 4711.

Die kleine Führung steigt bis in den Keller hinunter, in dem es Farina gelang, „fast reinen Alkohol zu destillieren". So konnte er leichte Essenzen wie Bergamotte-, Rosmarin- oder Bittermandelöl konservieren, mit denen er die Mode von Moschus und anderen schweren Aromen beendete: „Mein Parfum revolutionierte die damalige Duftwelt." Wie er es aus den vielen hundert Flakons komponiert hat, ist ein gut gehütetes Geheimnis. Produziert wird seit 1963 nicht mehr im Stammhaus, sondern in einem Labor am Stadtrand.

Über dem „Shop“ hat der fünffache Urenkel von Johann Maria Farina sein Büro, der auch dessen Namen trägt. Auf seinem blitzblanken Schreibtisch stehen ein Kaffeeservice aus Silber und ein aufgeklappter Laptop, als gelte es Tradition und Innovation als Pole der Firmenphilosophie zu versinnbildlichen: „Der Duft des Eau de Cologne ist seit dreihundert Jahren derselbe; dabei ändern wir sehr viel, aber das soll der Kunde nicht merken: an Verpackungen, Flaschen, Sprayern. Das sind High-Tech-Produkte.“ Unauffällig elegant gekleidet, mit blassem Teint und olivenschwarzen Augen, würde der gelernte Parfumeur, ausgebildete Kaufmann und studierte Apotheker auch in einem Turiner Architekturbüro bella figura machen. Sein leicht rheinischer Singsang signalisiert Verbundenheit mit der Stadt: Bei der Gründung von Handelskammer, Casinogesellschaft, Kunstverein oder Zentral-Dombau-Verein standen die Farinas in der ersten Reihe.

Kontinuität wird auch in der Firma groß geschrieben: Nachhaltigkeit und nicht Wachstum sei immer oberste Priorität gewesen, erklärt der Einundfünfzigjährige, und „dass das die sehr viel sicherere Methode ist, wird jetzt ja auch von anderen erkannt“. Klein und fein ist die Firma geblieben, derzeit beschäftigt sie 52 Mitarbeiter: „Von der Krise spüren wir überhaupt nichts“, sagt Farina, dem seine Vorgänger, in Öl gemalt, über die Schulter blicken. Verkauft wird „Eau de Cologne“ nur in inhabergeführten Parfumerien und als einziges Duftwasser neben „4711“ darf es in Apotheken vertrieben werden. Über Bilanzen spricht Farina nicht, doch so viel verrät er: 85 Prozent der Produktion gehen in den Export.

Die rechtlichen Auseinandersetzungen seien, so konstatiert der geschäftsführende Gesellschafter zufrieden, in den letzten Jahren zurückgegangen, und so muss schon ein unbedarfter Tourist mit dem definitiv falschen Parfum in den Laden schneien, um Johann Maria Farina, da steht er schon an der Tür, ein wenig aus der Fassung zu bringen: „Hier riecht’s nach 4711, riechen Sie das nicht!“, ruft er auf einmal so erschrocken wie ein Gourmet-Koch, der den

Lehrling mit altem Frittierfett erwischt, und muss auch schon lachen. Denn sein Duft wird konkurrenzlos bleiben und noch in dreihundert Jahren, da ist er sich sicher, einen italienischen Frühlingsmorgen in die Nase zaubern.

1. FC DOM

Doppelpass zwischen Kickern und Kirche

Das Wappen des 1. FC Köln schmückt, gut sichtbar, das Wahrzeichen der Stadt: Geißbock Hennes will hoch hinaus und setzt, auf den Hinterbeinen stehend, zum Sprung über die Domtürme an. Die Zuneigung beruht auf Gegenseitigkeit. Denn das Vereinsmaskottchen schmückt, nicht ganz so gut sichtbar, seinerseits die gotische Kathedrale. Am südlichen Langhaus ist es als Wasserspeier an einem Strebepfeiler präsent, den der Bildhauer Werner Meurer in Stein gemeißelt hat. Das war 1962 eine Anerkennung für die Deutsche Meisterschaft, der vier Jahre später, als die Nationalmannschaft Vize-Weltmeister wurde, weit oben und mit bloßem Augen nicht zu erkennen, ein Kapitell mit zwei Fußballspielern folgte. Übermut einer „schöpferischen Denkmalpflege", die sich nach dem Zweiten Weltkrieg die Freiheit nahm, beschädigte Pflanzenornamente durch figürliche Elemente zu ersetzen. So kamen Kennedy, Chruschtschow oder de Gaulle, aber auch ein Dreigestirn und ein Funkenmariechen, der Boxer Peter Müller („Müllers Aap") oder die Prostituierte Rosemarie Nitribitt zu dieser Ehre, die inzwischen selten geworden und vor allem Angehörigen wie zuletzt dem Dompropst und der Dombaumeisterin beim Eintritt in den Ruhestand vorbehalten ist. Mit Leben erfüllt aber wurde die Verbindung zwischen Kirche und Kickern erst vor zwei Jahren, als der Effzeh den Wiederaufstieg in die Erste Liga schaffte und sich, nach der Berufung von Rainer Maria Woelki zum Kardinal, darüber freuen durfte, „dass künftig ein echter FC-Fan dem Erzbistum vorsteht“. Ein doppelter Grund zum Feiern, und so fand vor dem Saisonauftakt 2014/15 erstmals ein ökumenisches Mittagsgebet im Dom statt, das bereits Tradition geworden ist und nach einem festen Ritual abläuft: Der Präsident, seine beiden Stellvertreter und der Geschäftsführer nehmen in der ersten Bankreihe Platz, auf der Orgel wird die Vereinshymne gespielt, und die Fans, die, das ist ausdrücklich erwünscht, mit Trikot, Schal oder Fahne in den Farben des Vereins (ruut-wieß wie die Chorkleidung) einlaufen können, schmettern „Mer stonn zo dir FC Kölle“. So wird es auch am Samstag vor der Begegnung gegen den SV Darmstadt 98 sein, auswärtige Besucher sind willkommen. In der feierlichen Andacht sollen, so heißt es, „Achtung, Respekt und die Freude am Spiel“ gewürdigt werden. Die Kölner Fangemeinde, die wie der Geißbock hoch hinaus will und nach zwei Siegen in Serie gleich von der Meisterschaft spricht, wird das nicht davon abhalten, für dieses Wunder zu beten und Kerzen anzuzünden. Den zuständigen Ansprechpartner bereitzustellen, aber übersteigt ausnahmsweise die Möglichkeiten des Wahrzeichens. Denn die Heilige Rita von Cascia, Patronin für aussichtslose Anliegen, ist in seinen Mauern nicht vertreten.

DER KÜNSTLER, DER ALLEN DEN VOGEL ZEIGT

Und auch im Wahlkampf mitmischen muss: H. A. Schult

Karneval, Klüngel, Kirche, Kunst – was die alte Colonia im Innersten zusammenhält, beginnt mit K. Kunstmetropole nennt sich die Stadt, deren Schätze schon einmal heller strahlten, gern – und dann meist gleich in einem Atemzug mit New York und Paris. Um den Kranz der acht Museen, die sie selber trägt, ranken sich gut zwei Dutzend weiterer Ausstellungsorte; 120 Galerien und sieben Auktionshäuser machen Köln zum ersten Standort des Kunsthandels in Deutschland. Unter den zweitausend bildenden Künstlern, die hier leben, finden sich auch weltbekannte wie Gerhard Richter und Sigmar Polke, Rosemarie Trockel und Marcel Odenbach. Doch keiner von ihnen ist, Kenner mögen die Nase rümpfen, in Köln so präsent und populär wie H. A. Schult.

Seine vordergründig spektakulären Aktionen bedienen die Schaulust der Kölner; leicht exzentrisch, aber nicht weiter verstörend, kommen sie der rheinischen Mentalität glatt entgegen. Seit H.A., eigentlich: Hans Jürgen, Schult 1989, zum sechzigjährigen Bestehen der Fordwerke, seine Aktion „Fetisch Auto“ veranstaltet hat, ist in Köln nichts mehr vor ihm sicher. Elf Kleinwagen vom Typ Fiesta hatte er damals in allen möglichen Verfremdungen in Szene gesetzt: Einer umkreiste an einem Kranhaken den Dom, ein anderer schaukelte auf einer Barke rheinabwärts, ein dritter wurde eingefroren und wieder ein anderer, zum „Goldenen Vogel“ aufgedonnert, auf den Turm des Stapelhauses gesetzt.

Von dort kam die glänzende Blechkarosse auch wieder herunter, um kurz danach auf dem achteckigen Treppenturm des Zeughauses zu landen, wo sie bis heute thront. Denn Schult, dessen Aktion das hier residierende Stadtmuseum 1991 in einer Ausstellung dokumentierte, hat ihn einfach stehengelassen – zur eigenen Ehre und zum wachsenden Ärger des damaligen Regierungspräsidenten Franz-Josef Antwerpes. Mit seinem vis-à-vis liegenden Amtssitz auch als Nachbar betroffen, zeigte dieser sich wild entschlossen, der Stadt die „bauliche Veränderung“ zu untersagen. Doch da hatte der „Kurfürst von Köln“, wie der Sozialdemokrat mit der preußischen Feudalattitüde im Rheinland tituliert wurde, die Rechnung ohne die Kölner gemacht. Die nämlich wollten ihren Vogel gerne behalten und fanden zunehmend Gefallen an dem Schaukampf, den sich Schult und Antwerpes, begnadete Selbstdarsteller beide, lieferten. Der Streit eskalierte, und eine Kölner Posse nahm, unter anheizender Anteilnahme der lokalen Presse, ihren Lauf: Kunst oder Kitsch, holde Zier oder fauler Zauber – das waren die Fragen, die in der Millionenstadt die Gemüter erregten.

Ein ums andere Mal ließ die Verwaltung die vom Regierungspräsidenten gesetzte Frist verstreichen, immer wieder drohte dieser mit juristischen Mitteln und später auch mit disziplinarischen Maßnahmen. „Kunstdiktator" schimpfte Schult, „glatter Rechtsbruch" schäumte Antwerpes. Doch das Flügelauto blieb, schließlich gar mit dem Segen der Landesregierung in Düsseldorf, auf dem Turm, wo es inzwischen die Amtszeit des Kurfürsten überdauert hat und seinem zehnjährigen Jubiläum entgegensieht. Längst ist es „Kult".

Klar, dass einer wie H. A. Schult auch im Wahlkampf mitmischen muss. Schon in dessen Vorfeld platzte er mit der Ankündigung, dass er Köln verlassen und, schlimmer noch, nach Berlin ziehen werde. „Damit ich nicht unglücklich werde, muss ich gehen", gefiel er sich in der Märtyrerrolle, um fortan nur noch im Präteritum über Köln zu sprechen: „Diese Stadt ist eine wunderbare Stadt gewesen." Und seine Muse und Managerin Elke Koska wurde, nach dem Termin gefragt, konkret: „In diesem Jahr mit Sicherheit." Anlass zu dieser Drohung war die für Ende April vereinbarte Demontage der „Weltkugel", die auf Kosten des Künstlers erfolgen sollte. Nach seiner Aktion „Rheingeist" hatte Schult den Leuchtglobus 1996 auf dem Pylon der denkmalgeschützten Severinsbrücke liegengelassen und der Stadt später zum Geschenk gemacht.

Die Nachricht löste in Köln blankes Entsetzen aus, Gefahr war in Verzug, schließlich setzt Schult hier ins Bild, dass nicht Köln an der Welt, sondern die Welt an Köln hängt. Fritz Schramma, Oberbürgermeisterkandidat der CDU, erkannte blitzschnell den Ernst der Lage und zeigte persönliche Einsatzbereitschaft. Kurz entschlossen traf er sich mit Schult zum Frühstück und einen Tag später zu einer Pressekonferenz. Die Kugel, die der Künstler den Kölnern gegeben hat, bleibt bis Ende des Jahres, verkündete Schramma, nicht ohne sich auf den verstorbenen Oberbürgermeister Blum („Harry wollte die Kugel") zu berufen. Schult revanchierte sich artig: „Das ist ein Politiker, der begriffen hat, was die Bürger wirklich wollen." Von

Abwanderungsabsichten spricht er seitdem nicht, denn er ist sich sicher: „Die Kugel bleibt länger. Im Winter kann man die gar nicht demontieren. Da ist es viel zu kalt."

Wer den streckenweise kabarettreifen OB-Wahlkampf in Köln nur halbwegs verfolgt hat, den konnte die Ahnung beschleichen, dass H. A. Schult, der eloquente Populist und PR-Profi, zumindest den Kandidaten der beiden großen Parteien, Fritz Schramma und Anke Brunn, klammheimlich als Vorbild diente. Hauptsache im Gespräch sein, hieß die Devise, Medienpräsenz ist alles. Schade eigentlich, finden viele Kölner, dass der Fritz und die Anke nicht beide gewählt werden können. Denn nur als Duo, nur im Doppelpack, das ist spätestens seit ihrer Minigolf-Partie klar, hätten sie vielleicht eine Chance, H. A. Schult und seiner Muse in der Kunststadt Köln die Schau zu stehlen.

EIS-ZEIT

Der Dom der Schlittschuhläufer steht am Heumarkt

Kleckern statt Klotzen, das gilt in Köln auch dann noch, wenn die Stadt sich die Kugel gibt. Es ist ja auch nur eine Eiskugel, rheinisch: „Bällchen", die Claes Oldenburg auf die Ecke eines neuen Einkaufstempels am Neumarkt geklatscht hat. Zehn Meter hoch ragt die Spitze der braunen Eistüte, hyperrealistisch und aus Fiberglas, in den Himmel und setzt der Stadt ein Hörnchen auf, während das Vanilleeis, ganz ohne zu tropfen, auf der Kante klebt. Der Laden-Hüter der Pop-Art erinnert in Köln auch an bessere Zeiten, als die Rede von der Kunstmetropole noch mehr als nur ein Werbespruch war: Für die triviale Reminiszenz wird nunmehr leichten Herzens in Kauf genommen, dass die „zeitgenössische Ikone" (Oldenburg) die Blickbeziehung zu der Dreikonchenanlage der romanischen Kirche St. Aposteln beeinträchtigt. Die Sentimentalität der Kölner ist, so zeigt sich einmal mehr, eben noch größer als ihr Stolz auf die Geschichte. Inzwischen aber muss der dekorative Aufsatz als Vorbote einer ganz anderen Eiszeit verstanden werden, die, wenige Straßen weiter, auf dem Heumarkt Einzug zu halten droht. Als könnte die Stadt, die sich gerne die nördlichste Italiens wähnt, zwischen schleckigem „gelato“ und klirrendem „ghiaccio“ nicht unterscheiden, propagiert die Interessengemeinschaft City Marketing, dort einen „Icedom“ zu errichten, dessen beiden Eisflächen, 45 auf 20 und 25 auf 15 Meter groß, fünfzehn Wochen im Jahr zum Schlittschuhlaufen laden. Seit Anfang des zwanzigsten Jahrhunderts war der lange, rechteckige Heumarkt, einst der großzügigste und schönste Platz der Stadt, immer mehr verbaut und durch die Rampe der Deutzer Brücke zerschnitten worden. Kaum aber ist zumindest seine nördliche Hälfte, wenn auch besetzt von lächerlichen Glaswürfeln, die als Eingänge zur neuen unterirdischen Tiefgarage dienen, halbwegs wiederhergestellt, kaum lässt er, eingefasst von schmalen, hohen Häusern, es wieder zu, seine Architektur zu erfahren, da wird ernsthaft erwogen, ihn mit einer Kombination von Schwarzwaldhaus und Discozelt zu entstellen und den öffentlichen Raum wie im Jahr 2000, als ihn sechs Monate lang das Provisorium der Ausstellung „Körperwelten“ verunstaltete, mit einer kommerziellen Nutzung zu belegen. Als wäre die blaue Beule, die das Musicalzelt neben dem Hauptbahnhof in ihre Silhouette schlägt, der Ansicht und dem Ansehen der Stadt nicht abträglich genug, soll sie weiterer Verkitschung anheimgegeben werden. Die Verwaltung sei, so ist aus ihren Reihen zu hören, zwar geschlossen gegen das „Event“, auf Seiten der Politik aber hat die Aussicht auf eine rentable Attraktion bereits Begehrlichkeiten geweckt. Das Eis, das sie am Neumarkt zu schlecken bekommen, macht die Kölner eben noch lange nicht satt, sondern ihnen Appetit auf das, wofür sie ihre römischen Vorfahren vor allem in Ehren halten: panem et circenses.

KULTURPOLITIK MIT DER ABRISSBIRNE

Kunstquartier, Stadtteilentwicklung, Denkmalpflege: Mit der Zerstörung der Halle Kalk bringt sich die Stadt um große Chancen und belastet die Beziehung zur Ludwig-Stiftung

Als im April 2010 der Ratsbeschluss, das Kölner Schauspielhaus abzureißen, gekippt und der Weg frei wurde, es mit dem Opernhaus wieder herzurichten, war das ein Erfolg bürgerschaftlichen Engagements. Ein „Weiter so!" ging danach nicht mehr, ein neuer Politikstil war gefragt. Nein, das soll uns nicht noch einmal passieren, dass wir unsere Kulturbauten so lange vernachlässigen, bis ihre Verwahrlosung sichtbar und ihre Funktionstüchtigkeit eingeschränkt ist, beeilten sich führende Vertreter von Parteien wie auch der Stadtverwaltung zu erklären und versprachen einen „nachhaltigen" Umgang mit dem öffentlichen Eigentum. Doch wie fünf Jahre später der Abriss der Halle Kalk betrieben wird, folgt dem altbekannten Muster: Die Baupflege ist so lange vernachlässigt worden, dass „akute Einsturzgefahr" besteht, die angeblich keine andere Wahl lässt.

Die Halle Kalk sollte einmal ein Leuchtturm des Kölner Kulturlebens werden. So jedenfalls die Vision von Peter Ludwig, der – nach dem Vorbild des später vom New Yorker MoMA adoptierten Museums „P.S.1" in Queens – auf der anderen Rheinseite eine Dependance eröffnen und den industriell geprägten Stadtteil aufwerten wollte. Die Schenkung eines Konvoluts von 82 Werken knüpfte er an die Bedingung, hier junge und jüngste Kunst „definitiv und auf Dauer" dem Museum Ludwig zuzuordnen. Dafür sollte die mittlere von drei aneinander grenzenden Hallen hergerichtet werden, die das Maschinenbauunternehmen Klöckner-Humboldt-Deutz (KHD) aufgegeben und die Stadt erworben hatte: Auf knapp fünftausend Quadratmetern sollten Skulpturen gezeigt, die eine der kleineren Nachbarhallen vom Theater bespielt, die andere als Künstlerwerkstätten oder Depot genutzt werden. Von „einem Traum, der wahr geworden ist“, sprach der damalige Kulturdezernent Peter Nestler, als er 1993 die Pläne verkündete.

Doch der kulturelle Brückenschlag auf die „schäl Sick“ kam über Ansätze nicht hinaus. Mehr als zwei Ausstellungen – von Ulrich Rückriem und Jannis Kounellis – wurden in der dreischiffigen, Oberlicht bietenden Halle nicht gezeigt; das Theater, das eine Spielstätte mit zweihundert Plätzen erhielt (und gelegentlich auch in die mittlere Halle zog), wurde mit dem Auftrag, dem Stadtteil Impulse zu geben, alleingelassen. Nach dem Tod von Peter Ludwig 1996 hat seine Witwe nicht darauf bestanden, dass der Vertrag mit Leben erfüllt wird, doch an der Option, die ihr die Stadt mehrfach abzuhandeln versucht hat, weiter festgehalten. Fast zwanzig Jahre lang wurde an Konzepten gebastelt und der fortschreitende Verfall der Haupthalle in Kauf genommen.

Die Versäumnisse der Bauunterhaltung wiegen um so schwerer, als Denkmalschutz besteht. Zwischen 1895 und 1905 errichtet, war der Komplex Produktions- und Montageort der Maschinen, die KHD berühmt gemacht haben. Als ältestes erhaltenes bauliches Zeugnis des einstigen Weltkonzerns steht er für die industrielle Geschichte des Stadtteils, der von Kahlschlägen und Leerstand, darunter das Kaufhofgebäude, gezeichnet ist: So wurden von der Chemischen Fabrik Kalk (CFK) bis auf einen Wasserturm alle Spuren für eine Shopping Mall beseitigt. Innenkonstruktion und Westfassade der Haupthalle – mit Wandflächen aus roten und Gliederungen aus gelben Ziegeln – wurden nach dem Zweiten Weltkrieg erneuert. Der dreistöckige Mittelteil, der die hundertachtzig Meter lange Hallenflucht gliedert, hat eine vorgehängte, feingliedrige Stahlfachwerkfront, wie sie in den Zwanzigerjahren entwickelt und „ähnlich hochklassig“, so der Bauhistoriker Walter Buschmann, „im Ruhrgebiet für die Zeche Zollverein 12 in Essen umgesetzt wurde“. Der schlechte Zustand wundert Buschmann, der bis 2014 als Industriedenkmalpfleger beim Landeskonservator Rheinland arbeitete, nicht: Wasser, das in die Fugen zwischen Stahlprofilen und Mauerwerk dringt, führt zu Korrosion. Aber, so betont er, „auch schwerstgeschädigte Stahlfachwerkbauten lassen sich reparieren und in ihrem Erscheinungsbild erhalten". Die „auf maximal neun Millionen Euro" geschätzten Kosten für eine Gesamtsanierung hält Buschmann für realistisch, „doch dürfte", so erklärte er, „eine Instandsetzung nur der schadhaften Fassaden und Bauteile sehr viel günstiger sein".

Doch Alternativen hat die Stadt erst gar nicht geprüft. Stattdessen hat Kulturdezernentin Susanne Laugwitz-Aulbach entschieden, zwei der drei Hallen abreißen zu lassen. Dabei stützt sie sich auf ein Gutachten, das nicht veröffentlicht wurde und dessen Autor, darauf angesprochen, mit der Situation alles andere als glücklich zu sein scheint. Um die Sicherheit der hier deponierten Kunstwerke zu gewährleisten, hat die Beigeordnete, der auch die Denkmalpflege untersteht, nicht etwa die Halle vorläufig ertüchtigen, sondern räumen und die Objekte in einem Gewerbegebiet zwischenlagern lassen. Die Ludwig-Stiftung hat darauf „befremdet und bestürzt" reagiert, sich eine Rückforderung der geschenkten Werke vorbehalten und an den Wunsch der Eheleute Ludwig erinnert, mit der Ausstellunghalle „ein Pendant zum Museum Ludwig und eine Aufwertung des rechtsrheinischen Teils in kultureller Hinsicht zu schaffen".

Für den Stadtteil wäre das heute so zukunftsweisend wie vor zwanzig Jahren, zumal das Schauspiel seine Präsenz reduziert hat. Kalk ist ein Quartier im Umbruch, arm, mit hohem Arbeitslosen- und Migrantenanteil, aber auch großstädtisch, lebendig und zentrumsnah. Kulturelle Aktivitäten könnten es attraktiver machen und der Entmischung der Bevölkerung entgegenwirken. Mit der Zerstörung von zwei der drei Hallen, nur die vom Theater genutzte soll stehen bleiben, riskiert die Stadt Köln, mehr als ein ortsbildprägendes und vielseitig bespielbares Industriedenkmal zu verlieren: Der Abriss wird eine Wunde in den Stadtraum schlagen, die rechte Rheinseite in ihrer Entwicklung zurückwerfen und die Beziehung zur Ludwig-Stiftung belasten. Sich deren Sympathie zu verscherzen, ist so ziemlich die größte Dummheit, die die Kölner Kulturpolitik begehen kann: Für die Kunstmetropole ist die Ludwig-Stiftung, zumal in Zeiten knapper Finanzen, so unentbehrlich wie für Leverkusen der Bayer-Konzern.

In Köln aber schrillen keine Alarmglocken. Die tonangebende Zeitung hat die Mitteilung der Stadt „Lagerhallen in Kalk müssen abgerissen werden" unkommentiert weitergereicht. Zu ihren „kritischen" Ritualen gehört der Vorwurf, die Landesregierung bevorzuge das Ruhrgebiet mit seinen den Künsten geöffneten Fabrikhallen. Dass Köln über ähnliche Räume und Potenziale verfügt, wird in der Stadt, die ihre bedeutende Industriegeschichte weitgehend ignoriert, nicht als Chance verstanden. Vielleicht kann, wo historische und kulturpolitische Argumente nichts ausrichten, der Hinweis auf den Essener Architekten, der die 2001 zum Unesco-Weltkulturerbe geadelte Zeche Zollverein denkmalgerecht instandgesetzt hat, weiterhelfen. Den kennt in Köln zwar kaum jemand, doch weil er wie sein Onkel, der Ehrenbürger und Literaturnobelpreisträger, heißt, kennt jeder seinen Namen: Heinrich Böll.

KAABA DER SÜDSTADT

Die Feuerwehr ist ausgerückt: In die Wache zieht die Comedia

Vor der Tür in der Vondelstraße steht ein rotes Feuerwehrauto. Marke Magirus, Baujahr 1959. Einsätze fährt der Löschzug schon lange keine mehr, und in der „Feuerwache No. 4 Cöln-Süd", wie es unter dem Giebel steht, einem 1904 errichteten und noch mit

Pferdeboxen bestallten Gründerzeitbau, ist auch gar kein Platz mehr für ihn. Schon 2004 wurde die Wache aufgegeben und in den vergangenen zwei Jahren zum Kinderkulturhaus Comedia umgebaut. Mal eine gute Nachricht aus Köln: Das Kindertheater, von der Stadt seit jeher stiefmütterlich behandelt, muss endlich nicht mehr mit einem ehemaligen Supermarkt in der Löwengasse als Notquartier Vorlieb nehmen, sondern hat ein eigenes Domizil, das Saal, Probenräume, Werkstätten und Schauspielschule unter einem Dach vereint.

Die Alarmglocken schrillten schon vor elf Jahren, als das Kindertheater „Ömmes & Oimel“ die Kulturverwaltung mit der Hiobsbotschaft konfrontierte, den Spielbetrieb mangels angemessener Unterstützung einstellen zu müssen. Weniger die Stadt als eine Gruppe von Sponsoren sicherte damals das Überleben. Die gestandenen Selbstausbeuter griffen zur Selbsthilfe, blickten sich nach einem neuen Standort um, engagierten einen Architekten, beantragten Städtebaufördermittel beim Land, warben Drittmittel ein und stellten einen Finanzierungsplan auf. Viel Geduld und Opferbereitschaft, sagt Geschäftsführer Klaus Schweizer, seien nötig gewesen, am Ende aber stand die Verwunderung darüber, „dass“, wie der Kabarettist Richard Rogler ätzte, „ab und zu doch mal etwas klappt in Köln. Und das in der für Köln schlappen Rekordzeit von zwölf Jahren.“

Der Schlauchturm, in den ein Treppenhaus eingezogen wurde, erreicht wieder seine alte Höhe: Um eine moderne Haube ergänzt, wird er zum Wahrzeichen des Theaters. Als modernes Pendant hat ihm der Architekt Bernd Oxen einen gläsernen Turm zur Seite gestellt, der als Gebäudespange dient und den angesetzten Neubau mit einem Lastenaufzug erschließt. An die Stelle der Kommandantur, die im Krieg zerstört wurde, ist ein fensterloses Gehäuse getreten, das schon den Spitznamen „Kaaba der Südstadt“ abbekommen hat und seine anthrazitgraue Klinkerfassade nachts mit Lichtstreifen auflockert. Zwei Spielstätten sind darin untergebracht: Der „rote

Saal“ mit Guckkastenbühne und bis zu vierhundert Plätzen sowie darüber der „grüne Saal“, der bis zu zweihundert Zuschauer fasst und als Raumbühne variabel bespielt werden kann. In die Wagenhalle ist ein Bistro eingezogen, das sich bei gutem Wetter auf den Hof ausdehnt; darüber befinden sich Übungsräume, Büros, Werkstätten, und sogar für zwei kleine Künstlerappartements hat der Raum gereicht. Das alte Erscheinungsbild wird gewahrt, Spuren der Historie wie die Rutschstangen bleiben erhalten. Selten geht ein Denkmal so selbstverständlich in neuen Funktionen auf: schade nur, dass der Dachboden mit seiner offenen Balkenkonstruktion, den die Feuerwehr als Turnhalle nutzte, aus Brandschutzgründen keine öffentlichen Veranstaltungen aufnehmen darf.

Kabarett ist auch künftig das zweite Bein der Comedia – und wohl das kräftigere. Wird doch mit ihm, der Gastronomie und Kursen für Erwachsene das Kinder- und Jugendtheater querfinanziert. Die Stadt fährt nach wie vor gut damit, die ganze Sparte der „freien“ Szene zu überlassen, und statt Miete zu zahlen, wird die Comedia Colonia, eine gemeinnützige GmbH, künftig den Kredit abstottern, den sie für ihren Eigenanteil an dem Projekt, knapp 2,2 von 8,2 Millionen Euro, aufgenommen hat. So leuchtet der Aufzugsturm nachts wie die Zahlen, die das Theater noch lange schreiben wird: rot.

WO EIN HIMMELSBOGEN ZUM HENKELMÄNNCHEN WIRD

Sport, Spiel, Spaßvergnügen: Der Architekt Peter Böhm baut die Kölnarena, die größte Mehrzweckhalle in Deutschland

Festplatz hieß der Ort früher. Doch das heruntergekommene Areal hielt, eingefasst von Straßen, Bahndamm und zwei schäbigen Wohnblocks, nur wenige Wochen im Jahr, was dieser Name versprach. Dann fand die Deutzer Kirmes hier statt, oder ein Zirkus hatte sein Zelt aufgeschlagen. Den Sportplatz auf der Ostseite als innerstädtischen Stellplatz für reisende Sinti und Roma herzurichten, wusste ein SPD-Stadtverordneter mit Unterstützung der Messegesellschaft zu verhindern – da ließ man das Gelände lieber weiter vergammeln. Als Mitte der Achtzigerjahre in Köln aber wieder einmal von einer multifunktionalen Veranstaltungshalle geträumt wurde, fiel die Wahl auf diese Brache: Hier, auf der „schäl Sick", der schielenden Seite, wie das Rechtsrheinische abschätzig genannt wird, fand sich, innenstadtnah und verkehrsgünstig angebunden, der ideale Standort für das gigantische Bauwerk.

Bis zum ersten Spatenstich aber sollten noch ein paar Jahre ins Ödland ziehen. Die Konkurrenz zwischen „Europalast" und „open-air arena" endete 1989 als totes Rennen, bei dem der Sportdezernent mit dem Oberstadtdirektor, den er bald beerben sollte, über Kreuz geriet. Im Juni 1990 erhielt der „Europalast" der „Strabag" grünes Licht, doch schon bald explodierten die Kosten, von zunächst 160 auf runde 600 Millionen D-Mark, als plötzlich Philipp Holzmann seinen Hut in den Ring warf und den Mitbewerber, der schon mehrere Millionen in die Planung investiert hatte, aus dem Feld schlug. Der Entwurf, mit dem dies gelang, trug den Namen des angesehensten Baumeisters der Stadt: Böhm. Gemeinsam mit Jürgen Flohre und Severin Heiermann zeichnete Peter Böhm, der der dritten Generation der Kölner Architektendynastie angehört, als Verfasser. Das Tauziehen um das Projekt war damit noch lange nicht zu Ende. Denn die Stadt war für eine Beteiligung nicht zu gewinnen, wohl aber für einen Nachlass des Grundstückspreises und als Mieter der Mantelbebauung, um darin, und zwar für mindestens dreißig Jahre, das Technische Rathaus unterzubringen. So wurde ein privater Immobilienfonds gegründet, der die Projektentwicklung übernahm. Endgültig auf den Weg gebracht aber wurde das ehrgeizige Vorhaben, so jedenfalls weiß es der „Kölner Stadt-Anzeiger", erst bei einem Mittagessen, zu dem sich zwei Mitinhaber einer örtlichen Bank, der Oberstadtdirektor und ein Projektleiter 1993 trafen. Eine Gesellschaft bürgerlichen Rechts (GbR) wurde gebildet, der die einzelnen Investoren beitraten: Etwa siebzig vermögende Geldgeber, die überwiegend in Köln zu Hause sind, zahlten bis 1995 fast eine Milliarde D-Mark in einen Fonds, um das Projekt zu finanzieren. Danach ging alles sehr schnell: Bis Mitte 1996 war die Planung abgeschlossen, und innerhalb von nur 26 Monaten wurde die Kölnarena, wie die Halle nun hieß, aus dem Boden gestampft.

Dabei hatte es die Brache buchstäblich in sich. Eine Straße und die U-Bahn, LeitungStraßen und Versorgungskabel verlaufen darunter, sodass eine Verkehrserschließung mit elf Fahrspuren sowie, um Straße und U-Bahn zu überbrücken, ein siebeneinhalb Meter hoher Hügel angelegt werden mussten, in dem Nebenräume und Versorgungstrakte untergebracht wurden. Um der Kölner Sucht nach Superlativen Genüge zu tun (und der Konkurrenz zum Potsdamer Platz in Berlin zu entgehen), wurde fortan von der größten Baustelle in Deutschland gesprochen. Auf einer Grundfläche von 16 800 Quadratmetern erreicht die Arena eine Gesamtfläche von 83 700 Qudratmetern und 445 000 Kubikmeter umbauten Raum. Die kammförmigen, acht bis vierzehn Geschosse hohe Mantelbebauung bietet 106 000 Quadratmeter Bürofläche, auf der im Februar 1999 die bislang auf mehrere Gebäude in der Innenstadt verteilten Abteilungen des Technischen Rathauses zusammengeführt werden. Die Baukosten belaufen sich für die Arena auf dreihundert, für die Mantelbebauung auf weitere sechshundert Millionen D-Mark.

Höher als ein Riesenrad schwingt sich der ellipsoide, 480 Tonnen schwere Stahlbogen, der die Halle signethaft überspannt und – nachts beleuchtet – ihr architektonisches Erscheinungsbild prägt: Mit 76 Metern liegt sein Scheitelpunkt fünfzehn Meter über der Firsthöhe des Doms, dessen Türme es auf etwas mehr als die doppelte Höhe bringen. Die kühne Konstruktion aus Betonfertigteilen hält, an Stahlseilen abgehängt, das muschelförmig gewölbte Dach und durchbricht es an seinen schmalen Seiten. Mitgetragen wird der im Innenraum stützenfreie Baukörper von umlaufenden, leicht schräg gestellten Säulen. Hinter der verglasten Fassade öffnet sich die Wandelhalle, in der 94, durchweg nach rechts aufsteigende Treppen stehen. Perspektivisch verschnitten, öffnen sie Aus- und Durchblicke und versetzen, zumal wenn sie belebt und beleuchtet sind, das Foyer in eine auch von der Straße aus ablesbare Spannung.

Die äußeren Säulen legen den vielstrapazierten Vergleich mit einem Schiffsrumpf nahe, der auf einem Trockendeck ruht. Auch die Architekten bemühen ihn gerne: „Die Kölnarena gleicht von außen einem Schiff. Das heißt aber nicht, dass wir das Gesamtkonzept danach ausgerichtet hätten", erklärt Peter Böhm. Der gerstensafterfahrene Kölner Volksmund aber spricht weniger respektierlich von einem Henkelmännchen, das sich zum Himmelsbogen erhebt. Flankiert von der Mantelbebauung im Osten und Westen sowie nach Norden vom Bahndamm eingefasst, kann die Halle nur nach Süden eine Schauseite entwickeln. Hier aber fällt die Treppenanlage so tief zur Straße hin ab, dass sich die angestrebte Kommunikation in den Stadtteil nicht so ohne weiteres herstellt.

Rundum gelungen ist dagegen der Innenraum, der in der Länge 140 und in der Breite 120 Meter misst und – auf durchweg graublauen, gepolsterten Sitzen – 18 000 Besucher aufnehmen kann. Nach Süden hin unmerklich ansteigend, entwickelt er einen perspektivischen Sog, der, ohne den Zuschauern ein Gefühl der Verlorenheit zu geben, auch von den Plätzen dicht unterm Dach eine hervorragende Sicht bietet. Nachgebessert wird diese von einem beweglichen, 21 Tonnen schweren Videowürfel, der groß wie ein Einfamilienhaus von der Mitte der Decke hängt und das Geschehen in Ausschnitten, Zeitlupen und Wiederholungen zeigt. Bei Sportereignissen wird das ganze Oval besetzt, bei Konzerten dagegen das nördliche Ende hinter der Bühne abgehängt und statt dessen ein Teil des „Spielfelds" bestuhlt. Zwischen Unter- und Oberrang, der für „kleinere“ Veranstaltungen auch abgehängt werden kann, wurden Club-Boxen sowie VIP-Logen eingerichtet, die acht bis zwölf Plätze haben und schon weitgehend – für 160 000 bis 280 000 Mark im Jahr – vermietet sind. Zwei Restaurants und sechzig Imbissstände bestreiten das gastronomische Angebot.

Funktional, ästhetisch und atmosphärisch bietet die Halle gute Lösungen. Auf Blendwerk und Talmi wurde bei der Innenausstattung ganz verzichtet, der von außen ins Foyer „laufende“ Terracotta-Fußboden und blanke Betonwände vermitteln Werkstattatmosphäre. Selbst die unvermeidlichen Werbeflächen sind als nächtliche Großstadtfotos, in die die Signets der Firmen montiert wurden, überaus zurückhaltend gestaltet. Die Verkehrswege sind ausgezeichnet erschlossen: Im Falle des „Gau“, des größten anzunehmenden Unfalls, kann das vollbesetzte Oval innerhalb von fünf bis acht Minuten geräumt werden. Flexibilität wird groß geschrieben: Drei bis vier Stunden genügen, um die Eisdecke abzudecken und den Raum für andere Nutzungen umzurüsten.

Während die Architekten den Prioritäten des Investors weithin erfolgreich Paroli bieten konnten, mussten sie bei der Mantelbebauung größere gestalterische Defizite hinnehmen und etwa auf verglaste Treppenhäuser verzichten. Die Problematik des Großprojekts tritt hier schärfer zutage: Unwirtlich und wenig lebendig, wie sich das Umfeld darstellt, ist die Verödungsgefahr beträchtlich. Das Technische Rathaus, in dem bis zu 3 500 Arbeitsplätze untergebracht werden, schnürt die Halle von zwei Seiten ein und schert sich mit seiner steil aufsteigenden Fassade wenig um den kleinteiligen urbanen Kontext. Wie die leuchtend roten Metallbänder die violettbraune Klinkerfassade rastern, erinnert ein wenig an das Fachwerk der Zechenbauten von Fritz Schupp und Martin Kremmer aus den Zwanzigerjahren; wie dort ist die Fassade aus Stahlprofilen nur vorgesetzt.

Für die Stadtentwicklung meldet die Wahl des Standorts Deutz den Anspruch an, die „schäl Sick“ aufzuwerten und den Halbmond, dem der Grundriss der Stadt so lange glich, endlich zum Vollmond zu runden. Zwar wohnen heute 32 Prozent der Kölner auf der rechten Rheinseite, die aber ist, zumal kulturell, weiter Diaspora. Auch die Halle Kalk, die Theater und Museum Ludwig seit ein paar Jahren als Dependance bespielen, hat daran nicht grundsätzlich etwas geändert. Dagegen könnte die Arena zum Impulsgeber einer Erschließung werden, die, wie der Blick ostwärts, auf die von der Industrie hinterlassenen Brachen im benachbarten Kalk, offenbart, weitreichende Maßnahmen erforderlich macht.

Etwa 120 Veranstaltungen sollen jedes Jahr die Kölnarena füllen. Eishockey und Konzerte, von Luciano Pavarotti, der der Halle die Weihe gab, über eine Großinszenierung der „Aida" bis zu Rod Stewart und Elton John, stehen auf dem Programm. Auch Tanzen und Tennis, Motocross und Springreiten, Boxen und Basketball kommen in Frage, für Letzteres aber hat Köln (noch) kein Team. Allein das Sechstagerennen, das bisher in der nun zum Abriss freigegeben Sporthalle stattfand, lässt sich nicht übertragen. Als Gerhard Schröder, noch vor ihrer offiziellen Eröffnung, im Wahlkampf hier Station machte, platzte die Arena zum ersten Mal aus allen Nähten, und auch für Aktionärsversammlungen ist sie geeignet. Zu Karneval wird sie zur „Lachenden Arena" werden, und wenn sich der Traum ihres Geschäftsführers, der in Köln jahrelang den „Rosenmontagszug" managte, erfüllt, wird bald auch ein Zirkus gastieren. So ist der Ort, auch wenn er sich von Grund auf geändert hat, geblieben, was er schon vorher im Namen führte: ein Festplatz.

KOHLHAAS HEUTE

Der Schwarzfahrer als Sympathieträger der KVB

An den Ufern des Rheins, neun Jahre vor der jüngsten Milleniumswende, geschah es, dass ein damals sechsundzwanzig Jahre alter

Industriekaufmann, unterwegs mit der Straßenbahn Linie 16 von Köln nach Bonn, seinen Anschlussfahrschein, den er für den Ausflug aus dem Tarifgebiet seiner Monatskarte benötigte, nicht ausreichend entwertet hatte – und entdeckt wurde. Ein „erhöhtes Beförderungsentgelt“ wurde fällig, das auf dreißig D-Mark festgesetzt war. Das wurmte den jungen Mann, schließlich hielt er, der sich als „treuer Nutzer“ und „Fan“ der Kölner Verkehrs-Betriebe (KVB) bezeichnet, das Ganze für ein „Missverständnis“, und er sann auf Rache. Mit Verweis auf das „lückenlose Tarifsystem“ hatte der Sachbearbeiter die Strafe bestätigt, woraufhin der Schwarzfahrer zweiten Grades es genau studierte und darin sehr wohl eine Lücke auftat. Denn die Besitzer von Monatskarten im Abonnement, wie er einer war und bis heute geblieben ist, dürfen an Werktagen nach 19 Uhr und das ganze Wochenende über einen Erwachsenen, bis zu drei Kinder, ein Fahrrad und einen Hund gratis mitnehmen. Was „Ticket für die ganze Familie“ genannt wird, aber ist, wie der in seinem Rechtsgefühl gekränkte Mann herausfand und von einem darob aufgesuchten Juristen bestätigt bekam, keineswegs an eine verwandtschaftliche Beziehung geknüpft. Also begann er, wildfremde Menschen, oft, als diese gerade im Begriff waren, den Fahrscheinautomaten zu füttern, anzusprechen, um ihnen eine kostenlose Beförderung zu offerieren. Zunächst hatte er seine Vergeltungsmaßnahme auf dreißig solcher Einsätze beschränken wollen, um den erlittenen Schaden der KVB in etwa gleicher Höhe zurückzuzahlen, doch fand er schnell Gefallen an seinem Service, der in mehr als neunzig Prozent der Fälle gerne angenommen wird. Der alten Pfadfinderlosung „Jeden Tag eine gute Tat“ folgend, machte der Monatskartenbesitzer eine Art Sport daraus, der ihm, der sauber Strichlisten über seine Einsätze führte, mehrere Einträge im Guinness-Buch der Rekorde bescherte. Fünftausend Menschen, dreiundzwanzig Hunde und vier Fahrräder hatte er, so meldet die jüngste Ausgabe, in neun Jahren bis zum April 2000 gratis mitgenommen, seitdem hat er mit dem Zählen, nicht aber mit seiner Aktion aufgehört. Selbst die KVB, die sich lange und eingestandenermaßen schwer damit taten, dem Treiben dieses Nachkommen des Kleistschen Kohlhaas ohnmächtig zusehen zu müssen, haben längst ihren Frieden mit dem Fahrschein-Rebellen geschlossen und ihn zum Sympathieträger gewendet: Zum letzten Eintrag ins Guinness-Buch der Rekorde schenkten sie ihm eine KVB-Armbanduhr. Da hatte der Mann, den fünfzehn Fernsehauftritte populär gemacht haben, das „erhöhte Beförderungsentgelt" längst wieder hereingefahren: Die dreißig Mark hat er nach einer honorierten Talkshow-Einladung gar als Betriebsausgabe geltend gemacht, und das Finanzamt hat sie ohne weiteres anerkannt.

DIE KUNST DER FUGENLOSIGKEIT

Ziegel, Licht und der Triumph der „slow architecture":
Peter Zumthor baut Kolumba, das Museum des Erzbistums

Fast elf Jahre hat Kolumba, das neue Kunstmuseum des Erzbistums Köln, von der Auslobung des Wettbewerbs im Dezember 1996 bis zur offiziellen Eröffnung, beansprucht. Mit dem lokalen Nimbus, der der Zahl innewohnt, hat das – bis auf den närrischen Zufall – nichts zu tun, denn der Plan dafür wurde schon 1972, zur Wiedereröffnung des 1853 gegründeten Diözesanmuseums am Roncalliplatz, gefasst und zwei Jahre später beschlossen. Weitere zwei Dekaden brauchte es, ehe das Grundstück erworben wurde. Doch vier Jahre für die Entwurfsentwicklung und fast fünf für die Realisierung sind lange Zeitspannen, wie sie eine auf Effizienz und Wirtschaftlichkeit ausgelegte Produkt-Architektur heute nicht mehr zulässt. Doch für Peter Zumthor, den Qualitätsfanatiker und Dickschädel, gelten andere Prioritäten: handwerkliche, gestalterische, ästhetische. Für einen „Bilbao-Effekt", der den Baumeister zum Erfüllungsgehilfen des Stadtmarketings degradiert, steht er, wie er in Köln betonte, nicht zur Verfügung.

Die klare Poesie, die Kolumba auszeichnet, ihre durchdachte Einfachheit und puristische Sinnlichkeit, hat erst einmal hiermit zu tun. Der Eingang versucht so nicht, sich lockvogelhaft zu plustern, kantig und unscheinbar ist er in die graue Ziegelfassade geschnitten, ohne schon irgendetwas von dem, was einen erwartet, preiszugeben. Der Besucher wird sich bewusst, in eine andere Sphäre hinüberzugleiten, keine mit Schwellenangst, wohl aber eine, mit der er Lärm und Hektik, auch Schall und Rauch der Stadt den Rücken kehrt. Das helle Foyer enthält nur zwei kleine Vitrinen, mit Paul Theks „Portable Ocean“ (1969) und Leonhard Kerns „Adam und Eva“ (um 1630), und wer sich erst einmal den Staub von Augen und Seele wischen muss, kann zum Abhängen in den kleinen Hof treten, einen leicht welligen, mit weißem Splitter ausgelegten und Mauern aus Stampfbeton eingefassten „hortus conclusus“, in dem eine Steinbank, Gartenstühle und elf (!) Bäume stehen, als hätte sie Samuel Beckett für „Warten auf Godot“ gepflanzt.

Daneben führt ein zickzackender Steg aus rotem Padouk-Holz in die archäologische Zone, in der der Solitär zwei seiner Geheimnisse, das seines Ortes und das seiner Konstruktion, lüftet. Denn er erwächst, auferstehend in Ruinen, aus den Mauern der im Krieg zerstörten spätgotischen Kirche St. Kolumba, der mit mehr als zehntausend Seelen größten und reichsten Gemeinde im mittelalterlichen Köln, zeigt die freigelegten romanischen Fundamente dreier Vorgängerkirchen, den Anbau einer Apsis aus fränkischer Zeit (um 700) und römische Siedlungsreste (um 50 n. Chr.). Zweitausend Jahre Köln im Querschnitt: geschichtete Geschichte. Zum anderen wird hier die Statik des gesamten Gebäudes offengelegt, dessen Konstruktion auf einem Stahltragwerk beruht und es mit massivem Mauerwerk verbindet. Dreizehn schlanke Stützen, die in die Ausgrabung gestellt wurden, korrespondieren mit weiteren in den Außenmauern, die durch die ehemaligen Pfeiler der gotischen Kirche hindurchgebohrt und im Erdreich verankert wurden. Auch das Filtermauerwerk, das, licht- und luftdurchlässig, den Erhalt des Außenklimas sichert, wird, um die Ruinenwände nicht zu belasten, von ihnen getragen. In die zerstörte Sakristei der alten Kirche wurde 1997 der symbolische Grundstein gehievt: Die Stahlskulptur „The Drowned and the Saved“ von Richard Serra.

Die Ausgrabung ist der größte Raum des Museums und von staunenswerter Erhabenheit, die Bill Fontanas Klanginstallation „Tauben von Kolumba“ (1994) alltagspoetisch unterläuft. Zwölf Meter hoch, haust er die Kapelle „Madonna in den Trümmern“ ein, die Gottfried Böhm 1949/50 für eine vom Krieg nicht versehrte Marienfigur errichtet hat, und verändert ihre Lichtverhältnisse. Zugleich gibt er den Grundriss des Gebäudes vor, das – nach Norden um einen rechteckigen Annex erweitert – die Trapezform der fünfschiffigen gotischen Kirche bewahrt und sie in dem größten Ausstellungsraum im zweiten Obergeschoss nachzeichnet. Das erste Obergeschoss bleibt dem Annex vorbehalten und kommt mit fünf Räumen aus: Andy Warhols „Crosses“ (1981/82) nehmen hier den aus Birnbaumholz geschnitzten Kölner Schmerzensmann vom frühen sechzehnten Jahrhundert in die Mitte, und im Armarium spiegelt sich der Kirchenschatz der Gemeinde in einer mit Samt ausgeschlagenen „black box“.

Ziegel, Basalt und Tuffstein der alten Ruine führten auch zu dem handgefertigten Backstein, den Zumthor bei einem dänischen Hersteller ausfindig machte: Nur vier Zentimeter hoch, eignet er sich für das Filtermauerwerk wie zum Auffüllen der Abbruchkanten. Auf seine Farbe ist der gesamte Bau abgestimmt, der als monochromes Museum auftritt: grau die Wände aus Backstein und Lehmputz, grau die Böden aus Jurakalk, glänzendem Terrazzo und Mörtel, grau die Decken aus auf eine Schalung gegossenem Mörtel. Das Netz von Schwindrissen, das sie durchzieht, findet sich auch in den Böden, denn das Gebäude ist fugenlos errichtet, wobei die materialbedingte Bauwerksbewegung über die Masse kompensiert und verteilt wird. Nur optisch trennt eine Fuge, die als Teil der Klimatisierung die verbrauchte Luft absaugt, Wände und Böden.

Viele Farben grau. Denn der „Kolumba-Stein" changiert in Nuancen von Gelb, Rot, Blau und Grün. Wie das Grau mit dem Licht spielt und dieses mit ihm, das entfaltet sich im zweiten Obergeschoss, das mit dreizehn der zweiundzwanzig Schauräumen die Hauptebene des Museums stellt. Kein steriles, immergleiches Kunstlicht herrscht hier, sondern eines, das mit den Tages- und Jahreszeiten wechselt, das umarmt und hereingebeten, ausgeladen und weggesperrt wird. Das Kontinuum der Räume, die fließen, sich weiten und verengen, Kabinette und Kammern, Kapellen und Zellen, Passagen und Sackgassen bilden, innehalten und ausscheren, vor geschosshohe Fenster treten oder nur seitliches Oberlicht zulassen, ist das größte Kunststück dieses Kunstmuseums. Das Licht lebt hier und belebt, unterstützt von Glaskalotten, die ohne Verkleidung in die Decke versenkt sind, die Werke, von denen einzelne durch Spots akzentuiert werden.

Die Ausstellungsräume bestätigen ihre Kraft in der sehr sparsamen, geradezu dramaturgisch inszenierten Bespielung, die keine Trennungen zwischen alter und zeitgenössischer, sakraler und profaner, autonomer und angewandter Kunst vornimmt: Konrad Klaphecks Ölbild „Die Mütter" hängt bei einem Hausaltärchen mit der Verkündung an Maria (Köln um 1440), liturgische Geräte und Ölgefäße finden sich neben Kaffee- und Teekannen von Rosenthal, Wolfgang Laibs kleine Installation „Zwei Reishäuser" (1991/92) steht unter einem Elfenbeinkruzifix aus dem zwölften Jahrhundert, August Mackes „Heiligem Georg" (1912) „gehört" eine ganze lange Wand, und Stefan Lochners „Madonna mit dem Veilchen" (ca. 1450) lächelt neben „Ehrung an das Quadrat" von Josef Albers mit Domblick. Die Aussichten auf die Kölner Dachlandschaft sind selten eine Offenbarung.

Aber zunächst einmal ist das Museum selbst, in dem klösterlich karge, schluchttiefe Treppen nach oben führen, das faszinierendste

Exponat. Ein Ort der Einkehr von exklusiver Einfachheit, dessen Verbindung aus Detailsorgfalt, Materialaskese, Textur und handwerklicher Gediegenheit ihresgleichen sucht. Auch städtebaulich ist das Haus ein Gewinn. Als Burg mit kubischen Türmen auftretend, beansprucht es die Mitte des Viertels und löst seine Strenge mit Fenstern, die wie Broschen mit stählernen Rahmen auf der Außenhaut sitzen, wieder auf. Stadträumlich wird vor allem die Ostseite aufgewertet, wo eine durchgehende Pflasterung vorgenommen und die alte Passage wieder hergestellt wurde. Wohl noch nie hat der 1943 in Basel geborene Architekt seine „drei Leben“ so kongenial in einem Projekt zusammengeführt: die Lehrjahre als Schreiner, die Gesellenjahre als Denkmalpfleger und die Meisterjahre als Architekt, dem Beruf, dem er sich erst am Silvesterabend 1978 verschrieb. Erstere werden in rostbraunen Lederbänken, die wie Baumstämme in den Schauräumen liegen, und vor allem in einem mit Mahagoni ausgetäfelten „Lesezimmer“ manifest, das Zumthor mit selbst entworfenen Sesseln und Tischen ausgestattet hat.

Innerhalb von nicht einmal vier Wochen ist Köln um zwei Sehenswürdigkeiten reicher geworden. Doch beide, das neue Fenster von Gerhard Richter im Südquerhaus des Doms und das Museum Kolumba von Peter Zumthor, dessen Baukosten, fünf Millionen vom Land inklusive, sich auf 43,3 Millionen Euro belaufen, hat nicht die Kommune, sondern die Kirche in Auftrag gegeben. Die Stadtgesellschaft ist beschenkt, die Stadtverwaltung auch ein wenig beschämt.

KONFETTI-PLATZ

Späte Ehrung für Karl Küpper, den anderen Büttenredner

Als 2011 in der Altstadt der Platz Ecke Marspforten- und Salomonsgasse nach Karl Küpper benannt wurde, da war das „auch“, so der Oberbürgermeister, „ein kleines Stück Wiedergutmachung für einen Mann, der stets Zivilcourage bewiesen hat“. Dass es so spät dazu kam, war kein Ruhmesblatt für die Stadt, die jahrzehntelang, bis die historische Forschung damit aufräumte, den Fastelovend zum Hort des politischen Widerstands verklärt hatte. Denn Küpper, der als einziger Büttenredner die Nationalsozialisten kritisiert, sie verspottet und verhöhnt hat, war bereits 1970 gestorben: „Nä, nä, su huh litt bei uns dä Dreck em Keller!“ (Nein, nein, so hoch liegt bei uns der Dreck im Keller!) hatte er, den Arm zum Hitlergruß hebend, in seinen Auftritten geätzt. Lange schützte ihn seine Popularität vor der Gestapo, erst 1939 wurde er wegen „Verächtlichmachung des Deutschen Grußes“ mit „lebenslangem Redeverbot“ belegt. „Platz“ war für den grauen Unort, halb Parkplatz und halb Parkhauszufahrt, damals ein Euphemismus, doch dem lässt sich mit dem „Stadtverschönerungsprogramm“ abhelfen, und so hatte die Bezirksversammlung Innenstadt 2012 eine Aufwertung und Umgestaltung beschlossen. In einem ersten Schritt wurde das „Abstellen von Kraftfahrzeugen“ unterbunden, aber auch erklärt, „dass eine aufwendige Umgestaltung zurzeit nicht sinnvoll ist, weil der angrenzende Gebäudekomplex zum Teil nicht genutzt wird und eine städtebauliche und architektonische Neugestaltung vorbereitet wird“. Der Dom wurde auch nicht an einem Tag erbaut, seine Vollendung gelang, Berlin sei Dank, nach 632 Jahren. Von dort naht auch diesmal Hilfe, denn mit der „temporären Aufwertung“ wurde das Landschaftsarchitekturbüro Topotek 1 beauftragt, dessen erste Konzeption gleich fünf Varianten beinhaltet. Der Verwaltung fiel die Wahl nicht schwer, sie „priorisiert“, unbedingt karnevalaffin, den Vorentwurf „Confetti“, weil zum einen „der Tristesse mit den farbigen Punkten entgegengewirkt“ und zum anderen „durch das Aufstellen von Sitzbänken die Aufenthaltsqualität gesteigert“ werde. Was für ein dialektischer Geniestreich! Schon die Animation lässt die Kunstmetropole punkten, denn der Platz rockt darin wie das flott ausgelegte Freiluft-Foyer einer tanzfidelen Seniorenresidenz. Der

Karneval aber wird auf einen bunt-banalen Schnipselregen reduziert, hinter dem der widerständige Karnevalist verschwindet. Denn ist der so aufgewertete Platz vom Volksmund erstmal als „Konfetti-Platz" vereinnahmt, wird Karl Küpper (nur noch) damit identifiziert werden. So geht die Stadt neue Wege der Erinnerungskultur.

DAS VERMÄCHTNIS

Spektakulär: Irene Ludwig beschenkt die Kunststadt

Viele Jahre lang hat Kasper König, Direktor des Museums Ludwig in Köln, jeden Sonntagmorgen um zehn Uhr zum Hörer gegriffen und eine Telefonnummer in Aachen gewählt: Am anderen Ende der Leitung wartete die liebenswürdige ältere Dame, die mit ihrem 1996 verstorbenen Gatten dem Museum den Namen gibt, schon auf seinen Anruf. Der wöchentliche Austausch versetzte sie in die Lage, als Kunstfreundin, Sammlerin und Mäzenin an der Entwicklung ihres „Kindes" Anteil zu nehmen, das sie zeitlebens mit vielen, gerade auch kurzfristig und auf Zuruf gewährten Ratschlägen und Erste-Hilfe-Maßnahmen unterstützte. Die regelmäßigen Telefonate mit dem Direktor wurden zu einem Ritual, das die wohlhabende Tochter eines Schokoladenfabrikanten, die fast ihr ganzes Vermögen in Kunst angelegt hat, sehr geschätzt haben soll: So ist sie, bis kurz vor ihrem Tode am 28. November 2010, mit dem Zentrum ihrer Sammlerengagements in Verbindung geblieben.

Wie viel ihr dieser Kontakt bedeutete, hat Irene Ludwig in ihrem Testament in einer Weise zum Ausdruck gebracht, die am 30. März 2011, als es im Hansasaal des Historischen Rathauses zu Köln vorgestellt wurde, Oberbürgermeister, Kulturdezernent und Museumsdirektoren mit Freude, Stolz und Dankbarkeit erfüllte. Von der Vollendung einer außergewöhnlichen und vertrauensvollen Beziehung zwischen der Stadt und dem Stifterpaar sprach OB Jürgen

Roters und erinnerte daran, was Peter Ludwig einmal als Motivation für seine gargantueske Kunstsammelleidenschaft genannt hatte: „Wir wollten an die Öffentlichkeit bringen, was Bewegung auslöste und den Blick erweiterte."

Was 1968 mit dem Angebot des Aachener Sammlerehepaars, dem Kölner Wallraf-Richartz-Museum seine Kollektion amerikanischer und europäische Gegenwartskunst als Dauerleihgabe zu überlassen, begann, was 1976 mit der Schenkung von vierhundert Werken, die den Grundstein des Museums Ludwig legten, sowie dem zehn Jahre später eröffneten Haus zwischen Rhein und Domchor fortgesetzt, was 2001 mit dem Auszug des Wallraf-Richartz-Museums in ein eigenes Gebäude am Gürzenich sowie zwei weiteren großen Schenkungen (1994 sowie, mit 774 Werken von Pablo Picasso, 2001) arrondiert wurde, das erfährt durch die testamentarische Verfügung seinen spektakulären Abschluss: Der Stadt Köln schenkt Irene Ludwig das gesamte Konvolut vor- und nachrevolutionärer russischer Avantgarde, darunter Hauptwerke von Kasimir Malewitsch, Alexander Rodtschenko und Natalia Gontscharowa, das sie „ihrem" Museum als Dauerleihgabe überlassen hatte – 473 Positionen insgesamt, 130 Gemälde, Skulpturen und Objekte, 153 Grafiken, 190 Fotografien.

Neben diesem Block, wie ihn in vergleichbarer Qualität nur die Sammlung Thyssen-Bornemisza in Madrid und das Stedelijk Museum in Amsterdam ihr eigen nennen, treten zwei weitere Konvolute: 26 Gemälde aus der im Herbst 2000 gezeigten Ausstellung „Von Matisse bis Morimura", die von Georges Braque und Edgar Degas bis zu Robert Rauschenberg und Jasper Johns führt, werden Schwerpunkte des Bestands ergänzen, acht Gemälde und eine Zeichnung aus dem Privatbesitz von Irene Ludwig, darunter Karl Hofers „Nach dem Bade" (1912), dem Haus als unbefristete Dauerleihgabe übergeben. Der Wert allein der Kollektion russischer Avantgardekunst, in der alle Bewegungen und Facetten vertreten sind, dürfte, so Kenner, bei mehr als dreihundert Millionen Euro liegen. Kasper König nannte ihn gestern „unschätzbar“: „Die großzügige Schenkung“ versteht er als „große Aufgabe, diese einzigartige Sammlung zu pflegen, zu bewahren und dem Publikum zugänglich zu machen.“

Neben dem Museum Ludwig, das mit 508 Werken den Löwenanteil erhielt, hat Irene Ludwig in Köln auch das Schnütgen-Museum bedacht, dessen Bestände kirchlicher Kunst ihren Schwerpunkt im Mittelalter haben: Zwanzig Dauerleihgaben gehen hier in das Eigentum der Stadt über, darunter ein ottonisches Reliquienkästchen aus Niedersachen (1000 bis 1050), verschiedene Darstellungen zum Thema Memento Mori mit dem bekannten „Tischsargerl“ (um 1520) aus der Westschweiz und sechs Glasmalereien aus dem ehemaligen Kreuzgang des Klosters Altenberg (1505 bis 1520).

Dagegen wurden andere Kölner Museen, denen die Ludwigs über Dauerleihgaben schon lange verbunden sind, nicht bedacht, auch das Wallraf-Richartz-Museum nicht, dem eine Kostbarkeit wie das Täfelchen des Meisters von St. Laurenz anvertraut ist. Das mag daran liegen, dass sich Irene Ludwig, das ist in Köln kein Geheimnis, mit dem populistischen Kurs des Hauses nicht anfreunden konnte. Aber vielleicht hat sein Direktor auch nur unterschätzt, wie förderlich und vertrauensbildend es sein kann, die großzügige Sammlerin regelmäßig anzurufen.

ALTES GELD

Neben der Denkmalplakette hängt „Securitas“: Auf der Marienburg, der Gartenstadt der Gutbetuchten, joggen hohe Tiere aus Sport und Politik gemeinsam

„Zu verkaufen“: Das Schild im Vorgarten sprießt häufiger, seit die Finanzkrise das Land durchpflügt. Auch in Köln schlägt es Wurzeln.

In Müngersdorf oder Hahnwald öfter als früher. Beide Vororte gelten als bessere Wohngegenden und können es doch mit der besten nicht aufnehmen: Marienburg. Die Villenkolonie ist die feinste Adresse der Stadt – nobel, teuer, exklusiv. Schon sprachlich hebt sie sich hervor: Es heißt nicht „in", sondern „auf der Marienburg". Kein „Zu verkaufen" stört, bisher zumindest, den sozialen Frieden.

Immobilien wechseln hier nur selten den Besitzer, und wenn es doch einmal geschieht, wird es nicht groß öffentlich. Die Makler haben Wartelisten. Und sie sind diskret: Einer, über den seine Vorzimmerdame sagt, er sei sogar „auf der Marienburg geboren", lässt sich im fünften Anlauf einfach nicht sprechen. Im Jahr 2008, so der „Gutachterausschuss für Grundstückswerte in der Stadt Köln", waren es drei freistehende Häuser und drei Doppelhaushälften. Der Kaufpreis betrug, bei eher kleineren Objekten, im Mittel 1,3 Millionen Euro. Noch aussagekräftiger ist die Bodenrichtwertkarte, die keine Konjunkturschwankungen spiegelt: Ihr zufolge liegt der Quadratmeterpreis 2007, 2008 und 2009 bei 530, 540 und 560 Euro. Dagegen, so verschiedene Makler übereinstimmend, sind die Preisunterschiede für Gesamtobjekte nicht sehr aussagefähig, weil es sich bei jeder Immobilie um ein Unikat handle.

Eine fast unheimliche Ruhe. Das ist der erste Eindruck. Während unten am Rhein das Oberländer Ufer und im Westen die Bonner Straße als Ausfallstraßen donnern, während auch der Bayenthalgürtel im Norden und die Militärringstraße im Süden stark befahren sind, wirkt die Marienburg abgeschirmt. Breite Straßen, wenig Verkehr. So viel Betrieb wie im Morgengrauen des 14. Februars 2008, als der steuersündige Postchef Klaus Zumwinkel Besuch von der Staatsanwaltschaft bekam und sich in der Mehlemer Straße die Autos stauten, herrscht nur ausnahmsweise. Die vielen großen, oft parkähnlichen Grundstücke fügen sich, bei aller Eigenheit der Häuser, zu einem harmonischen Bild. Ruhe auch für die Augen: Die für das Kölner Stadtbild typische Bebauung, die alles flickenteppichartig durcheinanderwirbelt, bleibt außen vor. Keine Werbung stört, und selbst im Wahlkampf nahm sie sich so zurückhaltend wie deplatziert aus. À propos Wahl: Die CDU gewann hier 38,1, die FDP 29,7 Prozent der Zweitstimmen.

„Villengebäude – erbaut ca. 1910/Umbau ca. 1960, Köln-Marienburg." Einmal steht doch eine Anzeige in der Zeitung. Kein Makler, eine Anwaltskanzlei hat sie aufgegeben: „Verkauf im Auftrag gegen Meistgebot." Sogar ein Besichtigungstermin am Samstag steht dabei: Bisher in drei Wohneinheiten aufgeteilt, ist das Haus heruntergewohnt. Die vorderen Räume sind hell und großzügig, in Küchen und Bäder wuchern Schimmel und Wasserflecken. Nein, ein Gutachten gebe es nicht, sagt der Anwalt, der mit Keksen und Mineralwasser die Stellung hält, jeder könne sich alles ansehen, das Bundesvermögensamt mache das auch so. Auf den Preis angesprochen, gibt er sich zugeknöpft. Ein Haus in der Nähe, etwa genau so groß, aber nicht freistehend, habe, so erklärt er auf Nachfrage gerade 1,8 Millionen Euro erzielt: „Unter 1,5 Millionen läuft hier nichts." „Was so viel?", ruft eine Dame, die angibt, „hier in der Nähe mehrere Häuser" zu haben, aber, prollig gekleidet, nicht danach aussieht, und zückt den Taschenrechner: „Der Quadratmeter kostet hier 625 Euro, das macht bei achthundert Quadratmetern eine halbe Million." Etwas anderes als ein Abriss der „ca. 476,4 qm Wohnfläche" kommt für sie nicht in Frage. Als der Anwalt um 16 Uhr die Tür schließt, steht nur eine Adresse auf seiner Interessentenliste. „Sie können jederzeit anrufen."

Wie fast überall in Köln finden sich auch auf der Marienburg römische Spuren. Schon im 16. Jahrhundert wurde hier nach Resten des Festungskastells gegraben. Die Geschichte des Vororts beginnt 1845 auf der kleinen Anhöhe im Südosten, wo die Gemeinde Rondorf ihren Galgenberg hatte. Von hier öffnet sich die Aussicht bis ins Siebengebirge, und so errichtete der Kölner Kaufmann Paul Joseph Hagen sich hier ein stattliches Wohnhaus, das er „Marienburg“ nannte und nach Verlusten durch Grundstückspekulationen vier Jahre später verkaufen musste: an das Bankhaus Salomon Oppenheim, das es von einem Pächter bewirtschaften ließ. Als es 1869 dem Fabrikanten Ernst Leybold auffiel, stand es „inmitten eines alten Parks, der aber ungepflegt und verwildert dalag“. So hielt es seine Tochter Minna 1931 fest: „Dies ist die schönste noch von Industrie unberührte Stätte der nahen Umgebung Kölns, hier sollte eine freundliche Villenvorstadt den in der engen Festung zusammengedrängten Menschen Luft, Licht und ländliche Freuden bringen, ohne sie von ihrem Zusammenhang mit der Stadt zu trennen.“

Leybold erwarb die Marienburg als Wohnsitz und die Ländereien, doch sein Versuch, das Gebiet für eine gehobene Wohnbebauung zu entwickeln, gelang erst im zweiten Anlauf. Den ersten durchkreuzte der Militärfiskus, indem er das Terrain südlich des Militärrings wegen der Errichtung des Festungsgürtels beanspruchte. Die 1876 gegründete „Immobiliengesellschaft Marienburg“, die er in die „Actien-Gesellschaft Marienburg-Cöln“ umwandelte, hatte dann Erfolg und wurde, als die Marienburg 1888 nach Köln eingemeindet wurde, zur „Kölnischen Immobilien-Gesellschaft“, der der Industrielle Fritz Vorster und der amerikanische Zahnarzt Harry Cotton Merrill die entscheidende Wendung gaben: Vorbild war die englische Gartenstadt, die hier mit geschwungenen, baumbestandenen Straßen auf besonders großzügige Weise umgesetzt wurde. Die ersten Villen wurden, noch im späten Klassizismus, am Rheinufer errichtet, ehe die Stilvielfalt des Historismus sich durchsetzte. Werksteinfassaden mit Fachwerkgiebel fanden Zuspruch, vor allem aber Landschaftsvillen und Palais, „old fashioned“ im englischen Stil und mit „natürlich gewachsenem“ Park. Ihr erster Architekt war der sich als Baukünstler verstehende Paul Pott, ein Schwiegersohn des Zahnarztes Merrill, dessen Sohn Theodor – nach Lehrjahren in seinem Büro – Anfang der Zwanzigerjahre sein Nachfolger wurde. Mit dem Sohn von Ernst Leybold gründete er ein Büro und schuf fünfzig Projekte, ehe er gegen Ende des Jahrzehnts mehr als nur einen Flirt mit dem Bauhaus einging.

„Träume von Burgen und Schlössern" überschreibt der Bauhistoriker Wolfram Hagspiel das vielleicht opulenteste Kapitel seines Prachtbands „Marienburg" (Köln, 2007), das mit Jugendstil und Deutscher Werkbund, den goldenen, expressionistisch angehauchten Zwanzigerjahren, dem Konservatismus der Dreißigerjahre und dem Modernen Bauen den Stilepochen folgt, die in eher konservativer Ausprägung die Entwicklung des Villenviertels bestimmten: Marienburg ist auch eine Architekturausstellung, an der sich viele der besten Vertreter ihrer Zeit beteiligten – bis zu Gottfried Böhm, Hans Schilling, Heinz Bienefeld, Diener & Diener, Axel Schultes und Peter Kulka.

Ganz unbeschadet hat die Villenkolonie den Zweiten Weltkrieg nicht überstanden. Dabei startete sie danach eine Karriere als Neben-Diplomatenviertel der Bundeshauptstadt Bonn. Die Volksrepublik Polen hatte, in einer der prächtigsten Liegenschaften überhaupt, ihre Botschaft, die der Berlin-Umzug zum Generalkonsulat degradierte, die Gesandten der Schweiz, Brasiliens und des Irans ihre Residenzen. Doch vor dem Abriss auch erstklassiger Villen – so wurden drei dem Neubau des Deutschen Städtetags geopfert – war die Marienburg so wenig sicher wie vor Appartmenthäusern, die in einige Gärten gesetzt wurden: Eingriffe, die dem Viertel etwas von seiner Exklusivität nahmen und erst in den Achtzigerjahren von der Denkmalpflege unterbunden wurden. Heute stehen mehr als hundert Gebäude unter Schutz.

Namen finden sich selten auf den Klingelschildern. Neben der Denkmalplakette hängt „Securitas". Den Sicherheitsdienst haben viele, aber längst nicht alle Anwohner engagiert, und einer der Wachmänner erklärt auch sofort, dass sie das viel günstiger komme als persönliche Leibwächter, die es hier auch gebe. „Viele Kollegen arbeiten hier in Zivil, das sehen Sie gar nicht", behauptet er und lässt an der Effizienz der Firma keinen Zweifel: „Wir kennen hier alle, das Personal, die Lieferanten, die Briefträger, und einen wie Sie, der hier zu Fuß unterwegs ist, sehen wir uns genauer an." Im Südpark, an dessen Eingang Hundekothilfen angeboten werden, inspiziert er am Samstagmorgen den Kinderspielplatz: „Sonst ist hier um diese Zeit viel los", berichtet er und greift kurz neben einen grünen Papierkorb. „Was war das?" „Ein Datenträger. Die wissen jetzt, dass ich hier war." Die Sicherheit sei größer als in Hahnwald, dem neuen Villenviertel weiter südlich, wo Stefan Raab neben Gerhard Richter wohnt: „Es gibt hier noch aktive Nachbarschaft."

Aber kann diese bei Grundstücken von bis zu zehntausend Quadratmetern, den Überblick behalten? Die Industriellen Langen und von Andreae, die Bankiers von Oppenheim, Deichmann und Herstatt, Fabrikanten wie Stüßgen oder Clouth, am Anfang auch hohe Militärs, der Architekt Dominikus Böhm, der hier 1930 für seine Familie eine weiße Villa baute, auch Ärzte, Professoren und Künstler wohnten oder wohnen bis heute auf der Marienburg. Das namensgebende Anwesen wurde nach dem Tod von Hans Gerling 1991 zum Bildungszentrum des Konzerns umgewidmet. Eine junge Mutter, die den Kinderwagen vorbeischiebt und hier aufgewachsen ist, erinnert sich: „Da wurden wir als Kinder immer zum St. Martinsfest eingeladen und von livrierten Kellnern mit weißen Handschuhen bedient." Bundespräsident Scheel und Tina Turner residierten auf der Marienburg, Harald Schmidt und Klaus Zumwinkel wohnen hier, die Spitzen der Oppenheim-Dynastie sind hier schon lange zu Hause, und auch jener Vorstandschef, dessen Gehaltszahlung für sechs Monate die Kanzlerin „unanständig" nannte, hat hier seine Villa. Hinter mancher Fassade muss sich in den vergangenen Wochen Dramatisches abgespielt haben: So, als die Chefs von Oppenheim so waghalsig spekulierten, dass sie Europas größte Privatbank nach 220 Jahren um ihre Unabhängigkeit brachten.

Gewerbe zu treiben war lange nicht gestattet auf der Marienburg. Heute aber haben sich hier Architekturbüros, Rechtsanwälte,

Finanzberater und Ärzte niedergelassen. In einem Souterrain gibt es eine Feinkosthandlung, und der Kiosk an der Endschleife der Straßenbahn, die seit ein paar Jahren ein Bus ersetzt, heißt Deli-Kiosk. Man fährt zum Einkaufen oder lässt zum Einkaufen fahren. „Der Feinkost-Imbiss ist", so erinnert sich Helge Malchow, der lange bei Kiepenheuer & Witsch auf der Marienburg gearbeitet hat, ehe er die Leitung übernahm und 2008 mit dem Verlag an den Hauptbahnhof gezogen ist, „doppelt so teuer wie in der Stadt, aber auch doppelt so gut. Hier ließ sich mittags die feudale Gesellschaft studieren."

Nach Leybold heißt eine Straße auf der Marienburg. Auch „seine" Immobilienfirma gibt es noch, im 143. Jahr. Ihr Eigentümer ist Josef Böing, der den Markt genau im Blick hat: „Auf der Marienburg bleiben bei geringen Bewegungen die Preise stabil." Zwar gebe es auch hier Blender, die mit der Adresse dokumentieren wollten, dass sie dazugehören. „In der Mehrzahl wohnen hier solide, gut betuchte Leute. In der Finanzkrise wurden sie etwas weniger reich, blieben es aber, weil sie es schon über Generationen hinweg sind."

Altes Geld. Der Mitarbeiter von „Securitas", der „heute früh um sieben" schon zwei Prominente – „hohe Tiere aus Politik und Sport, aber die Namen sag' ich nicht" – beim Joggen gesehen haben will, schätzt es ähnlich ein. Und drückt es ganz anders aus: „Da wurde so manches Tränchen verdrückt, aber so weit, dass hier jemand seinen zweiten Porsche verkaufen muss, soweit ist es noch nicht."

ZWAR VERRÜCKT, ABER KATHOLISCH

Von der Kunst zum Glauben: Friedhelm Mennekes, der Jesuit mit den zwei Gemeinden

Als er 2008 seine letzte Messe feierte, rief Friedhelm Mennekes SJ die Feuerwehr. In hohem Bogen schickte sie einen Wasserstrahl über das Dach von St. Peter. Auf der anderen Seite warteten Fünf-bis

Neunjährige, um das kostbare Nass in Kapuzen, Gefäßen oder mit nackten Händen aufzufangen und für eine Taufe in die Kirche zu tragen. Konzipiert hatte die Aktion der Hamburger Künstler Andreas Slominski im Auftrag eines Pfarrers, der sich damals von zwei Gemeinden verabschiedete: von seiner Kirchengemeinde und von seiner Kunstgemeinde. Einundzwanzig Jahre lang hat der Jesuit in St. Peter gewirkt und es zu einer weit über die Stadt hinaus beachteten „Kunst-Station" entwickelt.

Das Gotteshaus war prädestiniert dazu, ist es doch die Taufkirche von Peter Paul Rubens, der in der nahen Sternengasse die ersten neun Lebensjahre verbrachte und dafür 1638 die „Kreuzigung Petri" ausführte. Das Gemälde und nicht er, so Mennekes mit koketter Bescheidenheit, habe die Künstler ins Haus geholt. Von Antonio Saura bis Francis Bacon haben sie sich auf den Rubens bezogen, Anish Kapoor hat ihn auf den Kopf gedreht. Kaum ein Name der internationalen Szene, den der sakrale Raum nicht gereizt und herausgefordert hat. Nicht um Sinnproduktion und schon gar nicht um Illustration des Glaubens ging es dem gewinnenden Kurator, sondern um das „Fragen als Form", in dem er eine „gemeinsame Gemengelage" zwischen Religion und Kunst, eine „Art dialektische Koexistenz von zwei kulturellen Kräften", sieht.

Mit seiner unorthodoxen Berufsauffassung gewann Pater Mennekes sogar die Anerkennung von Joachim Kardinal Meisner: „Sie sind zwar verrückt, aber katholisch", hat der einmal zu ihm gesagt. Das ist durchaus als Ausdruck einer – übrigens gegenseitigen – Hochachtung zu verstehen, denn der Erzbischof hat in St. Peter mehrere Ausstellungen – so von Gerhard Altenbourg oder der „Zittauer Fastentücher" – eröffnet. Auch zu dem Buch „Kunst-Station", einer unfeierlichen Festschrift, mit der ihn hundertfünfzig Künstler, Kunstfreude und Wegbegleiter ehrten, trug der Kardinal bei: „Er hat", so Meisner über Mennekes, „mit seiner Aufmerksamkeit für die künstlerische Existenz Künstlern die Offerte einer offenen Kirche gemacht, in der sie mit ihren Kreationen und Schöpfungen einen Platz finden können."

Als Sohn eines Kneipenwirts in Bottrop geboren und „hinter der Theke" aufgewachsen, wollte Friedhelm Mennekes, der zunächst Zuschneider lernte und über den zweiten Bildungsweg das Abitur machte, „alles nur kein Pfaffe" werden. Was aber, wenn Gott doch existiert? Die Frage trieb ihn um und ließ ihn dem Jesuitenorden beitreten. Erst spät, während des Studiums der (zunächst) Politologie und Geschichte in Bonn, ist er mit der Kunst in Berührung gekommen. „Ich erfahre sie nicht nur als religiös relevant, sondern in vielen praktischen Dingen kompetenter", sagt er heute.

Schon als junger Pfarrer war Mennekes ein Grenzgänger, der von 1974 bis 1985 in Frankfurt-Nied mit Rockern arbeitete, mit Jugendlichen die Rockoper „Franz von Assisi" inszenierte und als Mitglied der Ideen-Kommission „Zug zur Kunst" im Hauptbahnhof einen Ausstellungsraum betrieb. In seiner letzten Predigt in St. Peter gedachte Friedhelm Mennekes der Bombardierung in der Nacht vom 28. auf den 29. Juni 1943, die ältere Kölner als „Peter-und-Paul-Angriff" erinnern. Allein in seiner Gemeinde hat sie dreitausend Menschenleben gefordert.

ZUM RUHM DES KÖLSCHESTEN ALLER KÖLNER

Zogehürig seit neunzig Jahren und aller Gegner ledig: Die ganze Stadt feiert den Geburtstag von Willy Millowitsch

Das Dom-Jubiläum, das im vergangenen Jahr begangen wurde, war nichts dagegen. Ein steifer Stehempfang nur, verglichen mit der „Jahrhundert-Party", die heute, am 8. Januar 1999, in der Kölnarena steigt. Seit Wochen schon werden die Kölner darauf eingestimmt: Von riesigen Reklamewänden, auf denen sonst für Mobiltelefone oder Hamburger geworben wird, lächelt ein sehr rüstig wirkender alter Herr,

Typ honoriger Oberstudienrat mit Hornbrille und tadellosen falschen Zähnen, auf sie herunter und macht ihnen gute Laune. Sein schlohweißes Haupt umkränzen die Scheinwerfer einer Deckenbeleuchtung derart, dass es wie eine Gloriole aussieht. Was der Grafiker sich dabei wohl gedacht haben mag? Wahrscheinlich, so steht zu vermuten, ist „nur" sein kölsches Unterbewusstsein mit ihm durchgegangen.

Tatsächlich lässt sich derzeit in Köln der Eindruck gewinnen, dass Willy Millowitsch kurz vor der Heiligsprechung steht. Der Personenkult, der um ihn getrieben wird, könnte selbst einen Fidel Castro oder einen Michael Jackson vor Neid erblassen lassen. Schon zwölf Tage vor dem Wiegenfest begann der „Stadt-Anzeiger" in den Fotoalben des „kölschesten aller Kölner" zu blättern, um täglich ein Bild des Jubilars und dessen Erinnerungen dazu zu veröffentlichen: Willy als fünfjähriger Karnevalist in preußischer Uniform, Willy im Film mit Beppo Brem, Willy mit dem Eilemann-Trio vor dem Empire State Building, Willy mit Hans Moser und Peter Alexander vor dem Dom. Und zu jedem Albumblatt werden Ständchen gedruckt, wie sie, nachdem die Zeitung und der WDR dazu aufgerufen hatten, „Hunderte von Lesern" eingesandt haben: „E Ständche för Willy, dat schriev mer ganz leich. Denk mer an dä Mann, weed et Hätz einem weich!" reimt sich da der noch lange nicht schlichteste poetische Erguss.

Das Boulevardblatt „Express" hat Willy sogar „leise" in den Dom begleitet und berichtet, „warum er dort eine Kerze anzündete", das Buchhaus Gonski hat – „Eintritt frei!" – zur Signierstunde mit ihm eingeladen, und vorgestern enthielten „Kölner Stadt-Anzeiger" und „Kölnische Rundschau" Beilagen, in denen auch Ford („Immer ganz Kölner") und Opel („Unserem langjährigen Kunden"), Kaufhof und Gilden Kölsch, seine Krankenkasse („50 Jahr DKV-Zogehürigkeit") oder „die gute pflanzliche Botterram" gratulierten. Fast ein Rezept zum So-alt-Werden, wenn man es recht bedenkt. Der Volksschauspieler als wandelnde Litfaßsäule. Selbst ein Franz Beckenbauer dürfte Mühe haben, da mitzukommen. Nur einmal, ein einziges Mal, wurde am vergangenen Samstag ein Schuss Wasser in den Geburtstagswein gekippt: Der „Stadt-Anzeiger" ging fast eine Seite lang der wahrlich rätselhaften Frage nach, warum dieser Mann, den eine ganze Region beim Vornamen ruft, keine Feinde hat. Das grenzte fast an Majestätsbeleidigung.

Insofern hat Willy Millowitsch, der am 8. Januar 1909 in Köln geboren wurde, derzeit etwas Entscheidendes mit dem Dom gemein: Es ist unmöglich, ihn zu übersehen. Aber vielleicht hat diese Allgegenwart auch damit zu tun, dass er dort, wo er eigentlich zu Hause ist, auf der Bühne seines Theaters in der Aachener Straße, wegen eines Hüftleidens nicht mehr präsent sein kann. Auch die Alterskarriere als Fernsehkommissar Klefisch, die er jenseits der Achtzig begann, hat er vor drei Jahren aufgeben müssen. Ansonsten aber kann er, das war schon immer so, nichts auslassen, und so wird es heute schon um elf Uhr mit einer „Riesengeburtstagsparty" auf dem Rathausplatz beginnen. Danach geht's in den Kaufhof zum Torteanschneiden, dann zum Oberbürgermeister, um sich ins Goldene Buch der Stadt einzutragen, dann für ein Nickerchen ins Hyatt. Und der WDR ist fast immer „live" dabei.

Das Plakat für die Abendveranstaltung, für die vierzehntausend Karten zur einen Hälfte an karitative Vereine verschenkt, zur anderen in wenigen Stunden verkauft wurden, aber enthält noch eine andere wichtige Botschaft: „Ne kölsche Jung weed 90" steht ebenso darauf wie der Schluss, der hieraus zu ziehen ist: „Eine Stadt voller Narren feiert in der Kölnarena." Ob Jung oder Määdsche, jung oder alt, die Identifikation mit ihm klappt problemlos. Millowitsch verkörpert den Kölner schlechthin, er ist so, wie die Kölner sind oder doch am liebsten sein möchten: gutmütig und lokalpatriotisch, kontaktfreudig und konfliktscheu, humorig und heiter, schlicht und schlitzohrig. Millowitsch ist Köln, wie es leibt und lebt, singt und lacht. Dafür lieben sie ihn, und dafür liebt er sie. So einfach ist das. Der „kölscheste aller Kölner" eben.

Dabei erzählt sein Name eine Geschichte von weiter her. Denn Anton Schmitz heißt er nur auf der Bühne. Schon in den Fünfzigerjahren hatte er sich von der ländlich-einfältigen Tünnes-Figur, die sein Großvater Wilhelm fürs Theater entdeckt und auch sein Vater Peter noch leibhaftig in dem ersten festen Haus, dem „Colosseum" in der Schildergasse, populär gemacht hatte, verabschiedet. Die Grundstruktur des Charakters aber hat er in viele Rollen übernommen. Die Familie saß damals schon mehr als anderthalb Jahrhunderte in Köln, wohin es sie vom Balkan und über Preußen verschlagen hatte: 1796 findet Ururgroßvater Franz Andreas, der noch mit Stockpuppen auftrat und die Theaterdynastie an der Deutzer Schiffsbrücke begründete, erstmals Erwähnung in der Stadtchronik. Erst Großvater Wilhelm machte 1895 aus dem „Cölner Hänneschen Theater" eine Bühne mit Menschen aus Fleisch und Blut.

Über Köln hinaus bekannt geworden ist Willy Millowitsch durch das Fernsehen, dessen Bedeutung er sofort als Chance erkannt und das ihn von Anfang an fasziniert hat: „Der Etappenhase", der am 27. Oktober 1953 ausgestrahlt wurde, war die erste Live-Übertragung aus einem Theater, und mit „Tante Jutta aus Kalkutta", das 1962 von achtundachtzig Prozent der Zuschauer gesehen wurde, war er schon Quotenkönig, als der noch Straßenfeger hieß. Ohne den WDR, der inzwischen mehr als hundert Aufführungen von ihm gesendet hat, hätte das Millowitsch-Theater nicht überleben können, denn Subventionen hat es nie erhalten – außer einmal, gleich nach dem Krieg, in Form von Baumaterial, um das nur leicht zerstörte Haus wieder eröffnen zu können. Der damalige Oberbürgermeister Konrad Adenauer gewährte es ihm mit den Worten: „Jehn Se, Herr Millowitsch. Jehn Se auf de Ämter, Se kriejen alles, was Se brauchen – ich habe Avis jejeben. Und bauen Se so schnell wie möglich, dat de Leute wieder wat zu lachen haben. Und für die Premiere hätt' ich jern zwei Karten, aber Freikarten bitte." Kölner Kulturpolitik 1945. Wer wird das denn gleich Klüngel nennen?

Die großen Rollen der Weltdramatik hat sich Millowitsch nicht zugemutet, die Schwänke und Possen, die Vorstadt- und Biedermeierkomödien genügten ihm vollauf, um seine Bühnenpräsenz und sein Können auszuspielen. Erst in den Achtzigerjahren hat er Ausflüge ins „seriöse Fach“ unternommen: zu Molières „Bürger als Edelmann“ und zu Zolas „Rabourdin und die Erben“; Jürgen Flimm, der kölsche Jung, von dem die schönste Hommage an ihn stammt, hat ihn als kauzigen Großvatter Wallbrecker in „Die Wupper“ von Else Lasker-Schüler besetzt, Rudolf Noelte als Totengräber im „Hamlet“. Für den Publikumsliebling aber waren das nur „Fußnoten“. Denn: „Schuster, bleib bei deinen Leisten.“ Der Schauspieler ohne Ausbildung und Theaterdirektor ohne Schulabschluss wollte weniger und doch das Wesentliche: Unterhaltung.

Die Dankbarkeit gegenüber dem Fernsehen beruht auf Gegenseitigkeit: „Eine Stadt voller Narren“ wird, so kam der WDR besorgten Zuschaueranfragen zuvor, wenn es länger dauert, auch über 22.15 Uhr hinaus übertragen. „Ende offen.“ Womit Köln und den Kölnern nur ein Problem bleibt: Wie die Silvesterparty, mit der sie ins neue Jahrtausend feiern wollen, die heutige Geburtstagsgala noch übertreffen? Aber selbst dabei sind sie zuversichtlich. Hauptsache, Willy ist mit von der Partie. Mehr als eines der Ständchen, die sie ihm heute Abend bringen werden, spricht es aus: „Uns Willy, dat is doch jedem klor, dä pack och noch die 100 Johr!“ Hoffentlich hält er so lange durch.

SCHILDER-SCHILDA

Ecke St. Apern und Breite Straße wird ein Platz nach dem „leeve Jung“ benannt

Auf dem Kölner Eisenmarkt, einem versteckten Plätzchen der Altstadt, sitzt er, volkstümlich naturalistisch, in Bronze gegossen auf einer Bank, die zum Verweilen lädt, sein Nachlass wird – rechtsrheinisch – in, das heißt wirklich so, Schloss Wahn aufbewahrt, wo die Theaterwissenschaftliche Sammlung der Universität ihren Sitz hat, und zum Hundertsten vor vier Jahren haben sie ihm vor dem verschneiten Grab ein Ständchen gebracht. Doch um sein Theater, das seit 1936, damals als „Heimatbühne“, in der Aachener Straße residiert, steht es nicht zum Besten, der ewige Etappenhas hat schon lange ausgehoppelt, und so soll es im nächsten Jahr zur – horribile dictu – „Mehrzweck-Bühne“ umgebaut werden. Und erst der Platz, der, in Sichtweite davon, nach ihm benannt wurde: ein privater Grünstreifen zwischen Straßenbahnschienen und Hotelvorfahrt, der vor allem als innerstädtische Hundewiese missbraucht wird – das muss ihm droben im Himmel ganz schön stinken, und den Kölnern, in deren Herzen Willy Millowitsch, Inbegriff des „leeve Jung“, weiterlebt, natürlich auch. Dabei konnte es, durfte es nicht bleiben, und so wurde – ist ja schwierig mit neuen Straßennamen, alles schon vergeben und dann klagen die Anwohner – eine Adresse für ihn mehr er- als gefunden, das Gertrudenplätzchen, an dem Ehren-, St. Apern und Breite Straße aufeinandertreffen. Das hätten ein paar Kunstfreunde und Feingeister, die es in Köln ja auch gibt, gerne Sigmar Polke gewidmet gesehen, der dort immer mittags im Café Fromme saß und der Kellnerin den Hintern tätschelte, aber gegen den seligen Volksschauspieler hatte der Vertreter des Kapitalistischen Realismus, der auch auf Melaten begraben liegt, nichts zu kamellen. Schon Anfang des Jahres hatte die Bezirksvertretung Innenstadt, natürlich in parteiübergreifender Einmütigkeit, den Beschluss gefasst; am 21. August, null Uhr, trat mit der Veröffentlichung im Amtsblatt die Umbenennung in Kraft. Doch was fehlte, waren die Schilder. Die Verwaltung, in der offenbar – der Oberbürgermeister ist Westfale! – immer mehr die Immis das Sagen haben, hatte vergessen, sie zu bestellen. „Wir wundern uns, dass uns bei einer so bedeutenden Umbenennungs-Aktion keiner Bescheid gegeben hat“, wird der städtische Bauhofleiter in der Lokalpresse zitiert. Schon gestern rückten mehrere Mitarbeiter aus, um auszukundschaften, wie viele Tafeln es sein müssen. Jetzt kann es nur noch passieren, dass auf den Schildern „Willi“ statt „Willy“ steht. Doch so schludrig wie die Frankfurter, denen dieser Fehler, lang ist’s her, beim Namenswechsel von Theaterplatz in Willy-Brandt-Platz unterlaufen ist, sind die Kölner bekanntlich nicht.

MIT DEN TÜRMEN SIEGT DIE TRADITION

Ist die Moschee von gestern, bevor sie gebaut wird?

Auch in London wird eine neue Großmoschee geplant. Auch dort soll sie an die Stelle eines Gemeindezentrums treten und einen Bazar, eine Koranschule, soziale Einrichtungen und Büros umfassen. Auch dort stößt das Projekt in neue Dimensionen vor, sodass der Bauherr und der Architekt wie in Köln unter verschärfter Beobachtung stehen. Die Missionsbewegung Tablighi Jamaat, die weltweit achtzig Millionen Anhänger zählt und sich selbst als unpolitisch bezeichnet, geriet nach dem 11. September 2001 ins Visier westlicher Geheimdienste und wurde mit einem der Attentäter von London in Verbindung gebracht.

Schließlich umgibt auch die Abbey Mills Moschee, die im Osten der Metropole neben dem Gelände der Olympischen Spiele 2012 gebaut werden soll, der Nimbus des Neuen: „Da entsteht etwas, was dieses Land noch nie gesehen hat. Eine Moschee der Zukunft als Teil der britischen Landschaft“, sagte Abdul Khalique, Vorstandsmitglied von Tablighi Jamaat, der „Sunday Times“, während sich Ali Mangera von Mangera Yvars Architects (MYAA, London und Barcelona), die den eingeschränkten Wettbewerb gewannen, Anfeindungen ausgesetzt sieht: „Wir versuchen ein einladendes und schönes Gebäude zu entwerfen“, sagte er gegenüber dieser

Zeitung. „Doch mitunter kommt es uns vor, als seien wir angeklagt, ein ideologisches Zentrum zu bauen, das andere Religionen und Weltanschauungen ausgrenzt."

Doch das „Markaz" (arabisch: Zentrum) soll, und hier enden die Parallelen zu Köln, nicht nur die größte Moschee, sondern das größte Gotteshaus des Landes werden und mit dem Petersdom in einer Liga spielen: Der Gebetsraum wird vierzigtausend, der Gesamtkomplex siebzigtausend Menschen Platz bieten. Der auffälligste Unterschied aber besteht darin, dass das futuristische Hightechgebäude nicht Minarette, sondern Windturbinen und statt einer oder mehrerer Kuppeln ein lichtdurchlässiges Glasdach tragen soll. „Die meisten britischen Moscheen der vergangenen vierzig Jahre haben diesen Karikaturen-Look mit Kuppeln und Minaretten wie aus Plastik", sagt der Architekt, ein britischer Staatsbürger mit asiatischem Hintergrund, der mehrere Jahre im Büro von Zaha Hadid gearbeitet hat. „Wir haben unsere Gebäudegestalt an geometrischen Mustern der islamischen Architektur entwickelt und sie so verdreht, dass sie neue fraktale Formen bildet." Nur aus der Luft wird die islamische Identität der Moschee zu Tage treten: Ihr Grundriss wird, auf einer arabischen Kalligrafie basierend, einem Gebet aus dem Koran ähneln. „Der Islam steht aus Tradition in Sachen Technologie und Fortschritt an vorderster Front", erklärt Mangera, der selbst Muslim ist. „Das Markaz wird das reflektieren und mehr als nur eine Moschee sein. Dahinter steht die Idee, Barrieren zwischen Bevölkerungsgruppen, Ideologien und Religionen einzureißen."

Nun ist Köln nicht London und die Konkurrenz mit einem Vorhaben, das schon als „Alhambra des einundzwanzigsten Jahrhunderts" apostrophiert wird, womöglich allzu vermessen. Dennoch ist der Abstand zu der Kölner Moschee, für die eine, allerdings freistehende, Kuppel und zwei Minarette vorgesehen sind, deutlich größer, als es der Anspruch der Stadt, die sich als Kunstmetropole gerne mit New York vergleicht und sich auf ihre Weltoffenheit und zweitausendjährige Immigrationsgeschichte viel zugutehält, vermuten lässt.

Doch nicht erst ein Blick in die Londoner Zukunft offenbart, dass der Entwurf von Gottfried und Paul Böhm alten Mustern verpflichtet ist. Dabei fällt er nicht nur hinter prominente Moscheen außerhalb der Türkei zurück: so etwa hinter die von Louis Kahn in Dhaka, einer rein geometrischen Architektur mit eigens entwickelten Lichträumen (posthum fertiggestellt 1983), oder hinter jene von Paolo Portoghesi in Rom (1994), die in Anlehnung an die Moschee von Cordoba die islamische Architektur in eine moderne Sprache mit einem stilisierten Minarett übersetzt. Selbst die von Behruz und Can Çiniçi entworfene Moschee des türkischen Parlaments in Ankara (1989) verzichtet auf Minarette und belässt es bei einer Abstraktion der Geometrie ohne jegliches Dekor.

Dass die Großmoschee in Köln, zwanzig Jahre später und fast dreitausend Kilometer entfernt, nicht ohne Turm auskommen soll, liegt vor allem am Bauherrn: „Seitens des Auslobers werden zwei Minarette gefordert", hieß es in der Wettbewerbsaufgabe. Der halbstaatliche Verein Ditib, im Auftrag des türkischen Religionsministerium tätig, besteht darauf nicht von ungefähr, denn Minarette sind historisch und politisch aufgeladene Symbole.

„Die Minarette sind unsere Lanzen, die Kuppeln unsere Helme, die Gläubigen unsere Armee", rief der türkische Premier Tayyip Erdoğan, damals Oberbürgermeister von Istanbul, 1997 im anatolischen Siirt der Menge zu, was zum Vorwand genommen wurde, ihn wegen Volksverhetzung anzuklagen. Es handelte sich aber um Verse des Dichters und Panturkisten Ziya Gökalp (1875 bis 1924), die in türkischen Schulbüchern stehen. Wie „wörtlich" ein solches Klassikerzitat heute verstanden wird, ist für Nichttürken schwer zu beurteilen. Möglicherweise kann es so wenig als baupolitisches Programm herhalten wie das heute noch in katholischen Kirchen gesungene Lied „Ein Haus voll Glorie schauet" mit der Strophe „Gar herrlich ist's bekränzet / Mit starker Türme Wehr, / Und oben hoch erglänzet / Des Kreuzes Zeichen hehr". Islam-Kritiker können die Autorität von Annemarie Schimmel dafür anführen, dass das Minarett „eine Art Siegesturm" und „das sichtbare Zeichen des Islams in einem neu eroberten Gebiet" ist. Auch das Kreuz ist ein Siegeszeichen, das sich mit Kaiser Konstantin politisch deuten lässt. Als seine Stadt fiel, wurden der Hagia Sophia mit der Umwandlung zur Moschee 1453 zwei Minarette zugefügt, Herrschaftsattribute des siegreichen Islam, die Mimar Sinan um zwei weitere ergänzte. Aber während der Konstantinskult außerhalb von Trier kaum mehr verbreitet ist, heißen viele Moscheen in Deutschland nach Mehmet Fatih, der Symbolfigur des islamischen Triumphs über Byzanz: „Fatih" bedeutet „Eroberer". Die Eroberung Konstantinopels, so die Suggestion, wird auf Europa übertragen.

Die Lanzenmetapher tauchte in der Kölner Diskussion nur in der Verneinung auf: „Wir möchten keine Lanzen aufpflanzen", versicherte Hassan Schmiede, Planungsberater der Ditib. Dabei handle es sich um eine türkische Redensart, erklärt er auf Nachfrage und räumt ein, dass die Wortwahl „unglücklich" sei. Die Konnotationen von Sieg und Eroberung machen das Minarett zu einem belasteten Symbol und werfen die Frage auf, ob es erklärten Zielen der Ditib – wie der „Integrationsarbeit" oder dem „interreligiösen Dialog" – widerspricht. Auf den Zusammenhang angesprochen, sagt deren Pressesprecherin Ikbal Kiliç: „Das würde mir nicht einfallen." Doch das Minarett beschwört alte Bilder und Vorstellungen herauf, wo es doch darauf ankommen müsste, einen offenen Raum zu schaffen, der das Wesen der Religion aufnimmt. So verständlich es ist, dass die erste Generation der Immigranten mit der Moschee ein Stück Heimat in die Fremde nachholen wollte, so sehr scheint es geboten, dass ihre Kinder und Enkel, die sich als Teil dieser Gesellschaft verstehen und in Deutschland bleiben möchten, ein anderes, nicht rückwärts, sondern in die Zukunft gewandtes Zeichen setzen.

„Mit diesem Bild des Islam kann und möchte ich mich nicht identifizieren“, sagt der Architekt Seyed Mohammad Oreyzi: „Ich verstehe gar nicht, warum der Islam, der eine schöne, abstrakte Religion und jünger als Judentum und Christentum ist, sich in Deutschland so viel stärker der Tradition verhaftet zeigt. Es werden sehr moderne Synagogen und Kirchen gebaut, aber keine modernen Moscheen. Dabei stellt die Architektur die höchste Stufe der Kunst im Islam dar, in der er große Freiheiten zulässt“, wundert sich der Perser, der seit dem Studium in Köln lebt und mit Thomas van den Valentyn das Max Ernst Museum in Brühl entworfen hat: „Als Muslim fühle ich mich von dieser Moschee schon deswegen nicht repräsentiert, weil sie – und das ist stilistisch erkennbar – ausschließlich eine türkische Moschee darstellt.“

Aber auch die Stadt, das Preisgericht und der Architekt stützen das Minarett. Schon dass es in der Auslobung hieß, die Kuppel sei zwar „nicht erforderlich“, gelte „inzwischen (sic!) jedoch als Attribut einer Moschee“, verdreht die Tatsachen, und wenn der Jury-Vorsitzende Max Bächer die Formel bemüht, „gerade in der Kombination von modernen Elementen und Zitaten tradierter islamischer Architektur entstehe etwas Neues“, so darf daraus – und erst recht aus seinem „Ja, Minarett und Kuppel sind notwendig!“ – geschlossen werden, dass das Preisgericht seine Hausaufgaben nicht gemacht hat. Es hätte genügt, ein Standwerk wie „The contemporary Mosque: Architects, Clients und Designers since the 1950s“ von Renata Holod und Hasan-Uddin Khan (London, 1997) aufzublättern, um zu erkennen, dass sich die Diskussion längst auf einem anderen Niveau bewegt.

Die Stadt Köln schließlich hält sich, und das nicht ganz zu Unrecht, zugute, dass sie der Ditib, die als „privater“ Bauherr dazu nicht verpflichtet war, einen Wettbewerb abgerungen hat. Das aber sollte bei einem Bau dieser Größe und Bedeutung selbstverständlich und nicht alles sein. Dass einer der bekanntesten abendländischen

Kirchenbaumeister und sein Sohn die Kölner Moschee entwerfen, hat einen Symbolgehalt, der sich versöhnend über das Vorhaben legt.

Aber Gottfried und Paul Böhm, für die katholische Kirche ingeniöse Baukünstler, treten hier, auf einem ihnen nicht so vertrauten Terrain, eher als Dienstleister auf, die anbieten, was gefragt ist: traditionelle Minarette, wie der Bauherr sie fordert, eine Schalenkuppel, die – im Wettbewerbsentwurf noch eine Fortentwicklung des Vorschlags von Gottfried Böhm für den Berliner Reichstag! – die Brücke zur Moderne schlagen soll, und eine funktionale Bürobebauung als Mantel. Das Ergebnis ist ein Kompromiss – und so etwas wie die Umkehrung des Dubai-Effekts am Golf, wo sich die Scheichs „westliche" Architektur einkaufen.

Ein großer Wurf sieht, gerade von diesen Architekten, anders aus. So kann jeder der Beteiligten von einem Erfolg sprechen: der Bauherr, weil er eine Moschee mit Minaretten durchgesetzt hat und sich dabei noch entgegenkommend zeigt; die Stadt, weil sie mehr als die Replik einer osmanischen Moschee erhält; und der Architekt, der mit dem Entwurf dafür den Wettbewerb gewann. Der Volksmund nennt das eine „kölsche Lösung". Große, wegweisende Architektur kommt so nicht zustande. In Köln wird die Chance vertan, mit der neuen Moschee wirklich ein Zeichen der Offenheit zu setzen.

NEUBAURUINE

Ist die Moschee schon ein Sanierungsfall?

Was macht eigentlich die neue Kölner Moschee? Nein, fertig ist sie immer noch nicht, dabei wurde vor mehr als dreieinhalb Jahren bereits Richtfest gefeiert. Und einen Eröffnungstermin möchte die Sprecherin der Ditib auch nicht nennen: „Wir haben ein paar Unwägbarkeiten, die sich aus den anhängenden Gerichtsverfahren ergeben", heißt es auf Anfrage. „Ein Abschluss ist nicht abzusehen", sagt der Architekt

Paul Böhm, den die Ditib hinausgedrängt und zum Berater degradiert hat, und wundert sich, dass „vor den Toiletten billige Resopalwände eingezogen werden und im Gebetsraum immer noch ein Gerüst steht“. Teile des Komplexes werden allerdings schon genutzt, und im Internet wird mit dem Slogan „Kulturvoll einkaufen und genießen“ in Sepiatönen für das Ditib-Center mit einer „Einkaufsmagistrale“ geworben, „die bis zum Ramadan 2014 eröffnet werden soll“. Die Fastenzeit endete hierzulande am 27. Juli, doch auch vier Wochen danach erscheint der „Tag des guten Lebens“, zu dem für den 31. August eingeladen wird, als ein Versprechen, den der Zustand des Gebäudes so bald nicht wird einlösen können. Die breite Freitreppe ist mit Bauzäunen versperrt, die Dämmung beschädigt, Unrat und Scherben liegen auf den Stufen, Ecken und Kanten sind weggeplatzt, in den Fugen sprießt Unkraut, Halterungen, Rohre und Kabelenden liegen frei, die Handläufe sind angerostet, Scheiben verdreckt, mit Zeitungen verklebt oder durch Pressspanplatten ersetzt, billige Aschenbecher aus Blech flankieren die Eingänge, mit Abfall gefüllte Container stehen herum. Vor der Rückfront sitzt ein Wachdienst auf Sperrmüll-Sesseln, aus deren Polsterlehnen der Schaumstoff quillt, und an einer verschlossenen Tür steht auf einem mit der Hand beschriebenen Pappschild: „Sehr Geehrte Besucher, Zugang zur Moschee über Die Tiefgarage.“ Auch der Sichtbeton zeigt Schäden, Rost und Regen haben dunkle Spuren hinterlassen. Noch vor ihrer Eröffnung präsentiert sich die neue Zentralmoschee als Sanierungsfall. Dabei sollte sie doch, an prominenter Stelle mit Blick auf die Domspitzen zwischen Innenstadt und Multikulti-Ehrenfeld platziert, das Zeichen für eine gelungene und selbstbewusste Integration setzen, mit einer Architektur, die sich einfügt ins Stadtbild und zugleich ihre Eigenständigkeit behauptet. Einen „Schritt in die Moderne“ wollte der Architekt damit tun, doch, wie es aussieht, schwindet seitens der Bauherrin die Bereitschaft, ihn mitzutun. So steht die Moschee da wie die Ruine ihres Anspruchs.

BLAUE BEULE

Ein Anschlag auf die Stadtsilhouette: der „Musical Dome“

Es hat etwas Festliches, mit der Eisenbahn nach Köln einzufahren. Meist kommt der Zug, ehe er gemächlich in die Bahnhofshalle rollt, auf der Hohenzollernbrücke kurz zum Stehen – gerade so, als hätte der Lokführer Kunstgeschichte studiert oder bezöge Nebeneinkünfte vom Fremdenverkehrsamt. Dabei ist der allzu schmale Hauptbahnhof nur überlastet. Er muss die Züge oft warten lassen, wofür Bahnkunden mit einer verlängerten Aussicht auf die großartige Rheinfront, seit Jahrhunderten Schau- und Schokoladenseite der Stadt, entschädigt werden: Zwischen den romanischen Kirchen St. Kunibert und St. Martin entfaltet Colonia ihr stolzes, vom Dom dominiertes Panorama. Seit ein paar Wochen aber kann es dem Reisenden, der von der Brücke nach Norden blickt, leicht zu bunt werden: Gleich neben der Bahnhofshalle wölbt sich – kaum minder mächtig – ein knallblaues Zelt, das einer riesigen Raupe ähnlich sich fast bis zur Rheinuferstraße vorschiebt. Was sich wie wildes Campieren im großen Stil ausnimmt, genießt die Protektion der kommunalen Verwaltung, die damit der Wirtschaftsförderung demonstrativ Vorfahrt vor der Pflege der Stadtsilhouette erteilt hat: Um selbst die schnelle Mark zu machen, hat sie den Plan eines privaten Investors genehmigt, der hier vom 30. November an bis zu 1700 Besucher täglich mit dem Musical „Gaudí“ abfüttern will. Ein städtebaulicher Wettbewerb für das Areal, der vor vier Jahren anspruchsvolle Ergebnisse gefordert und auch erbracht hatte, wurde erst einmal auf Eis gelegt, um einen der empfindlichsten Punkte der Stadt mit einem Monstrum zu besetzen, das in Form, Volumen und Farbe einen Fremdkörper darstellt. „Musical mit Gleisanschluss“ lautet der Werbeslogan des Impresarios, der die ins Auge springende Kräfteverschiebung auf eine treffende Formel bringt. Aber auch im Verhältnis zum Museumskomplex auf der anderen Seite der Gleisanlagen setzt das Zelt neue Prioritäten und modifiziert den so innig gepflegten Anspruch Kölns als Kunststadt: Während die Philharmonie unter dem Domhügel verschwindet, bläht sich der Hort des Entertainments, der allein mit dem Namen „Musical Dome“ verstohlen Rücksicht auf seine Nachbarschaft nimmt, aufdringlich in der „heiligen“ Bannmeile. Die öffentliche Empörung über die blaue Beule, die sich die Stadt hier geschlagen hat, hält sich freilich in Grenzen, denn das Bleiberecht für das Provisorium soll auf vier Jahre befristet sein. Dagegen denkt der Veranstalter schon daran, sich hier länger festzusetzen: „Die Halle wird stehenbleiben“, versichert er und rechnet mit dem Gewöhnungseffekt: „Wir möchten, dass die Kölner uns nicht mehr weglassen.“ Dass die Stadt darauf bestehen wird, das Zelt auch bei anhaltendem Erfolg im Jahr 2000 wieder abzuschlagen, darf zumindest bezweifelt werden. Schließlich hat Köln mit temporären Lösungen so seine Erfahrungen. Auch der Dombau wurde 1560 vorübergehend eingestellt. Weitergebaut wurde dann 1842.

DAS IST DIE VERRÜCKTE WELLE

Großform und Gesamtkunstwerk: „Haus X1“ von Peter Neufert in Hahnwald

„Als ich meinen Mann 1957 zum ersten Rendezvous traf, zog er eine Postkarte mit dem Entwurf für dieses Haus aus der Tasche“, erzählt Marys Neufert. Ob sie sich damals zuerst in den Mann oder das Haus verliebt hat – die Antwort auf diese Frage fällt ihr schwer. Aber vielleicht macht es auch keinen Unterschied. Denn das Haus, unkonventionell, ausgefallen, extravagant, steht für den Mann. Es war seine Visitenkarte. Und sein Trumpf. Herz As.

So etwas hatte Köln noch nicht gesehen. Und so etwas wollte die Stadt, die sich so viel auf ihre Toleranz zugutehält, auch gar nicht sehen. Als Peter Neufert für seinen Entwurf ein Grundstück suchte, winkte sie

kurma
L

PASSAGEN

ab. Passt nicht hierher. In Rodenkirchen, damals noch selbstständig, seit 1975 eingemeindet, fand er es in Hahnwald, einem erst nach dem Krieg erschlossenen Villenviertel. Und weil gerade bekannt geworden war, dass Shell im benachbarten Godorf eine Raffinerie errichten wollte, war es günstig zu haben. Ein Parkareal, fünftausend Quadratmeter groß, das der Mittdreißiger zum Landeplatz für seinen Traum machte: „Haus X1“. Auf den ersten Blick scheint es nur aus einem riesigen Dach zu bestehen, das sich zu einer Spirale aufschwingt. Wie eine Schale überwölbt es stützenfrei den zweigeschossigen, unterkellerten Wohnbereich. Am Scheitel ist der leicht bewehrte Schwerbeton nur zwölf Zentimeter dick; kurze, 35 Zentimeter dicke Auflager halten die kühne Konstruktion in der Schwebe.

„Klothoide“ heißen solche Kurven in der Mathematik. Iglu, Raumschiff, Kirche, Hangar, auch Schwimm- oder Tennishalle wurde das Haus schon genannt. Wer daran vorbeikommt und es, von der Straße abgesetzt, auf den zweiten Blick entdeckt, mag es für eine Fata Morgana halten: für eine Meereswoge, die, denn die Decke leuchtet blau, vom Pazifik bis an den Rhein geschwappt ist. So amerikanisch großzügig, elegant und individualistisch tritt es auf: Eine breite Einfahrt führt zu einem flachen, von schlanken Stahlträgern gestützten Vordach, das zwei Autos Unterstand bietet und im rechten Winkel auf die Fassade stößt. Als Relief ist sie aus roten Kuben komponiert, die kleine Fenster, Balkone, Austritte und Wandschränke aufnehmen. Auch die Mülltonnen verschwinden darin.

Der Eingangsbereich erschließt rechts Küche und Garderobe und links einen Schrankflur, vor dem drei kleine Gästezimmer liegen. Eine blaue Glasschiebetür trennt die Diele vom Wohnbereich, den eine Bruchsteinwand aus Basalt, mit einem Kaminblock in der Mitte, teilt: in einen großen Wohnraum rechts, der – mit einem in den Boden gekerbten Kaminplatz und einer Couch-Garnitur in XXXL – über zwei Stockwerke reicht, und in einen kleineren, drei Stufen tiefer liegenden Gesellschaftraum links mit Hausbar, Bücherwand und großem, „doppelten“ Arbeitstisch. Darüber befindet sich das nach Süden ausgerichtete Elternschlafzimmer, zu dem eine breite Treppe aus dem Wohnraum hinaufführt, während an der Nordseite ein Schrankraum und drei kleine Kinderzimmer aneinandergereiht sind. Fließende Übergänge. Die Gartenfassade nach Süden ist vollständig verglast, im Westen reicht ein Schwimmbecken bis in den Wohnraum, eine Glashaut teilt Innen und Außen.

Peter Neufert, Sohn des Bauentwurfslehre-Papstes Ernst Neufert, der seinen Vater – die Eltern hatten sich früh scheiden lassen – mit einundzwanzig Jahren neu kennenlernte, als er bei ihm in die Lehre ging, muss ein geselliger, sinnenfroher und experimentierfreudiger Architekt gewesen sein, der gerne Freunde eingeladen und Partys gefeiert hat. Das Haus erzählt davon: der Esstisch vor der offenen Küche, Couch-Landschaft und Kaminplatz, Hausbar und Arbeitstisch – jeder dieser Orte lädt ein zu Begegnung und Kommunikation. Mit vielen Künstlern war er befreundet und ihre Werke, so eine Lichtplastik von Otto Piene oder Gemälde von Günter Fruhtrunk, führen den Dialog mit der Architektur, der Innen- mit dem Außenraum. Ein runder Pavillon am Rand des Gartens ist in der Mitte geteilt: vorne blau überdachter Grillplatz, hinten geschlossenes Gerätehäuschen für den Tennis Court.

Der Schwung der Fünfzigerjahre, hier hat er, von wegen Nierentische und Tütenlampen, einen amerikanischen Drive erhalten. Schon 1956 konzipiert, wurde der 1959 begonnene Bau 1963 eingeweiht. Neufert war, wie viele Architekten seiner Generation, in den Fünfzigerjahren in die Vereinigten Staaten, aber auch nach Südamerika gereist und hatte die skulpturalen Gebäude eines Richard Neutra, Eero Saarinen oder Oscar Niemeyer bewundert, sie studiert, sich von ihnen inspirieren lassen – und doch etwas ganz Eigenes geschaffen. Das amerikanische Lebensgefühl hatte ihn, der gerne Straßenkreuzer fuhr und karierte Hosen trug, so weit angesteckt, dass er gegen das piefige Adenauer-Deutschland rebellierte.

Der Baldachinstoff über und der Teppich unter der Hausbar, in ihren Grüntönen aufeinander abgestimmt, sind noch original. Die Möbel, die Lampen, die Accessoires sind, bis zum Aschenbecher und Cocktailglas, erhalten, lediglich ein paar Teppichböden wurde behutsam ausgetauscht. Das Haus, intelligent konzipiert und reich an praktischen Details, atmet die Zeit seiner Entstehung und scheint doch, picobello gepflegt, frisch wie am ersten Tag. Der Hausherrin, die zwanzig Jahre lang in Portugal lebte, ist es, die drei Kinder sind schon lange aus dem Haus, zu groß geworden, und so ist sie 2013 in einen Neubau gezogen, den sie sich vorne an die Straße setzen ließ. Aber auf- oder gar abgeben möchte sie „Haus X1" nicht. Wird es, das schon lange unter Denkmalschutz steht, nun zum Museum? „Aber nein", sagt Marys Neufert entschieden, „das Haus ist bewohnt, hier trifft sich die Familie, die Einliegerwohnung ist vermietet, und im Untergeschoss ist ein Teil der Neufert-Stiftung untergebracht."

Als Kasper König, der langjährige Direktor des Museums Ludwig, im Frühjahr 2014 dafür gefeiert wurde, dass er sein Privatarchiv dem „Zadik", dem Zentralarchiv für den internationalen Kunsthandel, überlassen hat, wünschte er sich „Haus X1" dafür. Die „Verrücktheit", wie Peter Neufert den Entwurf bezeichnete, mag besser nach Kalifornien passen. Aber auch dort wäre „Haus X1" ein Unikat, ein Hingucker. In Köln ist es ein Wunder. Wie von einer anderen, wie aus der neuen Welt.

HÖRNCHEN AUFSETZEN

Laden-Hüter der Pop-Art: die Eistüte von Claes Oldenburg auf der Neumarkt-Galerie

Köln erhält ein neues Wahrzeichen. Das muss vermessen klingen in einer Stadt, in der dieser Titel ein für alle Mal an ein Bauwerk vergeben scheint, das von der Grundsteinlegung bis zur Vollendung etwas mehr als 632 Jahre in Anspruch genommen hat. Die Befürworter des Projekts, das nun im Handumdrehen dazu werden soll, finden dennoch nichts dabei, von einem Wahrzeichen zu sprechen, denn warum soll eine Stadt wie Köln nicht zwei, fünf oder gar ein Dutzend derselben vertragen? Dabei geht es, fürs Erste jedenfalls, nur um ein Eishörnchen, nein, kein reales und auch keines, wie es, als zu vernaschender Pappkamerad, vor jeder zweiten Gelateria zum Verweilen anhält. Auf zehn Meter Höhe bringt es das Objekt der Begierde, das, hyperrealistisch und aus Fieberglas, Claes Oldenburg mit den bunten Kugeln nach unten – „Plopp!" – auf das Dach eines neuen Einkaufzentrums am Neumarkt stülpen will. Seit 1961 geht der Pop-Protagonist, wie dem Katalog zur Kölner „West-Kunst" zu entnehmen ist, mit diesem Motiv bereits hausieren, auch in San Francisco hat er es schon abgesetzt, doch was damals als Persiflage auf die Konsumgesellschaft zu verstehen war, wurde von dieser längst vereinnahmt und ausgelutscht. In Köln aber, das sich auf die Pop-Art-Ära schon deshalb einiges zugutehält, weil es mit der Kunst seitdem nie mehr so weit her war, aber kann so viel Gefrorenes, geschleckt, wie es sich präsentiert, auch heute noch die Gemüter erhitzen. Dem Gestaltungsbeirat ist die monströse Süßigkeit zwar einstimmig sauer aufgestoßen, und der Stadtkonservator hat sinngemäß „Kommt nicht in die Tüte!" gerufen, doch der reaktivierte Kunstausschuss, in dem Galeristen den Ton angeben, hält sie mehrheitlich für erste Sahne, und auch die neue Kulturdezernentin findet's „witzig" und mithin nichts dabei, der stolzen Kunststadt Hörnchen aufzusetzen. Förmlich hingescholzen ist der neue Direktor des Museums Ludwig, der den Entwurf als „vielschichtiges, geistreiches und sehr melancholisch stimmendes Kunstwerk" begrüßt. Einer Installation scheint denn auch nichts mehr im Wege zu stehen. Da es sich um „Kunst am Bau" handle, sei der dekorative Aufsatz, so der Hochbaudezernent kürzlich, genehmigungsfrei. Die Chance, sich mit Ruhm zu bekleckern, aber hat er vertan, denn wäre die Architektur der Neumarkt-Galerie statt wuchtig und gesichtslos nur halbwegs anspruchsvoll und individuell geraten, hätte sich die „zusätzliche Identifikation für das Gebäude“, die sich der Investor drei Millionen D-Mark kosten lassen will, womöglich von selbst erledigt. Auch wenn Bedenken, dass die, so der Künstler, „zeitgenössische Ikone“ die Blickverbindung von der Schildergasse zu St. Aposteln stört, allzu weit hergeholt sind: Vor der romanischen Kirche, die den Platz in seiner Nordwestecke abschließt, lässt, was mit derart aufdringlicher Ironie in Szene gesetzt wird, den Respekt vermissen. Doch ist bisher, soweit bekannt, auch noch niemand auf den Gedanken gekommen, die Basilika, deren Kleeblattchor zu den bedeutendsten Bauleistungen des Mittelalters zählt, als Kölner Wahrzeichen zu titulieren.

STURHEIT IST KEIN GUTER STÄDTEBAUER

In den Sechzigerjahren wurde die Trias Oper, Schauspiel und Opernterrassen zum Wahrzeichen der Nachkriegsmoderne

Es ist ja nicht so, dass sie Kölner ihr Schauspielhaus lieben würden. Sonst hätten sie es, das der Architekt Wilhelm Riphahn 1962 seinem fünf Jahre zuvor eröffneten Opernhaus als kleine und blassere Schwester zur Seite stellte, nicht derart verwahrlosen und den Platz davor herunterkommen lassen. Sonst hätten die Stadtkonservatorin die Denkmalpflege nicht aufheben und der Rat 2006 nicht den faulen Kompromiss schließen können, das Opernhaus zu sanieren und das Schauspielhaus abzureißen, um es durch einen Neubau zu ersetzen. Nein, dass das Haus den Kölnern ans Herz gewachsen wäre, lässt sich nicht behaupten, und auch die Theaterleute konnten nicht so recht glücklich damit werden: In den Betriebsabläufen ist es von der Oper abhängig, Hinter- und Seitenbühnen genügen seit jeher nicht den Anforderungen, Akustik und Sichtverhältnisse vom Hochparkett lassen zu wünschen übrig.

Aber deshalb bereit, das dringend sanierungsbedürftige Theater einfach wegzuschmeißen, sind die Kölner nicht. Und es gegen ein neues eintauschen, das weder wesentliche Vorteile noch eine ähnlich anspruchsvolle Architektur bietet, wollen viele von ihnen schon gar nicht. Im Sommer 2008 war das noch anders. Da rief eine Jury das Architektenteam JSWD (Köln) und Chaix & Morel (Paris) zum Sieger eines Wettbewerbs aus, zu dem es einen kompakten Entwurf eingereicht hatte: Ein auf die Südseite des Offenbachplatzes platzierter, kubisch aufgetürmter Baukörper, der die Oper um ein Geschoss überragt, soll das geforderte Raumprogramm vertikal aufnehmen und daneben, wo heute das Schauspielhaus steht, einen neuen Platz schaffen, von dem ein Graben die unterirdisch angelegten Werkstätten belichtet. Was funktional aufzugehen schien, blendete die Preisrichter so sehr, dass sie architektonische Mängel herunterspielten: Eine „dem Inhalt angemessene Identität" wurde vermisst, aber eben nicht so sehr, dass der Vorschlag vom ersten Platz verdrängt worden wäre.

Als sich ein Jahr später herausstellte, dass die Kosten den Deckel sprengen und von 230 auf 364 Millionen Euro steigen würden, erkannte der Baudezernent die Chance, zur Sanierung des Ensembles zurückzukehren. Die Stadtspitze aber hielt an dem Projekt fest, nur dürfe es die psychologisch wichtige Dreihundert-Millionen-Euro-Grenze nicht überschreiten. Die Architekten legten eine Überarbeitung vor, die mit Werkstätten, Tanzsaal und Orchesterprobenraum gerade jene Elemente und Synergievorteile herausnahm, die für ihren Entwurf gesprochen hatten. Als dann der Kämmerer ankündigte, auch den Kulturetat mit einer Rasenmäherkürzung von 12,5 Prozent belegen zu wollen, wagte sich Schauspielintendantin Karin Beier aus der Deckung und machte spät, aber entschieden die Rechnung der Verhältnismäßigkeit auf: Warum ein neues Haus bauen, wenn die Mittel fehlen, es angemessen zu bespielen?

Denn, so sagt sie heute: „Die Rumpfversion bringt so wenig Vorteile, dass der Neubau nicht mehr zwingend notwendig ist." Die

Stadtspitze gab sich irritiert und ließ sich nicht groß beeindrucken. Die Entscheidung für den Neubau sei das Ergebnis eines demokratischen Verfahrens, argumentierte sie ungeachtet der inhaltlichen Abstriche, und werde die Bühnen zukunftsfähig machen. Am 17. Dezember 2009 sprach sich der Rat mit der schwachen Mehrheit von 35 zu 31 Stimmen (bei 25 Enthaltungen) für die abgespeckte Version aus: Die Angst, mit einer Revision des Planungsprozesses Zeit zu verlieren und sich einmal mehr kulturpolitisch zu blamieren, war größer als die Bereitschaft, das Vorhaben unter den neuen Voraussetzungen zu überdenken. Auch Opernintendant Uwe Eric Laufenberg wollte den angefahrenen Zug nicht mehr aufhalten und positionierte sich gegen seine Kollegin: Für sein Haus hat er eine großzügige Lösung ausgehandelt, für die erste Saison in verschiedenen Ausweichquartieren einen originellen Spielplan entwickelt, doch lässt ihn die Aussicht, mehr als drei Jahre in Provisorien zu überwintern, um den Bestand des Ensembles und die Konkurrenzfähigkeit des Theaters fürchten.

Das diffuse Meinungsbild der Politik gründete in einer mangelhaften Beschlussvorlage der Verwaltung und gab einer Bürgerinitiative das Signal, das Anliegen der Schauspieldirektorin zum Programm zu erheben: „Inhalt vor Fassade.“ Nach dem Ratsbeschluss brachte sie ein Bürgerbegehren auf den Weg, das innerhalb weniger Wochen das erforderliche Quorum erreichte und es am Ende mit fast 53 000 Stimmen mehr als verdoppelte. Denn mit dem Aufruf, das Theater nicht abzureißen, sondern denkmalgemäß zu sanieren, verbindet sich die Sorge um das Stadtbild im auch übertragenen Sinne, versammelt sich darin doch der ganze Unmut über den Einsturz des Historischen Archivs und wie die Stadt mit ihm umgeht. Innerhalb weniger Wochen ist der Erhalt des Schauspielhauses zum Symbol für eine andere, verantwortungsvolle, verlässliche und nachhaltige Kultur- und Kommunalpolitik geworden.

Genau dafür steht das Thema Opernquartier paradoxerweise auch für den neuen Oberbürgermeister Jürgen Roters (SPD): Ihm geht es darum, (auch) an diesem Beispiel zu demonstrieren, dass er einmal getroffene Vereinbarungen einhält und das oft unberechenbare Lavieren seines Vorgängers der Vergangenheit angehört. Zwar streckt er der Bürgerinitiative, wie er erklärte, die Hand aus, zwar hat er für diesen Sonntag im Rathaus eine „ganztägige Informationsveranstaltung“ anberaumt, doch in der Sache haben er und seine Partei auf stur geschaltet. Die getroffene Entscheidung wollen sie durchziehen, und die Grünen sekundieren. Indem sie das Bürgerbegehren vollmundig als „demokratisches Korrektiv“ rühmt, pfeift die Ökopartei auf ihre Grundsätze und stiehlt sich aus der Verantwortung.

Denn einen substanziellen „Plan B“, der die Sanierung beider Häuser untersucht, hat die Stadt bis heute nicht vorgelegt. Schon die Kostenexplosion des Neubaus hätte ihn auf die kommunalpolitische Tagesordnung setzen müssen. Auch die wiederholten Nachfragen der Schauspielintendantin ließ der Oberbürgermeister, der ein solches Gutachten ohne Ratsbeschluss in Auftrag geben könnte, unbeantwortet. Woraufhin sich Karin Beier auf eigene Faust Rat von Fachleuten holte und wie die Bürgerinitiative die ihr verbundenen Architekten beauftragte, das Raumprogramm des Schauspielhauses zu überarbeiten und die Betriebsabläufe zu verbessern. Diesen notgedrungen handgestrickten Konzepten der Sanierungsbefürworter stehen eine ganze Reihe von Überarbeitungen der Neubauarchitekten gegenüber, die alle möglichen punktuellen Verbesserungen enthalten, aber die grundlegenden Bedenken gegen den Entwurf nicht ausräumen können. Gesichtslos, wie der kaufhausaffin mit einer Lamellenfassade verkleidete Bau auftritt, vermittelt er den Eindruck, als wolle Köln das Stapelrecht wieder einführen: Mehrere modellierte Volumina werden zu einem Klotz aufgeschichtet, der den Offenbachplatz zu verschatten und das Opernhaus in den Schatten zu stellen droht.

Die Situation ist, nicht ungewöhnlich für Köln, äußerst verfahren. Viele Fragen, auf die unabhängige, nicht interessegeleiteten

Antworten fehlen: Würde etwa eine ja auch der verschlechterten Haushaltssituation der Stadt geschuldete Aufgabe des Neubaus vergaberechtlich eine Neuausschreibung des ganzen Projekts erforderlich machen und damit den Zeitplan, wie Laufenberg behauptet, bis 2020 in die Länge ziehen? Neue Einsprüche sind hinzugekommen: Überraschend aufgetauchte Erben von Wilhelm Riphahn drohen mit einer Urheberrechtsklage, der Landeskonservator zeigt sich angesichts der weggesparten Funktionen nicht mehr bereit, das Einvernehmen mit dem Denkmalschutz herzustellen, und der Regierungspräsident fragt laut – denn es herrscht Wahlkampf –, ob sich die Stadt einen Neubau überhaupt leisten kann.

Wie wird Köln aus dem Schlamassel herauskommen? Für kommenden Dienstag hat der Rat eine Sondersitzung einberufen, um über das Bürgerbegehren zu entscheiden: Er kann sich ihm anschließen oder es zurückweisen, dann wird am 11. Juli 2010 ein Bürgerentscheid durchgeführt. Wie teuer dieser der Stadt kommen wird, hat die Verwaltung schon ausgerechnet: 963 420 Euro. Nicht so genau lassen sich die Kosten für Sanierung und Neubau kalkulieren: 257 stehen 295 Millionen Euro gegenüber. Der Preis, um den es geht, aber ist ein sehr viel höherer: Gilt es doch die Frage zu beantworten, wie die Stadt hier, in ihrem Herzen, wieder Ansehen, Identität und städtebauliche Qualität gewinnt.

ORTSTERMIN OFFENBACHPLATZ

Peter Zumthors Laudatio auf das Opernhaus
wird zur Liebeserklärung

„Was ist denn das für ein komisches Schiff da drüben?“ Liebe auf den ersten Blick hört sich anders an, und Peter Zumthor, der in diesen Worten seinen Anfangsverdacht zum Opernhaus artikulierte, hat etwas Zeit gebraucht, sich mit ihm anzufreunden. Der Schweizer

Architekt, der schräg gegenüber das neue Diözesanmuseum baut, hatte das Theater von Wilhelm Riphahn nicht gekannt. „Ich gebe zu, ich musste es entdecken“, gesteht er: Was ihm zunächst wie „irgend so ein Ungetüm“ vorkam, stellte sich als „wunderschöne Komposition“ heraus, „heiter, offen und sehr typisch“ für die Fünfzigerjahre. „Zum Teufel, das ist ja ganz sorgfältig gemacht“, staunte er ein ums andere Mal und fragte sich: „Wieso hab ich das nicht früher schon bemerkt, dass das ein gutes Gebäude ist?“ Und je genauer er hinsah, je weiter er ins Details ging, je öfter er um den Bühnenkomplex herumschlenderte, desto mehr Qualitäten fielen ihm auf: die schmalen Fenstersprossen, die dünnen Decken, die Auflösung der Massen, die feinen Stäben, die schwarzen Aluminiumprofile, die Farben, die Maßstäblichkeit, die kleine Passage, die Plätze, die Übergänge. Die Kampagne „Liebe deine Stadt“, eine Initiative von Merlin Bauer, die ihre subversive Ironie mit zopfigen Dekorationen tarnt und herausragenden Gebäuden der Fünfziger- und Sechzigerjahre überdimensionale, in den Stadtfarben Rot und Weiß gehaltene Kokarden anhängt, hat den charismatischen Baumeister eingeladen. Wie er, unakademisch und anschaulich, über Architektur spricht, lässt die rund dreihundert Zuhörer, die sich auf dem Offenbachplatz im Halbkreis um ihn scharen, einen Ort, der ihnen vertraut und selbstverständlich geworden ist, mit fremden, kundigen Augen neu betrachten. Zumthor, der zunächst Möbelschreiner gelernt hat und nach dem Architekturstudium in New York zehn Jahre als Denkmalpfleger tätig war, bevor er mit fünfunddreißig in Graubünden sein eigenes Büro eröffnete, nimmt das Publikum gleichsam an der Hand, auf dass es seine Annäherung an das Gebäude nachvollzieht: „Sehen Sie, das ist alles überlegt“, zeigt er auf die fünf Eingänge, schreitet in Gedanken den Weg von der Garderobe übers Foyer ins Auditorium ab und spricht ein dreifaches Lob aus: Das Gebäude erzeugt öffentlichen Raum, es hat Festlichkeit und stiftet Identität. Das Opernhaus, das der „Kölner Stadt-Anzeiger“, angesichts eines Renovierungsstaus in dreistelliger Millionenhöhe, bereits zum Abriss freigeschossen hatte, erfährt die im als stadtprägendem Baudenkmal gebührende Wertschätzung. Die Laudatio gerät zur Liebeserklärung. Am gleichen Abend, an dem eine Fernsehshow den Kölner Dom zum „Lieblingsort der Deutschen“ wählt, wird nur vier Straßen weiter ein Platz, der seit Jahrzehnten vernachlässigt wird, in seiner urbanen Qualität wiederentdeckt. Was aus ihm, würde er aufgewertet und gepflegt, werden könnte, davon hat dieser denkwürdige Auftritt von Peter Zumthor etwas aufscheinen lassen.

SICHER IST SICHER

Paternoster im Funkhaus: der Dauerläufer vom Wallrafplatz

Was Doktor Murke dazu sagen würde, wissen wir nicht. Nur eines, da sind wir sicher, würde er bestimmt nicht – schweigen. Schließlich verstand er die Fahrt mit dem Paternoster, von dem er sich jeden Morgen, wenn er das Funkhaus betreten hatte, über den Flur des letzten Stockwerks erheben ließ, als „existentielle Turnübung“. Auf das „Angstfrühstück“ zu verzichten fiel ihm ausgesprochen schwer, und er war „an diesen Tagen gereizt und unzufrieden“. Doch Murke, Protagonist einer 1955 erschienenen Erzählung von Heinrich Böll, ist ein fiktiver, sein Paternoster hingegen ein realer Held. Seit über vier Jahrzehnten schon tut er, ächzend und zuverlässig, im Funkhaus am Kölner Wallrafplatz seinen Dienst. Anlass zu Klagen hat er nie gegeben, und erst vor ein paar Jahren ist er aufwendig restauriert worden. Dennoch droht ihm, wie allen seinen Artgenossen, bald, was er aufgrund seiner Förderketten-Mechanik selbst nicht kennt: das Ende. Genau 569 Tage sind es noch, dann hat sein letztes Stündlein geschlagen. „Personen-Umlaufaufzüge“, so heisst es in einer Verordnung aus dem Jahr 1988, „müssen bis spätestens

31. Dezember 1994 außer Betrieb gesetzt werden." Grund hierfür ist das Sicherheitsrisiko, das der Lift-Experte des TÜV viermal so hoch veranschlagt wie beim normalen Aufzug. Die Betreiber teilen diese Bedenken nicht, und so hat sich zwischen Kiel, wo Unterschriften gesammelt werden, und München, wo ein „Verein zur Rettung der letzten Paternoster" gegründet wurde, der Widerstand formiert. Dann „muss man auch Skilifte, das Bohnern und das Autofahren verbieten", wetterte in Stuttgart Oberbürgermeister Manfred Rommel, und in Köln hat Stadtkonservator Ulrich Krings den Paternoster im Hansa-Hochhaus, mit sechsundzwanzig Kabinen und fünfzehn Geschossen Wegstrecke der längste der Welt, zum „Denkmal des Monats" gekürt. Ausnahmeregelungen, die das Gesetz vorsieht, aber wurden bisher keine erteilt, dabei könnten sie den Tod auf Raten, der schon zum 1. Januar 1974 mit dem Verbot der Neueinrichtung verfügt wurde, noch einmal hinauszögern. So wittert die Aufzug-Lobby trotz leerer Stadtkassen ein Riesengeschäft, gibt es in Deutschland doch noch rund fünfhundert Paternoster: Wie selbst in seiner englischen Heimat nicht, wurde der hölzerne Dauerläufer, der in den Vereinigten Staaten unbekannt und in der Schweiz nur ein einziges Mal vorhanden ist, hierzulande zum Renner. Im Rückblick erscheint das geradezu als Wunder wider den Nationalcharakter, denn das 1896 patentierte Transportmittel, so befand der Technikforscher Adolf von Ernst in der „Zeitschrift des Vereines deutscher Ingenieure" schon 1907, „erregt in einem Lande wie Deutschland, wo man gewohnt ist, in allem und jedem die Organe der Aufsichtsbehörden für die persönliche Sicherheit sorgen zu lassen, statt bei industriellen und Verkehrseinrichtungen vor allem die selbständige Umsicht und Vorsicht des einzelnen in den Vordergrund zu stellen, begreiflicherweise Verwunderung und von vornherein bei den Behörden selbst schwere Bedenken, solche Einrichtungen überhaupt zuzulassen". So oder so ähnlich muss das siebzig Jahre später, als er das Todesurteil unterschrieb, auch der Bundesarbeitsminister

gesehen haben – jener Norbert Blüm, der so gerne von der Eigenverantwortung des Bürgers spricht und Mut als seine Lieblingstugend nennt. Sicherheit geht in Deutschland eben über alles. Nur vor den Sicherheitsfanatikern ist nichts und niemand sicher.

AUS STIEFELCHEN WURDE AUGUSTUS

Klein-Pompeji Praetorium: mit dem Fahrstuhl in die Römerzeit

Der Fahrstuhl ist neu. Und damit er nicht nur vier, sondern acht Personen befördern kann, wurde er etwas versetzt. Nur ein Serienmodell, ist er doch, das hat ihm sein Vorgänger vererbt, eine Berühmtheit. Mehr als fünf, sechs Meter – zu Fuß sind es fünfundzwanzig Stufen – legt er nicht zurück, aber auch zwei Jahrtausende. Denn er bewegt sich in der vierten Dimension, lässt sich doch in der Gegenwart ein- und im ersten Jahrhundert aussteigen. Oder umgekehrt. „Mit dem Fahrstuhl in die Römerzeit“ hatte Rudolf Pörtner 1959 sein Buch über „Städte und Stätten deutscher Frühgeschichte“ genannt und das auf die Ruinen des römischen Praetoriums bezogen, die im Keller des Rathauses zu besichtigen sind. Der Titel des Bestsellers, der achthunderttausendmal verkauft wurde, hat die Sehenswürdigkeit in der Kleinen Budengasse bekannt gemacht.

Fast drei Jahre stand der Fahrstuhl still. Während der Spanische Bau des Rathauses einer Generalsanierung unterzogen wurde, blieb das – haustechnisch mit ihm verbundene – Praetorium geschlossen. Das Römisch-Germanische Museum, dem es als „Zweigmuseum“ angegliedert ist, nutzte die Zeit für eine Neukonzeption im Sinne von Quintus Tarquitius Catulus, jenem nicht näher nachweisbaren kaiserlichen Legaten im zweiten oder dritten Jahrhundert, der zum Wiederaufbau den hier gezeigten Weihestein aufstellen ließ: „ad novam faciem est restitutum“ – in zweiter Gestalt wiederhergestellt.

Der neu entworfene Vorraum bündelt die Ausstellungsstücke unter dem Thema „Stein und Schrift“ zu Zeichen der Macht und legt dar, wie aus Inschriften der Herrschaft Werkzeuge einer Zivilisation wurden: Karten veranschaulichen die Entwicklung der Colonia Claudia Ara Agrippinensium, die im vierten Jahrhundert zur Festung verdichtet wurde, und setzen sie ins Verhältnis zur frühen Neuzeit und zur Gegenwart; Bauinschriften und Bildnisse, Widmungen und Grabsteine, Tongefäße und Trinksprüche, Schrifttafeln und Statuen, Tintenfässer und Münzen, in der Nähe gebrannte Ziegel und von weit her – aus dem Siebengebirge oder dem Brohltal – herbeigekarrte Natursteinquader, auch Wagenspuren vom „Cardo maximus“, heute die Hohe Straße, oder der Nachbau eines Transportschlittens bezeugen das reiche urbane Leben an der römischen Reichsgrenze.

Gleichsam als Patron figuriert hier nun Kaiser Augustus, der die Gründung der Stadt veranlasst hat. Erst vor ein paar Wochen konnte die Archäologische Gesellschaft den überlebensgroßen Marmorkopf, Kopie seines zweiten offiziellen Staatsporträts, das ihn im Alter von vierzig Jahren zeigt, erwerben. Besonders wertvoll wird er für Köln durch eine ungewöhnliche Metamorphose: Wurde hierfür doch, wie der Haaransatz der Schädelkalotte verrät, ein Kopf des Kaisers Caligula umgearbeitet, des älteren Bruders der Stadtgründerin Agrippina, der in Köln seinen Spitznamen Stiefelchen erhielt. Seine vierjährige Herrschaft endete im Jahr 41 mit seiner Ermordung und der „damnatio memoriae“: Bildnisse von ihm wurden verworfen oder verändert und so, gegen die Chronologie und die Usancen, der Urenkel in den Urgroßvater, Caligula in Augustus verwandelt. Erinnerungspolitik.

Neu erschlossen wurde das Grabungsfeld, das sich auf knapp die Hälfte des 92 Meter langen Praetoriums erstreckt. Verschiedenfarbiges Licht, entwickelt von dem Kölner Atelier Kress & Adams, erleichtert nun die Orientierung: In Rot wird die Außenfassade des Praetoriums IV markiert, gelb werden die älteren (zweites

Jahrhundert), hellblau die jüngeren Innenräume (viertes Jahrhundert) hervorgehoben, und grün wird das tiefliegende, später eingebaute Becken mit Tuffsteinauskleidung (zweites Jahrhundert?) angestrahlt. Die neue Installation bietet Sehhilfen im Diagonalen: Die handwerkliche Qualität der Bauausführung, die mit den Jahrhunderten auffallend nachlässt, detailliert die Ablesbarkeit der Zeit.

Ein aufgeständertes Modell im Maßstab eins zu hundert rekonstruiert den gesamten, in vier Bauphasen entstandenen Palast, der über vier Jahrhunderte dem römischen Statthalter am Unteren Rhein als Amts- und Wohnsitz diente und, mit seiner von zwei Apsidensälen flankierten Porticus-Galerie, ein Monument antiker Propaganda- und Herrschaftsarchitektur darstellt. Ein dunkelbrauner, unregelmäßig konturierter Holzstreifen setzt die erhaltenen Abschnitte des Fundaments in Relation zur historischen Realität und lässt deren Ausmaße abschätzen. Bei 14,50 Metern lag die Decke, und das zentrale Oktogon brachte es mit 22 Metern genau auf jene Höhe, bei der heute ein Hochhaus beginnt. Reiz und Herausforderung des hundertsiebzig Meter langen Rundgangs bestehen darin, das verbliebene Mauerwerk in die Vorstellung der vollständigen Bauten zu „übersetzen“. Erst im Sommer 1953, beim Aushub für das Rathaus, war das Praetorium entdeckt worden. Sofort stellte die Stadt damals dreißig Mitarbeiter ab und 150 000 Mark bereit, um die ortsfesten Baudenkmale als Krypta zu überdecken und in den Spanischen Bau, dessen Fertigstellung sich nur um sechs Monate verzögerte, zu integrieren. In der Trümmerwüste, die der Zweite Weltkrieg aus der Kölner Innenstadt gemacht hatte, boten die überraschenden Funde einen alten und unbelasteten Halt. Drei große Schwarz-Weiß-Fotos geben einen lebhaften Eindruck von „Klein-Pompeji“ auf dem Rathaushügel und erinnern daran, wie selbstbewusst die Stadt die Rettungsaktion organisiert hat: Die kühne, weittragende Betondecke, die mit nur einer inneren Stützreihe das Grabungsfeld überwölbt, gilt heute als ingenieurtechnisches Baudenkmal der Fünfzigerjahre.

Ein halbes Jahrhundert später sieht Hansgerd Hellenkemper die Zeit für eine „Zukunft der Vergangenheit“ gekommen. Der Direktor des Römisch-Germanischen Museums möchte durch die geschlossene Wand: Bis 2010 soll das „Kleine Praetorium“ mit seinem 1770 Quadratmetern durch die Aula Regia aus der dritten Bauphase unter dem Rathausplatz komplettiert und zur Archäologischen Zone von knapp sechstausend Quadratmetern, die bis zum Wallraf-Richartz-Museums reicht, erweitert werden. Dieses „Große Praetorium“ würde die ganze Keimzelle der zweitausendjährigen Stadtgeschichte zur Besichtigung freigeben und so etwas wie ein unterirdisches Pendant zum Archäologischen Park in Xanten bilden. Mit einem Fahrstuhl mag es da nicht mehr getan sein: Womöglich lässt sich dann auf einem Laufband durch die Römerzeit gleiten.

KURVENKÜR DES ZEITGEISTES

So rund liefen die Fünfzigerjahre: Der Spanische Bau des Rathauses ist restauriert

Wenn der Kölner Oberbürgermeister während der Ratssitzung aus dem Fenster schaut, dann sieht er – den Dom. So kann er, wenn er, in der Mitte des erhöhten Podiums thronend und den Doppeladler des Stadtwappens im Rücken, sich über die endlosen Debatten der Gemeinderäte zu langweilen beginnt, die Dachreiter der gotischen Kathedrale bewundern und ihre Fialen zählen. Nur bis zu vier Geschosse haben die Häuser in der Kleinen Budengasse gegenüber, und schon mehrfach wurden Bauanträge, sie aufzustocken, abgewiesen. Das Wahrzeichen der Stadt möchte die Ratsversammlung nie und nimmer aus den Augen verlieren.

Der umgekehrte Blick, vom südlichen Domturm aus, erscheint nicht halb so berückend. Der „Spanische Bau“, wie das neue Rathaus genannt wird, ist eine locker um zwei Höfe gruppierte Anlage, die

Theodor Teichen und Franz Löwenstein, zwei Architekten in städtischen Diensten, zwischen 1954 und 1956 errichtet haben. Sein Äußeres gibt sich, mit Ziegelfassaden und Werksteindetails, betont zurückhaltend, wobei die Materialien wie auch der Name auf den im Krieg zerstörten Vorgänger Bezug nehmen: Der „Spanische Bau“, 1615 im Stil der Spätrenaissance fertiggestellt, erinnert an den „Kompositionstag“ der Spanischen Liga, den Zusammenschluss der katholischen Staaten während des Dreißigjährigen Kriegs, der 1623 hier stattfand.

Sein schlichtes Gewand wirft das Gebäude im Innern ab, wo es mit kühn geschwungenen Treppen und kurvierten Decken die dynamischen Formen der Zeit aufnimmt und mit wertvollen Materialien – Holz- und Natursteinarten, Bronze und Messing – differenziert und detailreich ausführt. Das beginnt bei einem Farbkonzept, das in der „Beletage“, wo die Stadtspitze ihre Büros hatte, helle, vornehme und in den Verwaltungsfluren kräftige, „motivierende“ Töne anschlägt und nicht nur Wände und Decken, sondern auch Bodenbeläge, Fußleisten und Türanlagen einbezieht. Das setzt sich fort in aufwendig und individuell gestalteten Beleuchtungskörpern, deren drei größte als runde Lampensonnen den Ratssaal bestrahlen, und das findet seine Nobilitierung in Kunstwerken, die in den Bau integriert wurden: Ihr bedeutendstes ist das „Geschichtsfenster“ von Georg Meistermann, das auf neun mal dreizehn Metern die zweitausendjährige Geschichte der Stadt in zweihundert Daten und Namen zu visualisieren versucht.

Seit ein paar Wochen schimmert das historische Schau-Fenster wieder in blass-zarter Transparenz. Im Zuge einer zweijährigen, mehr als zwanzig Millionen Euro teuren Generalsanierung des „Spanischen Baus“ ist es gereinigt und originalgetreu restauriert worden.

Umfang und Konsequenz, mit denen dabei Grundsätze der Denkmalpflege eingebracht wurden, sind außergewöhnlich und sichern der Stadt eine Art Gesamtkunstwerk der Fünfzigerjahre: Die komplett modernisierte Haustechnik verschwindet weitgehend hinter der originalgetreuen Ausstattung, deren Verkleidungen, Holztäfelungen, Verglasungen, Stühle und Tische behutsam aufgearbeitet oder einfühlsam ersetzt wurden. Mit welcher formalen Vielfalt und handwerklicher Solidität damals, als das Verhältnis von Materialaufwand und Arbeitslöhnen noch „günstiger“ war, Architektur, Kunstgewerbe und Kunst ineinandergriffen, lässt sich hier eindrucksvoll ablesen und bis in Unikate der Detaillösung verfolgen.

Aus funktionalen Gründen wurden auch bauliche Veränderungen vorgenommen. Die wichtigste betrifft den größeren der beiden Innenhöfe, der mit einem Glasdach geschlossen wurde. Aus Rücksicht auf seine trapezförmige Geometrie, das historische Treppenhaus des Südflügels und das sensible statische Gefüge haben die Architekten Oxen + Römer und Partner (Hürth) eine autarke, auf Stützen stehende Konstruktion entwickelt, deren mit Stahlseilen unterspanntes System alle technischen Ausstattungen integriert. So ist eine helle, flexibel zu nutzende Piazzetta entstanden, in der das Stadtmodell seinen festen Platz erhält. Ihr Tragwerk in Form eines dreidimensionalen Kissens unterstreicht die Leichtigkeit der Konstruktion und scheint die Grenze von Innen und Außen aufzuheben.

Stadtkonservator Ulrich Krings, der seiner Mitarbeiterin Marion Grams-Thieme das Hauptverdienst für das denkmalpflegerische Bravourstück zuerkennt, berichtet, dass sich das Stadtoberhaupt seinem Anliegen aufgeschlossen gezeigt habe. So weit, dass er das Ergebnis als vorbildlich anerkennt, aber geht der Oberbürgermeister nicht. Hat er doch in der Diskussion um das im Renovierungsstau steckende Opernhaus schon mehrfach die Möglichkeit eines Abrisses und Neubaus ins Gespräch gebracht. Von Wilhelm Riphahn zur gleichen Zeit wie der „Spanische Bau“ errichtet, ist es mit seinem zikkurathaften Bühnenturm, dessen Schrägen mit Balkonen besetzt sind, ein Denkmal von hohem stadtbildprägendem Rang. Aber das wird, wenn nicht noch Vernunft einkehrt, eine ganz andere Geschichte.

DAS GEHEIMNIS HINTER DEN GEGENSTÄNDEN

Das Kulturquartier am Neumarkt öffnet seine Tore

Hin- und hineinzukommen ist gar nicht so einfach. Dabei liegt der neue Kölner Museumsbau, zentraler geht's nicht, am Neumarkt. Vor der Tür aber donnert die vierspurige Cäcilienstraße, die nicht erst die Bahntrasse in ihrer Mitte unüberwindbar macht. Zwar sieht der Masterplan von Albert Speer hier ein „grünes Gleis" mit genügend Querungsmöglichkeiten vor – doch der ist erst zwei Jahre alt und hat bisher wenig bewirkt. Sowas dauert in Köln. Beim neuen Museumskomplex wurden es, aufgehalten von Pleiten und Pannen, fünfzehn Jahre, und so lange die Straße bleibt wie sie ist, muss sich der Besucher entweder durch die Unterführung am Neumarkt quälen oder eine Ecke weiter („Lebensgefahr!" ruft ein Schild) den Fußgängerüberweg riskieren. Zur Museumsinsel wird bereits schöngeredet, was die Verwaltung, banaler geht's nimmer, „Kulturquartier" nennt, und das, wo nicht trübes Spreewasser, sondern lauter Verkehr sie umspült.

Drei Riegel in Nord-Süd-Richtung gliedern den 21 Meter hohen Kasten: der erste halb so breit wie der zweite, dieser halb so breit wie der dritte. Getrennt werden sie durch Lichtfugen, von denen die erste das Eingangsfoyer und die schmalere zweite ein Treppenhaus aufnimmt, das die gestapelten Ausstellungsräume verbindet. Zur Straße wechseln Backstein und Glas, zwischen dunkel und gelbrot changiert der Wittmunder Torfbrandklinker, der in Köln neu ist und ganz massiv auftritt.

Die fensterlose Westfassade zeigt der Volkshochschule daneben die kalte Schulter und schafft eine öde Straßenschlucht. Auf der Ostseite wurde an die strenge Lochfassade ein einstöckiger Kubus mit milchglasiger Außenhaut gesetzt, der das benachbarte Museum Schnütgen für mittelalterliche Kunst neu erschließt und, indem er eine Verbindung zu Karl Bands Bibliotheksbau von 1954 schlägt, die Ausstellungsfläche um sechzig Prozent vergrößert. Es könnte auch ein Versicherungsgebäude sein, was die Braunschweiger Architekten Schneider + Sendelbach da so straff strukturiert haben, doch lässt sich durch das Schaufenster im ersten Stock ein zergliederter Yamsspeicher erblicken, der – nachts angeleuchtet – von der Decke hängt.

Ja, wo bin ich denn hier gelandet? Wie die Abflughalle eines Provinzflughafens nimmt sich das Eingangsfoyer aus, das als einziges Oberlicht hat. Hinter der automatischen Eingangstür folgen Bookshop, Ticketschalter und Cafeteria. Dabei soll man von hier aus, eurozentrisch gedacht, doch in die entlegensten Weltgegenden abheben. Wieder rettet ein Exponat die Situation. In einer portalartigen Erweiterung prunkt das Wahrzeichen des Museums, das als sieben Meter hoher Pfahlbau für das alte Haus am Ubierring zu groß war: ein Reisspeicher von der Insel Sulawesi, der um 1935 aus Holz, Rotang und (vor wenigen Jahren neu gedecktem) Bambus errichtet wurde. Reich beschnitzt und farbig bemalt, erzählt er vom Leben einer ranghohen Familie und spricht, pars pro toto, alle Themen des Parcours an: „Der Mensch in seinen Welten."

Willkommen, bienvenue, welcome? Der Empfang fällt polyglotter aus, in mindestens einem Dutzend Sprachen begrüßen sich die Menschen auf der ersten Leinwand. Der Kulturvergleich im (nicht einmal) Minutentakt ist Programm. Denn das Rautenstrauch-Joest-Museum hat mit dem Untertitel (von „für Völkerkunde" zu „Kulturen der Welt") auch die Konzeption gewechselt und gliedert seine Ausstellung nicht mehr nach Regionen, sondern nach Themen: Wie die Menschen wohnen, wie sie sich kleiden, wie sie mit dem Tod umgehen, welche Gottesbilder und Rituale sie haben, wird neben- und gegeneinandergestellt. Nicht auf die Konfrontation mit dem Fremden, sondern auf seine Verschiedenheiten wird die Aufmerksamkeit gelenkt. Doch zunächst durchläuft der Besucher Stufen, die darauf vorbereiten: mit Musik, die nicht voll aufspielt, sondern in Form eines kompletten

Gamelan-Instrumenten-Ensembles aus Zentraljava bereitsteht; mit Porträts von Wilhelm Joest (1852 bis 1897), dessen ausgedehnte Forschungsreisen den Grundstock des von seiner Schwester Adele Rautenstrauch 1901 gestifteten Museums gelegt haben, und von Max von Oppenheim (1860 bis 1946), der es ergänzt und als Diplomat in Nahost ein Doppelleben zwischen Orient und Okzident geführt hat, Kölner und Sammlerpersönlichkeiten beide, die Fotos auf ihren Exkursionen und in ihren Berliner Wohnungen zeigen.

In einem „Klischee-Container" bombardiert, was Afrikaner von „Zehn kleine Negerlein" über Lübke bis Scholl-Latour abkriegen, die Sinne: Wie dörflich, dienend, hilfsbedürftig, kindlich, kannibalisch sie sind, wird gefragt und so beantwortet, dass die Vorurteile an der Wirklichkeit zerbrechen. Dann legen die Museumsethnologen ihre Karten auf den Tisch. Die Tradition, Illusion oder gar Anmassung, eine indigene Kultur „realistisch" abbilden zu können, wird in Frage gestellt. Den Arbeitsfeldern Forschen, Sammeln, Bewahren und Vermitteln werden die Grenzen aufgezeigt. Der dekonstruierte Yamsspeicher versinnbildlicht auch Bedingtheit und Chance der Interpretation: Jede Sammlung ist Auswahl und damit Deutung.

Gottheiten aus Mikronesien, Thailand, Sierra Leone, Guatemala oder Mali: „Ansichtssachen?!: Kunst" fragt ein großer Saal, der Figuren verschiedener außereuropäischer Kulturen einer ästhetischen Wahrnehmung aussetzt, um sie auf Knopfdruck mit Kontexten zu unterlegen. Die Sichtwechsel führen in die Debatten über Bewertungsfragen und Präsentationsformen zwischen Kunsthistorikern und Ethnologen. Erst danach tritt der Besucher aus „Die Welt erfassen" in „Die Welt gestalten": Türen, die, reich verziert und geschnitzt, Visitenkarten abgeben, variieren die Grußformen des Prologs und markieren den Übergang.

Ein europäischer Salon, der sich mit Lüster, Attrappen und Glasschrank als Bühnenbild ausweist, ist die erste Station, doch wer die Schubladen des großen Tisches aufzieht, findet Geschichten

RESTAURANT
30

IE BASTEI
30
P

über Emigranten, Waren- und Kommunikationswege. Die Nachbarzimmer führen in ferne Welten: in den Empfangsraum, den sich ein reicher Kaufmann zu Beginn des neunzehnten Jahrhunderts in seiner Sommerresidenz in Kayseri eingerichtet hat, zu einem Tipi, wie es Blackfoot-Indianer in den nordwestlichen Plains bewohnten, zu dem sich in die Wüste duckenden Zelt einer Tuareg-Familie in Niger. Weiter hinten ist ein Männerhaus der Asmat aus Westneuguinea aufgebaut, in dem Ahnenpfähle und Feuerstellen sakrale und soziale Lebensbereiche vereinen.

Im zweiten Obergeschoss wechselt die Stimmung, für „Der Körper als Bühne" wird der Parcours mit Gaze abgespannt und jeder Raum zur luftigen Höhle, in der Kleidung und Schmuck, Turban- und Hüfttuch, Fingernagelschoner aus China und ein Federmantel aus Hawaii Auskunft über Stellung und Status, Herkunft und Heimat geben. Dann hängen weiße Fadenvorhänge die Wegführung ab und öffnen eine gleißende Halle, denn nicht Schwarz, sondern Weiß ist in den meisten Kulturen die Farbe des Todes: Ein Stiersarkophag begleitet ihn in Bali, eine Ofrenda mit Totenköpfen aus Zuckerguss in Mexiko, eine Boot bei den Maori. Statuen und Altäre stehen für die Vielfalt des Glaubens, Rituale öffnen Zwischenwelten, dämonische Mächte in Masken zelebrieren Initiationen und Übergänge. Zum Epilog kehren die Figuren des Prologs zurück: Alle, so grüßen sie zum Abschied, leben in Köln.

In den innenräumlich wenig inspirierenden Hallen hat Jutta Engelhard einen anregenden und abwechslungsreichen Parcours angelegt, der Vertiefungen, Seitenwege, Überraschungen, auch Fußnoten bietet und dabei mitunter – die Szenografie hat das Atelier Brückner (Stuttgart) gestaltet – technisch verspielt und medial überinstrumentiert gerät. Vor allem aber gelingt ein spannender Balanceakt: Zentrale Exponate werden individuell ins Recht gesetzt, sodass sie sich als Kunstwerke bestaunen lassen, ehe sie, etwa durch „eingebaute" Filme, in denen sie „mitspielen", in

Funktionszusammenhängen zu sehen sind – so kann sich das Geheimnis hinter den Gegenständen auftun.

Der neue Museumsbau, der zusätzlich zu den 3500 Quadratmetern des Parcours einen 1350 Quadratmeter großen Raum für Sonderausstellungen sowie einen Saal der Volkshochschule mit 350 Plätzen umfasst, hat inklusive der Inneneinrichtung etwas mehr als achtzig Millionen Euro gekostet. Dass er die „Kulturen der Welt" ins Zentrum holt und das Museum Schnütgen mit der christlichen Kunst daneben als Anhängsel erscheint, lässt sich auch symbolisch verstehen. Die Zukunft des Hauses wird davon abhängen, wie es die vielen Migranten-Communities in der Stadt annehmen werden. Dafür bedarf es mehr als einer Verkehrsberuhigung.

KAHLSCHLAG

Was von der alten Messe übrigbleibt

Der schlanke, sechsundachtzig Meter hohe Turm, von dessen Aussichtsrestaurant aus Oskar Kokoschka 1956 seine berühmte Stadtansicht von Köln gemalt hat, ist stehen geblieben. Doch darunter wird von den alten Rheinhallen der Messe nicht viel bewahrt. Allein die einheitlichen Außenwände, die scharfe Rippen zwischen schmalen vertikalen Fensteröffnungen rhythmisieren, werden konserviert: „Rheinischer Backsteinexpressionismus" in dunklem Klinker, mit dem der Kölner Stadtbaurat Adolf Abel 1927/28 für die Presse-Ausstellung „Pressa" die drei zwischen 1922 und 1924 in Stahlskelettbauweise errichteten, hufeisenförmig angelegten Hallen von Hans Verbeek und Hans Pieper ummantelt hat – einschließlich des „Ehrenhofs", einem von einer Glaspyramide überdachten Innenhof nahe dem Südeingang.

Wer in diesen Wochen mit dem Zug nach Köln reist, dem bietet sich von der Hohenzollernbrücke aus, wo es vor der Einfahrt in die Bahnhofshalle fast immer zu einem kurzen Halt kommt, eine gespenstische Aussicht: Als wäre eine Bombe eingeschlagen, zeigt sich das Innere des flachen, langgestreckten und – um es in der gegenwärtigen Leitwährung zu sagen – zweiundzwanzig Fußballfelder messenden Gebäudekomplexes als gigantische Kraterlandschaft.

Nachdem die Stadt die prominente Immobilie im Sommer 2003 dem mit seiner Abwanderung kokettierenden Fernsehsender RTL eilfertig auf dem Silbertablett serviert hatte, wurde in diesem Frühjahr mit dem Umbau begonnen. Die vollständige Entkernung hat von der Struktur der Hallen nichts übriggelassen. Die Denkmalpflege hat da wenig ausrichten können. Denn die ursprüngliche Substanz war schon durch die Zerstörung im Krieg, durch zahlreiche Um-, An- und Einbauten sowie Verkleidungen weitgehend vernichtet worden. So schrumpften die zu erhaltenden Anteile auf die Hülle. Das Gebot der Einheit von innen und außen wurde aufgegeben. Später Triumph der Postmoderne: Denkmalschutz als Applikation, als Fassaden-Kunst, als Vor-Satz.

Die Maßstäblichkeit immerhin bleibt gewahrt. Doch die neue Füllung wird mit dem Original nichts mehr zu tun haben. Das – nach Angaben der Vermarkter – „größte Bürogebäude Deutschlands“, von dessen hundertsechzigtausend Quadratmetern Bruttogeschoßfläche RTL nur die Hälfte beansprucht, wird nach den Plänen des Düsseldorfer Architekturbüros HPP – Hentrich, Petschnigg & Partner – aus zwei Gebäudeteilen bestehen, die von einer breiten, öffentlich zugänglichen Mall getrennt werden. Jeder von ihnen gliedert sich in zwei Riegel in Nord-Süd-Ausrichtung, die mit Kämmen so verbunden werden, dass sie sieben Lichthöfe bilden. Auf die vier neuen Geschosse hinter den alten Mauern kommt auf den Kämmen ein fünftes und auf den beiden Innenriegeln sogar ein sechstes: Sie werden die Fassade überragen und, zumindest von der gegenüberliegenden Uferpromenade aus, auch sichtbar sein. Was dabei im

Erscheinungsbild verloren geht, will ein Euphemismus kompensieren: Aus den Rheinhallen soll die „Rheinpark-Metropole“ werden.

So verändert die Stadt hier, wo ihre rechte Rheinseite am ansehnlichsten ist, ihr einst von Konrad Adenauer als Ausdruck des modernen Kölns gestaltetes Gesicht. Die Messe hat das ihre gleich ganz verloren: In funktionale, containerplumpe Hallen jenseits des Auenwegs zurückgesetzt, steht sie bereits in der zweiten Reihe und verzichtet künftig auf eine eigene (und lange unverwechselbare) Schauseite. Als wäre die neue, blank-banale Hochhaus-Dose, welche die Unesco vor Nachahmern bewahren musste, nicht schon Verunstaltung genug: Auch daneben droht das Stadtbild von Köln, gleich vis-à-vis des Doms, weiter entstellt zu werden.

CAFÉ MIT AUSSICHT

Runde Formen, bunte Farben: Im Rheinpark wird ein Architekturjuwel der Fünfzigerjahre instandgesetzt

Im Frühjahr 2017 hätte der sechzigste Geburtstag gefeiert werden können. Wenn es denn etwas zu feiern gäbe. Aber noch sieht es danach nicht aus. Das Gebäude ist eingerüstet, Bretter und rot-weiße Sperrbänder sichern es ab. Der Putz blättert, Rost nagt an Geländern, Brüstungen, Rohren und Dachkanten entlang, Schutt liegt in den Räumen, Graffiti verschandeln die Wände. Ein Infopavillon, in dem eine kleine Ausstellung Zukunftsmusik anstimmt, steht davor, neben Dixi-Klos und Containern. Lange war das Parkcafé im Rheinpark dem Verfall preisgegeben, jetzt ist es endlich eine Baustelle. Doch ein Jahr wird es noch dauern, bis es wieder neu, und das soll hier heißen: im alten Glanz, erstrahlt. Als Architekturjuwel der Fünfzigerjahre.

Am 29. April 1957 wurde in Köln die Bundesgartenschau (Buga) eröffnet und mit ihr das Parkcafé. Der Frankfurter Architekt Rambald von Steinbüchel-Rheinwall hatte 1954, mit dem Gartenarchitekten Herbert W. Dirks aus Bad Nauheim, den Wettbewerb gewonnen. Doch den Auftrag erhielt er nicht. Für die Ausgestaltung der Rahmenplanung wurde eine Arbeitsgemeinschaft gegründet, sie sollte die besten Elemente der preisgekrönten Vorschläge zusammenführen. Steinbüchel-Rheinwall, der 1926 bei Hans Poelzig in Berlin sein Studium abgeschlossen und danach im Büro von Peter Behrens gearbeitet hatte, blieb das Parkcafé. Als Trostpreis.

Bundesgartenschau 1957 – das war auch Wiederaufbau. Der Krieg hatte die Parkanlagen, ihre Wege und Wasserbecken zerstört und sie in eine Wüste mit Bombentrichtern und Trümmerhalden verwandelt. Häuser und öffentliche Gebäude wiederherzustellen, um Wohnraum zu schaffen und die Verwaltung wieder in Gang zu setzen, war zunächst dringlicher gewesen. Nun konnte und sollte gezeigt werden, dass die belasteten und belastenden Formen überwunden waren. Leichtigkeit und Transparenz hießen die Leitlinien. Die Architektur sollte die alte Ordnung abwerfen und zum Impuls des Aufbruchs werden. Schon 1951 hatte der Kölner Gartenbaudirektor Kurt Schönbohm ein Konzept skizziert, das sich von Achsen und geometrischen Grundrissen verabschiedete – Ideen, die in die Planungen der Bundesgartenschau einflossen.

Der Ort auf der „schäl Sick“, der rechten Rheinseite, gegenüber der Innenstadt, hat eine wechselvolle Geschichte. Erstmals bebaut wurde die Auenlandschaft von den Preußen, die 1818 Deutz zum Brückenkopf der Kölner Festung machten und ihm von 1859 bis 1863 hier das Fort XII vorlagerten. Im Osten des Geländes wird 1872 die Endstation der Bergisch-Märkischen Eisenbahn errichtet, im Mai 1914 die Werkbundausstellung veranstaltet, auf der Architekten wie Walter Gropius, Bruno Taut und Henry van de Velde wegweisende Bauten zeigten. Von 1922 bis 1924 wurden im südlichen Abschnitt, auf Initiative von Oberbürgermeister Konrad Adenauer, die Messehallen („Adenauers Pferdeställe“) gebaut, und 1928 fand hier, wieder auf Initiative des Stadtoberhaupts, die Ausstellung über das Pressewesen „Pressa“ statt, für die Adolf Abel, der Leiter des Hochbauamts, eine von Backsteinfassaden geprägte Mantelbebauung mit Kolonnaden, Turm und Aussichtsrestaurant schuf. Eine für 1940 geplante Verkehrsausstellung kam nicht mehr zustande, das Gelände wurde beschlagnahmt: Die Wehrmacht richtete ein Kriegsgefangenenlager ein, ab Mai 1940 wurden 1500 Sinti und Roma, ab Oktober 1941 von hier elftausend Juden in Konzentrations- und Vernichtungslager deportiert. Im September 1943 wurde eine Außenstelle des KZ Buchenwald eingerichtet. Vom „Rheinvolkspark“ zum ersten Kreis der Hölle.

„Blumen blühen am Rhein“ lautete 1957, schlicht und unbeschwert, der Slogan der Bundesgartenschau. Schon der Rosenmontagszug hatte sie mit dem Motto „Lasst Blumen sprechen“ angekündigt, die Stadt rührte die Trommel und putzte sich heraus, 1 371 560 Bäume, Sträucher und Blumen wurden gepflanzt. „Flower Power“ ante verbum: So viel Aufblühen war nie! Die Besucher strömten, rund 4,3 Millionen in 179 Tagen. Der Erfolg ließ sich nicht wiederholen. Der Versuch einer Neuauflage, der schon 1971 auf dem gleichen Gelände, erweitert um einen Brückenschlag über den Strom in die Riehler Auen, unternommen wird, landete auf einem Schuldenberg.

Die Bundesgartenschau ist 1957 das herausragende Ereignis in Köln, Bundespräsident Heuss und Bundeskanzler Adenauer sprachen als Schirmherren zur Eröffnung. Aber sie war nicht das einzige. Die Stadt, so warb sie in einem bunten Faltblatt, auf dem die drei Kronen in ihrem Wappen zu gelben Tulpen mutiert sind, „beweist, dass sie mit Recht die Metropole am Rhein genannt wird“: Am 25. Mai wurde das Wallraf-Richartz-Museum (heute dort Domizil des Museums für Angewandte Kunst), am 15. Juni das Historische Museum im Zeughaus (heute Kölnisches Stadtmuseum) eröffnet, und am 18. Mai stand „das neue, im Stil einmalige Opernhaus erstmalig zu kulturellen Veranstaltungen bereit". Chor.Tage, Internationale Tanz-Festspiele, die Ausstellung „Landschaft und Garten im Bild, Meisterwerke der europäischen Malerei", Deutsches Mozartfest sowie 128 Tagungen und Kongresse, 32 davon mit Bezug zur Gartenschau – die Buga als Motor der Stadtentwicklung und Stadtwerbung.

Eine Blume ist auch das Parkcafé, und was für eine! „Nach allen Seiten hin, von einem Kern ausgehend, strecken sich die Platten in die Luft, ähnlich wie die Blätter oder die Zweige eines Baumes", so beschrieb es der Architekt. Doch die Farben der organischen Bauplastik, die hinten auf den beiden Schulterkaponnieren des Forts steht und sich mit weit gekurvten Terrassen und Dächern zum Park öffnet, lassen weniger einen Baum als eine Blume assoziieren: Die Unterseite der ersten Dachterrasse ist blau, die der oberen Verdachung gelb, die Stützen sind weiß gestrichen – Farben, die sich in den organisch geformten Beeten des Blumenhofs wiederfinden. Die Möblierung, von Architekt Karl Zuschlag entworfen, setzt es im Innern fort: gelbe und rote Stühle an dunkelgrünen und dunkelblauen Tischen. Asymmetrisch, transparent, vor- und zurückspringend, geschwungene Linien, eine nierenförmig überkragende Terrasse.

Die Architektur vermittelt viel vom Lebensgefühl der Zeit, dem schon andere Neubauten in Köln wie das mit Messing-Agraffen und türkisfarbenen Bordüren verzierte Blau-Gold-Haus (1952) am Domkloster oder das 4711-Haus (1950) in Ehrenfeld Ausdruck gegeben hatten.

Die originalen Farben halten nicht lange, für die zweite Buga wurden die Säulen schwarz gestrichen. Zur Eröffnung befanden sich im Erdgeschoss ein Bierrestaurant und eine Snackbar, die bald einer „Automatenstraße" weichen mussten, im ersten Obergeschoss ein Café mit Terrasse und Außengastronomie und darüber die große Dachterrasse, auf der Musik gespielt und getanzt wurde. Doch so beliebt wie im ersten Jahr bleibt der Treffpunkt nicht lange. Das Café ganzjährig und rentabel zu bewirtschaften, erwies sich als schwierig; die Anziehungskraft des Rheinparks ließ nach, und die Lage in seiner Mitte, innenstadtnah, doch nicht einfach zu erreichen, machte es abhängig von Wetter und Jahreszeit. Hinzu kamen funktionale Mängel, das Gebäude verfügte weder über eine durchgehende Innentreppe noch über einen Personenaufzug. Was im ersten Obergeschoss gekocht wurde, war lauwarm, bis es auf der Dachterrasse ankam. Mehrere Pläne einer neuen Nutzung – etwa als Ausstellungssatellit der Messe oder als Speiseeis-Museum – verliefen im Sande.

Mehr als zehn Jahre lang entzog die Stadt dem Gebäude, das sie selbst 1989 unter Schutz gestellt hat, die Pflege, zu der das Gesetz verpflichtet. Auf das gefährdete Kleinod aufmerksam machte 2013 die Initiative „perle sucht dame“ des Architekten Oliver Grebe, die ihm eine Ausstellung widmete und sich für den Erhalt engagierte. Schon 2011 hatte das Amt für Wirtschafsförderung das Projekt in das Programm „Win-Win für Köln“ aufgenommen: Das Café soll mit jungen und Langzeitarbeitslosen sowie schwer Vermittelbaren betrieben werden, nachdem der Architekt Bodo Marciniak es mit Firmen des ersten sowie Qualifizierungs- und Beschäftigungsträgern des zweiten Arbeitsmarkts denkmalgerecht saniert hat. Ein- und Umbauten sind, schon aufgrund veränderter DIN-Normen und der Behindertengerechtigkeit, nicht zu vermeiden, die Auswirkungen auf das Erscheinungsbild nicht unerheblich, manche Abwägungen schwierig. So wird die kleine Rampe zur Dachterrasse weichen. Die weit ausschwingende, stufenlose Rampe, die auf die untere Terrasse führt, aber bleibt.

Die Stadt investiert 2,7 Millionen Euro, die innerhalb von 25 Jahren als Mieteinnahmen in den Haushalt zurückfließen werden. Am meisten überzeugt hat sie das Betreiberkonzept von Roberto Campione und Frank Tinzmann, die eine dreistufige Nutzung vorsehen und das Café das ganze Jahr über geöffnet halten wollen: Unten sollen ein Kiosk und ein Bistro mit Außengastronomie entstehen, darüber ein

Restaurant und oben eine Bar und eine Lounge, die auch Kleinkunst und geschlossene Gesellschaften aufnehmen können.

Der Niedergang des Parkcafés ist in Köln kein Einzelfall. Die vernachlässigte Bauunterhaltung von Opern- und Schauspielhaus stellt ihn mühelos in den Schatten. Doch während die Bauleitung der Bühnen immer noch nicht sagen kann, wann die Sanierung abgeschlossen sein wird, soll das Parkcafé in einem Jahr wieder eröffnet werden. Auch der 61. Geburtstag kann ein Grund zum Feiern sein. Wenn dann, kleines P.S., der Blick von der Terrasse über den Park und den Fluss schweift, wird er auf die Bastei fallen, die gegenüber am linken Rheinufer steht. Auch ein Aussichtslokal. Auch ein Architektur-Juwel, expressionistische Baukunst von 1924. Und auch eine Immobilie, die leer steht und saniert werden muss. Aber eine andere Geschichte.

AUFERSTANDEN AUS RUINEN

Wundersamerweise gerettet: der romanische Kirchenkranz um den Dom

Der Weltjugendtag trägt die Domtürme im Emblem. Wie die Kölner Stadtverwaltung, der 1. FC, die Taxizentrale und viele Firmen, Produkte, Gesellschaften. Der Dom ist das Wahrzeichen von Köln und war es, damals mit dem Baukran auf dem Torso, auch schon, bevor er 1880 vollendet wurde: Stadtkrone, Stadtdominante, Stadtzeichen. Die „vollkommene Kathedrale“, Werk sowohl gotisch-mittelalterlicher wie auch romantisch-historistischer Baugesinnung. Symbol und Synonym: Der Dom ist Köln. Und doch ist Köln mehr als „nur“ der Dom.

Metropolitankirche des Domkapitels, Kathedralkirche des Erzbischofs, Pfarrkirche. Der Dom ist die „erste“ Kirche in Köln, aber weder die älteste noch die einzige von herausragender Bedeutung.

Filmpala

22-24
P

THA
PIZZERIA
Opel in
AUTOZENTRUM
KÖLN
Der neue Opel Insignia ko

Hohenzollernring
Buon Giorno
Dom
e. Seit 1969.
n 28.09.13.

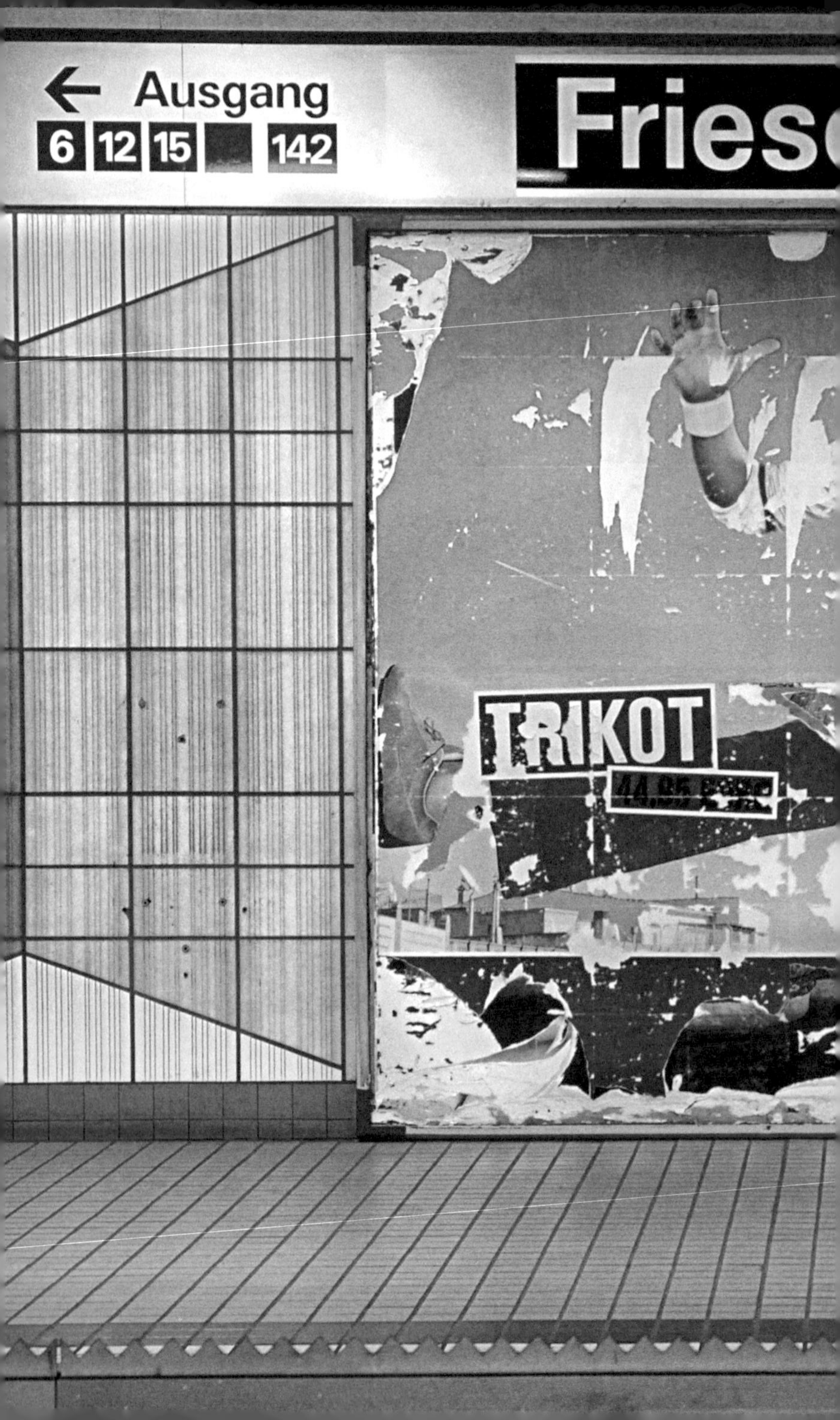
Ausgang
6 12 15 142
Fries
TRIKOT

nplatz
Kappa

palast

DOM-HOTEL
WIR SIND UMGEZOGEN!
Am Hof 1

Ihn umgibt ein Kranz von (heute elf) romanischen Kirchen, deren Namen sich wie im Rosenkranzgebet aufsagen lassen: St. Andreas, St. Aposteln, St. Georg, St. Gereon, St. Kunibert, St. Maria im Kapitol, St. Maria Lyskirchen, Groß St. Martin, St. Pantaleon, St. Severin, St. Ursula. Die jüngste von ihnen, St. Kunibert, wurde 1247 geweiht, ein Jahr bevor der Grundstein des Doms gelegt wurde. Und die älteste von ihnen, St. Pantaleon, wurde 980 geweiht, als der Vorgängerbau des Doms, eine dreischiffige Pfeilerbasilika mit niedrigen Querarmen, gerade unter Erzbischof Bruno (953 bis 965) auf fünf Schiffe erweitert worden war.

Auftraggeber für ihren Bau waren die mächtigen Erzbischöfe, zunächst besagter Bruno I., ein Bruder Kaiser Ottos I. und zugleich dessen Reichskanzler, später vor allem Anno II., der 1074 aus Köln vertrieben wurde, es aber nach vier Tagen wieder einnahm und vorgab, unter geträumten Anweisungen von Heiligen zu handeln. Fürstlich herrschten sie in der damals größten Stadt nördlich der Alpen, die durch den Rheinhandel reich geworden war, übten Münz- und Zollrecht aus und waren oberste Gerichtsinstanz. Ihre Frömmigkeit, die mit dem, was heute darunter verstanden wird, scheinbar nicht viel zu tun hatte, diente der Politik und vice versa. Die Kirchen, die sie, prächtig und großzügig errichten ließen, umfassen alle Stilphasen des hohen Mittelalters: In keiner Stadt des Kontinents sind Reichtum und Vielfalt der romanischen Baukunst so konzentriert versammelt. Charakteristisch für Köln ist die „Drei-Konchen-Anlage", die hier drei Kirchen – St. Maria im Kapitol, St. Aposteln und Groß St. Martin – ausgebildet haben: Um den Chor sind kleeblattförmig drei gleich große, halbkreisförmige Apsiden angeordnet, die Kegeldächer bedecken.

Der Zweite Weltkrieg legte Köln in Schutt und Asche, die Altstadt wurde zu neunzig, die Gesamtstadt zu siebzig Prozent zerstört. Der Dom aber hat, fast unversehrt, alle Bombenangriffe „überlebt". Dagegen war von den romanischen Kirchen wenig übriggeblieben:

vom Vierungsturm von Groß St. Martin nur ein Stumpf, vom Chor von St. Maria im Kapitol nur die Südkonche und von St. Gereon wenig mehr als das singuläre, nun einsturzgefährdete Dekagon. Andere wie St. Pantaleon oder St. Aposteln waren Trümmerhaufen. Zwar hat es auch Stimmen wie jene von Otto H. Förster, dem Direktor des Wallraf-Richartz-Museums, gegeben, die den Stumpf von Groß St. Martin als Mahnmal stehenlassen wollten, „bis, vielleicht in hundert Jahren, der Tag kommt, wo uns ein großer Meister den Turm plant, der so schön oder schöner ist als der gewesene“, doch herrschte weitgehend Übereinstimmung, dass die Kirchen wieder aufgebaut werden mussten und die Frage der Finanzierung, so der damalige Landeskonservator Wolff Graf Metternich, „gar nicht gestellt werden“ durfte.

Die Mahnung von Konrad Adenauer, der „vor allem als Kölner“ und „ein wenig als Städtebauer“ zum „Voranmachen“ drängte, fand allerdings kein Gehör. Der Wiederauferstehung der Colonia romanica wurde, im bewussten Gegensatz zum hektischen und insgesamt mediokren Wiederaufbau der „profanen“ Stadt, eine lange Reifezeit zugebilligt, die von grundsätzlichen kunsthistorischen wie architekturtheoretischen Debatten begleitet wurde: Was ist Original, was Rekonstruktion, was Neuwerk? Was ist Kopie, was Aneignung? Wie lässt sich ein Denkmal retten, das völlig zerstört war? Im Verlauf der Arbeit erfuhr die Denkmalpflege eine weitreichende Umwertung ihrer Maximen und Anschauungen: Das anfangs verpönte neunzehnte Jahrhundert und mit ihm der Historismus wurden rehabilitiert.

Nach heftigen Auseinandersetzungen, die in Sachen der Ausgestaltung der Kirchenräume bis heute anhalten, und Investitionen in Höhe von dreihundert Millionen D-Mark war es 1985 endlich soweit: Köln feierte mit Festgottesdiensten und Prozessionen, Konzerten und Ausstellungen „Das Jahr der Romanischen Kirchen“, von denen alle elf in der Altstadt (bis auf das Querhaus und den

Turm von St. Kunibert, die 1992 folgten) wiederhergestellt waren. Auferstanden aus Ruinen waren Denkmale, die von der ruhmreichen Vergangenheit der Stadt kündeten und ein großes Kapitel ihrer Geschichte wieder anschaulich und erlebbar machten. Was damit auch gewonnen ist, zeigt sich vom anderen Rheinufer aus: Groß St. Martin als Kontrapunkt zum Dom, St. Kunibert und St. Maria im Kapitol als Nord- und Südtürme der historischen Silhouette, mussten wieder aufgebaut werden, um die Identität der Stadt wenigstens als „Bild" zu bewahren.

TRITTBRETTPARKER

Blitz-Aktion: Der Bananensprayer trifft Wolf Vostell

Seit mehreren Jahren schon verteilt ein Sprayer in Köln Bananen. Auf die gelbe Frucht an der Hauswand reagieren die meisten Galeristen wie Gastwirte auf eine Kochmütze im Restaurantführer: Sie nehmen sie als Auszeichnung. Nur ein paar ganz Seriöse lassen sie schnell wieder verschwinden, und die Bundesbahn, der sie auch aufgedrückt wurde, erstattete sogar Anzeige wegen Sachbeschädigung. Ein kunstversierter Anwalt paukte den Sprayer heraus, und die Publicity, in der sich der Angeklagte dabei sonnte, strahlte viel heller als seine Farbe. Allzu lange aber hielt sie nicht vor, und so hat der Sprayer jetzt zu einem Schlag ausgeholt, der einem Anschlag gleichkommt: In einem Anfall von Dekorationswut hat er Wolf Vostells Plastik „Ruhender Verkehr", die, 1969 während eines Happenings in der Domstraße entstanden, erst vor der Kunsthalle und inzwischen auf dem Mittelstreifen des Hohenzollernrings geparkt wurde, nicht etwa mit einer Banane versehen, sondern derart vollgepflastert, dass der in einen grauen Betonklotz eingegossene Opel Kapitän als monumentale Obstkiste dasteht. Die „Blitz-Aktion" und die Sprüche, die sie begleiten, Wahrheiten wie „Kunst braucht Wandlung.

Was beständig ist, ist tot", lassen die Kunstverantwortlichen der Stadt tiefreichende Kompetenzfragen wälzen. Der für Skulpturen zuständige Kustos des Museums Ludwig dekretierte rigoros, und als habe er von dem Verfahren der Übermalung noch nie etwas gehört, es ginge nicht an, dass sich ein Künstler in das Kunstwerk eines anderen einmische, und die Generaldirektorin der Museen will, obwohl die Stadt Eigentümerin der Plastik ist, Vostell selbst anrufen, um zu klären, was mit dem befruchteten Objekt geschehen soll. Der Urheber, der es offensichtlich versäumt hat, ein Trittbrett an seinem „zeitgeschichtlichen Mausoleum" anzubringen, muss mithin selbst entscheiden, ob er seinem Möchtegern-Kollegen den Gefallen tut und einen Prozess gegen ihn anstrengt. Dabei kennt die „Kunstgeschichte" eine enttäuschend unspektakuläre und schon deshalb in Köln kaum akzeptable Lösung des Problems: Als Joseph Beuys auf der „documenta" in Kassel vor dem Fridericianum Steine auftürmte und ein unbekannter „Künstler" sie nachts mit einem pinkfarbenen Anstrich versah, ließ der Meister eine Putzkolonne rufen: die Übermalung – ein Fall für die Stadtreinigung.

VON DER SCHOKOLADENSEITE

Das Mmmuseum

Nikoläuse und Schneemänner, Engel und Tannenbäume – zu Weihnachten kommt die Schokolade ganz schön in Form. Aber wie gelingt ihr das eigentlich? Wie wird sie gewalzt, gekocht und gegossen, wie kriegen ihre Hersteller es hin, dass die Figuren innen hohl sind? Die Besucher des neuesten Kölner Museums erfahren die Antworten auf solche Fragen, indem sie sich buchstäblich durch den Kakao ziehen lassen: Sie durchstreifen ein tropisches Gewächshaus, in dem zwischen Palmen und Orchideen verschiedenste Kakaobäume nebst ihren Begleitpflanzen sprießen, sie lassen sich von Fotos,

Schaubildern und Schrifttafeln über Anbau, Ernte und Transport belehren, sie schreiten eine blitzblanke Produktionsstraße aus Aluminium ab, die vorne die Kakaobohnen röstet und hinten die fertig verpackten Tafeln und Pralinen ausspuckt, sie erhaschen Einblicke in die Kulturen von Olmeken, Maya und Azteken, die die Pflanze im präkolumbischen Mittelamerika kultivierten, sie bestaunen den Luxus kunstvoll bemalter Tassen und Kannen aus feinstem Silber und hauchdünnem Porzellan, sie passieren einen Wiener Süßwarenladen aus dem neunzehnten Jahrhundert, nostalgische Reklameschilder und Warenautomaten, Dosen und Plakate, und sie durchlaufen schließlich die Firmengeschichte jenes Kölner Unternehmens, dessen Besitzer sich dieses weltweit erste und einzige „Museum für die Geschichte und Gegenwart der Schokolade“ von dem Architekten Fritz Eller als falschen Dampfer auf die Spitze der Rheinauhalbinsel hat bauen lassen, wo sich Köln nun von der Schokoladenseite zeigt. Einen Kindertraum hat er sich, so beteuert der schwergewichtige Fabrikant und „Chocoholic“, damit erfüllt und – für rund 53 Millionen D-Mark – sich auch ein Denkmal gesetzt. Zehn D-Mark kostet der Eintritt in sein Schlaraffenland, in dem zwar nicht Milch und Honig, wohl aber das braune Gold fließt: Aus achtzig überdimensionierten Kakaobohnen eines drei Meter hohen Brunnens sprudelt es träge in einen Schokoladenteich, in den eine Mundschenkin Waffeln taucht, um die Besucher auf den Geschmack zu bringen. Die Nascherei hat für viele von ihnen, der hunderttausendste wird bereits wenige Wochen nach Eröffnung erwartet, kalorienreiche Folgen, denn der Ausgang führt an einem „Shop“ vorbei, in dem auf überquellenden Theken und Regalen nicht nur die hauseigenen Erzeugnisse der Produktionsstraße feilgeboten werden. Der Andrang hier scheint auf einen verborgenen Zusammenhang zu verweisen: Kenntnisse über die Machart erhöhen, das zumindest haben Kunst und Schokolade gemein, die Fähigkeit zum Genuss. Das Museum wird zum „Mmmuseum“.

ES GIBT KEINE NEUE ARCHITEKTUR

Die Aktualität des Unzeitgemäßen: über den demütigen Baumeister Rudolf Schwarz

Die große Ausstellung über Rudolf Schwarz (1897 bis 1961), die das Kölner Museum für Angewandte Kunst dem Architekten zum hundertsten Geburtstag ausgerichtet hat, berührt das Herz der Stadt. Ist sie doch Teil jener „Hochstadt", die, so ein zentrales Bild des Baumeisters, „den hohen kostbaren Dingen" vorbehalten sein soll. Gerade für das alte Köln sah Schwarz, der am 15. Mai 1897 in Straßburg geboren wurde, diese „Verpflichtung". Die Heimat seiner Eltern war ihm Lebensmittelpunkt und mehr: „heilige Stadt", „abendländische Metropole", „Mutter von Städten".

Wie die Ausstellung mit des Baumeisters Bild von Köln, seinen Beiträgen und Vorstellungen dazu vertraut macht, muss gemischte Gefühle hervorrufen. Da ist einerseits, Genius loci und erstes Exponat, das Museum selbst, das in den Kontext und die Kontinuität des Gesamtwerks gestellt und als Höhepunkt des Nachkriegswirkens ausgewiesen wird: Nicht erst der geschützte Innenhof des kontrastreich zwischen bürgerlichem Stadthaus und gotischer Minoritenkirche vermittelnden Ziegelkörpers – Adenauer verspottete ihn als „Kistenfabrik Wallraf & Richartz" und wollte ihn gleich wieder abreißen lassen – lässt sinnlich erfahren, was Schwarz gemeint haben dürfte, wenn er sich die Innenstadt „ins Stille gebracht" wünschte.

Andererseits ist da das Kapitel über den Generalplaner der Stadt Köln, das vor Augen führt, dass die Innenstadt einen dichteren, vielfältigeren Zusammenhang bilden würde, wenn Schwarz, der dieses Amt von 1946 bis 1952 innehatte, sich mit seinen Absichten durchgesetzt hätte: Nur „umrandet vom großen Verkehr, aber nicht von ihm durchströmt", lautete eine seiner Leitlinien. Die Frage, was Schwarz, der schon 1961 in Köln gestorben ist, heute zu „seiner" Stadt sagen würde, brachte seinen Kollegen Hans Schilling, der mit ihm beim Aufbau des Gürzenich (1949 bis 1955) zusammenarbeitete, auf der Matinee „Zeitzeugen im Gespräch" nicht ins Grübeln: „Er wäre in tiefste Depression verfallen."

Die Ausstellung ist ein Glücksfall für Köln. Wie Maria Schwarz, die Witwe des Baumeisters, dessen ehamlige Mitarbeiterin Hilde Strohl und der Architekturhistoriker Wolfgang Pehnt sie konzipiert haben, verweben sich ihre Fäden gleich mehrfach mit der Textur der Stadt. So geraten Verluste, erfolgte und drohende, Probleme und Druckstellen in den Blick, und selbst eine kulturpolitische Entscheidung, die längst irreversibel ist, gewinnt noch einmal Bedeutung: War es richtig, die bedeutendste Kunstsammlung der Stadt aus dem Haus, das eigens für sie gebaut worden war, zu vertreiben, auf dass ihr nun fünfzehn Jahre später der nächste Umzug zugemutet wird?

Zunächst und vor allem aber ist die Ausstellung exzellent „gebaut": Von der Straßburger Kindheit über die Berliner Studienjahre, den Anfang als „Burgbaumeister" in Rothenfels am Main, die frühe Berufung zum Direktor der Kunstgewerbeschule Aachen 1927, deren Schließung ihn sieben Jahre in den Ruhestand versetzt, über das schwierige freiberufliche Überleben während des Dritten Reichs und die Mitarbeit beim Wiederaufbau in Lothringen während des Kriegs bis hin zu der vielfältigen Kölner und Frankfurter Nachkriegsproduktivität werden die Stationen eines reichen Architektenlebens in Plänen und Modellen, Publikationen und Fotos, auch Geräten und Möbeln markiert und unaufdringlich Beziehungen inszeniert: So ist ein Modell zu Schwarz' Leitthema „Stufenberg" unter der langen Museumstreppe, so der Aufbau des tragbaren silberblechbeschlagenen Altars von Burg Rothenfels in der lichten Feierlichkeit der unteren Halle platziert.

„Es ist schwer, über Rudolf Schwarz zu schreiben", gesteht Wolfgang Pehnt im ersten Kapitel des Ausstellungskatalogs: „Dieser Architekt hat selbst alles besser gesagt, als es seine Interpreten könnten." In dem Bekenntnis steckt mehr Bewunderung, als sein kritisches Temperament dem Architekturhistoriker gestattete. Jedenfalls hat Pehnt besagte Schwierigkeit auch deshalb so souverän gemeistert, weil er sich von der „feierlich-anspruchsvollen Sprache" nicht anstecken ließ. So ist ihm eine wissenschaftlich ebenso profunde wie luzide geschriebene Monografie gelungen, die Werdegang und Werk des Architekten aus den Quellen erarbeitet und zu Zeit- und Ideengeschichte in erhellende Beziehung setzt. Wer die ebenso knapp wie einfühlsam erläuterte Ausstellung mit dem Titel „Bewohnte Bilder" und erst recht den gewichtigen, von Hilde Strohl um ein Werkverzeichnis ergänzten Katalog studiert hat, kann kaum umhin, Pehnts Bemerkung über Schwarz auf ihn selbst zu beziehen: „Man ist stets versucht, ihn zu zitieren, weil er alles schon um so vieles besser formuliert hat." Denn das Bild, das Pehnt von Schwarz vermittelt, ist zu umfassend und überzeugend, um, was nach Gemeinplatz klingt, so ohne weiteres als Aufforderung zu nehmen: „Welche Aktualität dieses Werk wieder oder neu gewinnen kann, müssen Betrachter und Leser für sich entscheiden." Aktualität, so Pehnt weiter, aber ist „ein Wort, das man ungern auf Schwarz anwenden möchte". Und doch vermittelt die Beschäftigung mit diesem Architekten mehr als eine nur dunkle Ahnung davon, worin diese Aktualität heute liegen könnte.

Ein zentraler, vielfach wiederkehrender Begriff in Schwarz' theoretischen Äußerungen, von denen der Katalog mehrere bisher unveröffentlichte zugänglich macht, ist Bescheidenheit, ja Demut. Durch nichts, so betont er schon 1927 in „Die Lehre zum Tun", sieht Schwarz das Werk eines Architekten so sehr in Gefahr wie „durch die Überheblichkeit": „Die Dinge werden durch unsere Hand, mit uns, aber nicht von uns. Im gleichen Augenblick, wo der Schaffende sagt, ich habe dieses bewirkt, und er meint mit ‚ich' wirklich und wörtlich sich selbst, nur sich, sich als principium, im gleichen Augenblick verdörrt ihm sein Werk." In dem Vortrag „Wie beleuchtet man Museen?" (1957) nennt Schwarz es deshalb eine „heilsame, harte Übung", „jeden Bestandteil ganz ins Gültige, ganz in seine eigene Bedeutung zu bringen, jede Form so lange zu reinigen, bis sie das, was nur modern ist, abtat und hinter sich ließ". So kann er in dem Aufsatz „Der Architekt" (1959) die stupende These aufstellen: „Es gibt keine neue Architektur."

Diese Bescheidenheit, die überaus anspruchsvoll und das Gegenteil von dürftig ist, diese Moral der Bauhütte, mit der der Architekt sich hinter sein Werk zurücknimmt, diese Haltung, die heute, da Selbstdarsteller und Innovationsfetischisten den Ton angeben, fast völlig verschwunden ist, macht das dauernde Erbe, die verschüttete Aktualität dieses dezidiert unzeitgemäßen Baumeisters aus. So besteht er auf etwas, was „von unserem journalistischen Denken beinahe vergessen" ist: dass „das Haus ins Dauerhafte, für lange Bewährte gebracht sein und doch gegenwärtig sein" muss. Denn, so Schwarz, „es ist ja doch auch so leicht, modern zu sein. Man braucht nur einige Zeitschriften zu bestellen."

Vollkommen eingelöst hat Schwarz seine hohen Ansprüche mit einem genialischen Frühwerk: der Pfarrkirche St. Fronleichnam in Aachen-Rothe Erde (1929/30). „Es ist das Kompromissloseste, was es zur Zeit gibt", schrieb er seinem Freund, dem Religionsphilosophen Romano Guardini, und es sollte – wohl auch der eigenen Einschätzung nach – das Kompromissloseste seines Gesamtwerks bleiben. Die Ausstellung widmet der pur weißen Einraumkirche, gemeinsam mit dem Haus der Jugend (1928) und der Sozialen Frauenschule (1929/30), beide ebenfalls in Aachen und von ähnlichem Rang, ein eigenes Kapitel, und Pehnt erläutert, wie eine „Verkettung glücklicher Umstände" sie ermöglichte.

Schwieriger muss indessen die Begründung dafür ausfallen, warum Schwarz diese Radikalität, bei den vielen raumintensiven Sakralbauten, die ihm in zahlreichen Grundrissvarianten danach noch gelingen, nicht wieder erreicht hat. Die „plausibelste Erklärung" dafür, dass Schwarz „nach 1945 mit größerer Vorsicht, mit ortsüblichen Materialien, in Mauerschwere und Bilderreichtum gebaut hat", sieht Pehnt in einem „einfachen Gedanken" des Baumeisters: „Es ist so furchtbar viel Gewachsenes roh zerstört worden."

So lässt die Ausstellung keine zentrale Frage offen und öffnet zugleich ein Forschungsfeld, das, was etwa den Einfluss der Mitarbeiter, vor allem Johannes Krahns und Hans Schwipperts angeht, noch manche Einzelstudie verdient. Wenn dennoch etwas in der Luft hängen bleibt, so ist es merkwürdigerweise das Urteil des Untertitels: „Architekt einer anderen Moderne". Dass Schwarz eine andere Moderne im Sinn hatte, arbeitet Pehnt eindrucksvoll heraus, die griffige Formel aber insinuiert eine Alternative zur Moderne, die es als gegenläufige Bewegung nicht gegeben hat. Naheliegender erscheint da eine andere Interpretation, für die Pehnt, ohne sie einzuschlagen, zahlreiche Argumente liefert: Der Widerspruch, in dem sich der gläubige Katholik und Poelzig-Schüler ebenso produktiv wie eindrucksvoll bewegte, ergibt sich aus den Besonderheiten der Bauaufgabe Sakralbau und dem Charakter der Moderne, die, an Industrie- und Sozialbauten entwickelt, mechanistisch, materialistisch und antiklerikal ausgerichtet sein musste. Architektur als Bedeutungsträger war ihr eher fremd. Genau das aber war für Kirchenbau unverzichtbar. Um ihm gerecht zu werden, musste Schwarz die Moderne adaptieren, abwandeln, anpassen: Die Sonderstellung, die er auch gegenüber Dominikus Böhm, dem Expressionisten, und Otto Bartning, seinem protestantischen Pendant, einnimmt, ist mithin vor allem dem Umstand geschuldet, dass sich Kirchenbau bloßer Zweckrationalität entzieht.

Dass Rudolf Schwarz mehr als „nur" ein epochaler Kirchenbaumeister, nämlich auch ein bedeutender Architekt von Profanbauten war, mag die These des Untertitels sein. Prägend jedenfalls wurde er allein in der ersten und sehr viel größeren Rolle, deren Dominanz, zumal sie auch seine theoretischen Äußerungen bestimmte, mächtiger gewesen sein dürfte, als er selbst sehen und wahrhaben wollte. Die Grundlage dafür, dieses Verhältnis weniger einseitig zu bewerten, umfasst nur vierzig Prozent des Werks: Auch stehen neben den Sozialbauten in Aachen, dem Kölner Museum, dem Aufbau des Gürzenich sowie der Frankfurter Paulskirche vor allem mehrere unrealisierte Projekte wie die Entwürfe für ein Wohnhaus mit Kapelle (1931) und das Düsseldorfer Schauspielhaus (1959) dafür ein.

Schließlich könnte es durchaus sein, dass sich die Frage, wie sich Schwarz als Architekt von Profanbauten behauptet, aus der geografischen Diaspora genauer und gültiger beantworten lässt. Die Ausstellung wird dazu gleich mehrfach Gelegenheit geben, denn von ihrem Heimathafen Köln aus wird sie neben Frankfurt, wo Schwarz ebenfalls ein Büro hatte, auch Berlin, München und Wien anlaufen. Mit allen drei Städten hatte der Architekt zwar zu tun, das Abendland, dem er sich zugehörig fühlte, aber liegt an Rhein, Main und Mosel. Ein Kirchenbaumeister von Welt, das wird sich auch aus der Ferne bestätigen, war Rudolf Schwarz in jedem Fall.

WO DER STAHLHARTE DRACHEN SCHLÜPFTE

Die Schwebebahn fuhr zuerst in Deutz

Köln, die Stadt des gotischen Doms und der romanischen Kirchen, der Museen und der Medien, ist auch – oder war es zumindest mal – eine Stadt der Industrie. Davon ist im öffentlichen Bewusstsein nicht mehr viel präsent, was auch daran liegen mag, dass viele Fabriken, um sich auszudehnen, auf der anderen Rheinseite siedelten. Die „schäl Sick“ aber gilt seit den Römern als Barbarenland: Noch von Konrad Adenauer wird erzählt, dass er auf dem Weg ins ferne Berlin die Abteilvorhänge schloss, sobald der Zug den Fluss überquerte.

Was damit dem Blick entzogen wird, kann es mit der berühmten Stadtsilhouette nicht aufnehmen und hat doch seinerseits historischen Rang. In dem Industriegelände zwischen Deutz und

Mülheim steht die „Wiege der Weltmotorisierung“: Nikolaus August Otto (1832 bis 1891), der 1867 auf der Pariser Weltausstellung einen atmosphärischen Motor vorgestellt hatte, baute hier 1869 seine fünf Jahre zuvor hinter dem Hauptbahnhof gegründete Fabrik aus, in der Gottlieb Daimler und Wilhelm Maybach, damals 29 und 26 Jahre alt, von 1872 bis 1881 als Technische Direktoren wirkten. Doch dieses Erbe lässt Köln schleifen: Während links des Rheins um jede Römerscherbe gleich ein Museum errichtet wird, sucht die Sammlung von Motoren, die, darunter Ottos Originalviertaktversuchsmotor, aus dem Werksmuseum von Klöckner-Humboldt-Deutz hervorging, seit zehn Jahren ein festes Domizil.

Inzwischen liegt das 62 Hektar große Industriegebiet weitgehend brach. Nur in wenigen Hallen wird noch produziert, die meisten stehen zwischen Umnutzung, Verfall und Abriss. Das Gelände ist im Umbruch und könnte, bestünde nicht die fatale Ehrgeiz, dem Dom eine Hochhauskulisse gegenüberzustellen, zum Potenzial einer behutsamen, nachhaltigen und panoramaverträglichen Stadtentwicklung werden. Die Räume, die sich hier öffnen, enthalten Trouvaillen, die einen Kahlschlag wie in Kalk verbieten. Auf eine Industriehalle des Jugendstil-Architekten Bruno Möhring folgte nun eine Entdeckung, die Walter Buschmann, Referent für Technik und Industrie beim Rheinischen Amt für Denkmalpflege, als „Sensation“ wertet: In einer leerstehenden Halle der ehemaligen Waggonfabrik Van der Zypen & Charlier fand sich das fünfzehn Meter lange Teil einer 1893 errichteten Testtrecke für die Schwebebahn, die außerhalb des Gebäudes etwa dreihundert Meter weit geführt wurde.

Schon die Fassade, wo die Öffnung dafür zugemauert wurde, lässt erkennen, dass es sich um eine zweispurige Stahltrasse und damit um eine Vorform der ab 1898 in Wuppertal gebauten Bahn handelt, die, um schneller durch die Kurven zu kommen, nur eine Spur hatte. Erfunden und entwickelt wurde sie von dem Ingenieur und Zuckerfabrikanten Eugen Langen (1833 bis 1895), der früh erkannte, dass die firmeneigene Hängebahn zu mehr als zum Transport von Säcken geeignet war. Die Schwebebahn mit Domblick aber blieb Betriebsangehörigen vorbehalten, zum öffentlichen Verkehrsmittel brachte sie es allein im Tal der Wupper, dessen Bebauung keine Hochbahn und dessen felsiger Untergrund keine U-Bahn zuließ: Bis heute faucht hier der „stahlharte Drache", so Else Lasker-Schüler, „und legt sich mit vielen Bahnhofköpfen und sprühenden Augen über den schwarzgefärbten Fluss".

Wuppertaler Begehrlichkeiten, die Versuchstrecke in ein geplantes Schwebebahn-Museum zu übernehmen, hält Buschmann nur für die „zehntbeste Lösung". Die Klinkerhalle mit seltener Holzdachkonstruktion unter Schutz zu stellen und zu erhalten, gebietet ihr Zeugniswert für ein Kapitel der Stadtgeschichte, das in Köln bislang unterbelichtet ist.

LANDNAHME FÜR DIE KUNST

Rübennase in die Luft, Ohren zu und Augen auf:
der Skulpturenpark im Grüngürtel

Das Podium, auf dem sich die gegangene und die kommende Kölner Kulturdezernentin die Hände reichen, liegt außerhalb von Museum, Theater und Konzertsaal. Im neuen Skulpturenpark müsste, wäre das Amt nicht fünf Monate lang verwaist geblieben, die Stabübergabe stattfinden. Denn für dieses Projekt haben sie beide getrommelt: Kathinka Dittrich, indem sie, wie so oft im Windschatten des damaligen Oberstadtdirektors, es mitgetragen, Marie Hüllenkremer, indem sie es fast eine ganze Seite lang im „Kölner Stadt-Anzeiger" gefeiert hat. Ohne dass es in den zuständigen Ausschüssen zunächst behandelt worden oder auch nur Gegenstand einer öffentlichen Debatte gewesen wäre, konnte so aus der langgehegten Idee fast über Nacht eine vollendete Tatsache werden. Simsalabim!

„Unbürokratisch" kann auch nur ein anderes Wort für „Klüngel" sein. Das Bürgerengagement, das sich hier artikuliert, fand unter weitestgehendem Ausschluss der Bürgerschaft und ihrer verfassten Organe statt. Das „Zusammenspiel verschiedenster Kräfte" blieb einem kleinen, aber feinen Kreis vorbehalten: Gerade mal 28 Mitglieder zählte die „Gesellschaft der Freunde des Skulpturenparks Köln e.V." zu Anfang, das hatte der Mitgliedsbeitrag in Höhe von zehntausend Mark sichergestellt. Stiftungen von Banken und Sparkassen sind es vor allem, die sich hier als Sponsoren, Galerien in der Mehrzahl, die sich als Leihgeber hervortun, und als fachliche Berater konnten die beiden Initiatoren, die Kunstsammler Eleonore und Michael Stoffel, zwei Museumsdirektoren, Veit Loers vom Museum Abteiberg in Mönchengladbach und Armin Zweite von der Kunstsammlung Nordrhein-Westfalen in Düsseldorf, gewinnen. Grundsätzlich ist das Vorhaben geeignet, das Defizit, auf das es reagiert, auszugleichen: Die zeitgenössische Skulptur war bislang in Köln nicht in dem Maße vertreten, wie es der Anspruch der Kunststadt gebietet.

Es fällt sehr viel leichter, Intention und Inhalt des Projekts zu begrüßen, als seinen kulturpolitischen Vollzug zu billigen. Schon das viel strapazierte Wort „Park" erweist sich als Euphemismus, handelt es sich doch um einen eher bescheidenen Abschnitt am Nordende des Inneren Grüngürtels, der vom Verkehr umtost ist: An zwei Seiten beschneiden Ausfallstraßen, das Konrad-Adenauer-Ufer und die Riehler Straße, das zweieinhalb Hektar große Areal, im Norden donnert die Auffahrt zur Zoobrücke darüber hinweg, und auch die Elsa-Brändström-Straße im Süden ist vielbefahren. Nichts spricht dafür, ausgerechnet hier einen Skulpturenpark anzulegen, bis auf einen äußeren Umstand: Das Gelände grenzt an das private Grundstück der beiden Initiatoren, denen die Stadt schon vor Jahren die dortige Jugendherberge überlassen und nunmehr gleichsam eine Erweiterung ihres Gartens gestattet hat.

Wie für dieses private Interesse öffentliche Belange hintangestellt wurden, gibt beispielhaft Auskunft über das angeschlagene Selbstbewusstsein, unter dem die kommunale Kulturpolitik in Köln leidet. Einmal erscheint es bedenklich, den Grüngürtel an dieser Stelle mit einer zweieinhalb Meter hohen Umzäunung zu unterbrechen, um ihn – bei allerdings freiem Eintritt – gleichsam teilzuprivatisieren; zum anderen wäre der Kunst ein ruhigerer Ort besser bekommen. So hätten sich – etwa im Westen des Grüngürtels – Parzellen finden lassen, die sich, da nicht von Straßen abgeschnürt, in eine größere Parkfläche einfügen; aber auch das Umfeld der Halle Kalk, die als rechtsrheinische Dependance des Museums Ludwig seit Jahren vor sich hin kümmert, hätte sich angeboten, um durch eine Bündelung von Aktivitäten aufgewertet zu werden.

Statt dessen ist der Zoo ganz in der Nähe. Und so grüsst am Eingang ein Bronzehase von Barry Flanagan, „Leaping Hare on a Crescent and Bell“ (1988): Überlebensgroß und aufgespießt auf einer Mondsichel, scheint er aus einer umgefallenen Glocke das Weite zu suchen, während dahinter der noch stärker monumentalisierte „Spider“ (1997) von Louise Bourgeois, eine bronzene Spinne mit meterweit ausgreifenden Beinpaaren, seinen bedrohlichen Schutz bietet. Dazwischen hat Rosemarie Trockel eine weiße Märchenfigur aus Beton – „Ohne Titel“ (1997), doch mit Anklängen an Pinocchio wie Zwerg Nase – rücklings auf einen Grashügel gebettet, die ihre Rübennase in die Luft streckt. Gleich daneben stehen vier einfache Sandsteinbänke von Jenny Holzer, die die Sitzflächen zu Denkmälern erheben. Merksätze sind darin eingemeißelt, die in ihrer aphoristischen Schärfe den „proverbs of hell“ eines William Blake nahekommen: „Ambition is just as dangerous as complacency“ (Ehrgeiz ist gerade so gefährlich wie Selbstzufriedenheit) provoziert die Titelzeile.

Von dieser leicht erhöhten Lage aus lassen sich die meisten Hauptwerke des Parcours aus gelassener Distanz in den Blick nehmen:

Barnett Newmans rostiger Zickzack-Korridor „Zim Zum II“ (1969/85), Alexander Calders organisches Stabile „Pointes et Courbes“ (1970), das lange vor dem Schauspielhaus in Mönchengladbach stand, Ellsworth Kellys Schaukelillusion „Rocker“ (1997), Magdalena Abakanowiczs „Hand-like trees“ (1996), die Beckettschen Rümpfen des Humanen ähnlich in den Himmel ragen, oder Yves Kleins „Feuerwand“ (1961), die, selbst in diesem Nachbau von 1984, keine Funken mehr schlägt.

Ein reiches Spektrum heutiger Positionen der Großplastik wird aufgefächert, unter anderen sind auch Chillida, Cragg, Kirkeby, Rickey, Spagnulo und Venet vertreten. Doch muss die Anordnung zumindest dieser ersten Auswahl, die nach nur zwei Jahren ausgetauscht werden soll, ohne dramaturgisches Konzept auskommen. Wo der alte Baumbestand als gewachsene Kulisse dient, hat sich angeblich jeder Künstler – oder auch dessen Galerist – „seinen“ Platz selbst aussuchen können; wie abgestellt, stehen die meisten Objekte denn auch herum: Bogomir Ecker hat sein rotes „Ohr“ (1986) auf einen Baum ganz am Rand gelegt und Paul Myoda, zu dem der eigene Galerist auch gleich den Katalogtext liefert, sich mit seinem verblasenen „Star Birth“ (1997) in eine lauschige Einbuchtung verzogen.

Nur eine Handvoll der insgesamt dreißig Exponate ist älter als zehn Jahre; gleichwohl ist kaum eine Position dabei, die nicht abgesichert, durchgesetzt und marktgängig wäre. Experimente bleiben, auch was die Positionierung angeht, Randerscheinungen. Jorge Pardos „Tomatensuppe“(1997), ein pop-artiger Tempietto in Rot, Orange und Gelb, der für das Aufsichtspersonal am Eingang platziert wurde, verweist noch als künstlerische Dienstleistung zivilisationskritische Versatzstücke wie Martin Kippenbergers „documenta“-bekannten „Transportablen U-Bahn-Eingang“ (1997) oder Stefan Kerns aseptische „Tribüne“ (1996) gewitzt in die zweite Reihe.

„Der Park ist ein Ort der Ruhe und Beschaulichkeit, in dem sich der Betrieb von Kofferradios und Ähnlichem verbieten“, lautet, grammatikalisch etwas wackelig, eine der acht Verhaltensregeln, die dem Publikum mit auf den geschlängelten Rundweg gegeben werden. So darf der Besucher wenigstens lesen, was ihm, vom Lärm röhrender Brummis und knatternder Motorräder umspült, als Erfahrung vorenthalten wird. Die Veranstalter beweisen so zugleich ihren Sinn für Ironie, hinter dem nachzustehen, die Stadt nicht lange bereit war. Gleich vor dem Zaun, nur wenige Schritte von Pardos launigem Tempelchen entfernt, hat sie inzwischen eines der sanitärfarbenen Klohäuschen installiert, die zumindest im Zentrum zu ihrer ästhetischen Grundausstattung zählen. Hier nun dient es endlich auch der Kunst, unterstreicht es als Kontrastmittel doch deren Eigenart.

Die meisten Ausstellungsstücke sind übrigens Leihgaben von Galerien, die die Werke, wenn sie Ersatz schaffen, auch veräußern dürfen. Nur eine einzige Plastik nennt der Freundeskreis sein eigen, und diese, eine Aluminiumscheibe von Günther Förg, gereicht seinem Qualitätsanspruch nicht eben zur Ehre. So handelt es sich bei dem Skulpturenpark, bei genauerem Hinsehen, auch um eine verkappte Verkaufsausstellung, und als solche soll er sich, wenn im Herbst die Art Cologne erstmals um eine Skulpturen-Sektion erweitert wird, auch bewähren dürfen. „Skulpturenmarkt“ wäre mithin der treffendere Name. Auch gegenüber Künstlern wie von Sckell, Weyhe, Fürst Pückler-Muskau oder Lenné wäre das nur gerecht.

AUS WENIGER WIRD MEHR

Es geht auch anders: die Immanuel-Kirche von Sauerbruch Hutton in Stammheim

Die Kirche im Dorf zu lassen, ist heute oft nur noch ein frommer Wunsch. Denn landauf, landab werden Kirchen aufgegeben und geschlossen, profaniert und zu Museen oder Konzertsälen, auch zu Restaurants oder Wohnungen umgewidmet, selbst vor Abriss und Zerstörung sind sie nicht gefeit. Mit der Zahl der Kirchenmitglieder geht die Kirchensteuer zurück, Gemeinden schrumpfen und werden zusammengelegt. Die Bauaufgabe Kirche, einst, wie das Museum, eine Königsdisziplin der Architektur, in der ohne Rücksicht auf Rentabilität entworfen werden kann, ist zum Auslaufmodell geworden.

Auch im „hillije Kölle“? Doch es ist ein protestantisches Gotteshaus, das den rechtsrheinischen Vorort Stammheim belebt und um eine Sehenswürdigkeit bereichert – ziemlich genau zehn Jahre nach der letzten, ebenfalls evangelischen, in Porz-Zündorf. Auch die neue Immanuel-Kirche reagiert auf den demografischen Wandel, auch sie geht mit Entwidmung und Trümmern einher, vor allem aber mit einer Umstrukturierung, die es nicht bei Verlusten bewenden lässt. Die Gemeinde Flittard-Stammheim, die 1969, zu Zeiten des Wachstums, getrennt worden war, wurde 2004, als einer der Pfarrer in den Ruhestand ging, wieder vereint. Die Zahl der Mitglieder hatte sich, von 5500 auf 2600, mehr als halbiert.

Der Abschied von der 1959 errichteten Lukas-Kirche in Flittard ist vielen Gemeindemitgliedern trotz des, so Pfarrer Gerold Vorländer, „Turnhallencharmes“ nicht leicht gefallen. Der Verkauf des Grundstücks an die Johanniter, die hier das erste Seniorenheim des Stadtteils bauten, eröffnete neue Möglichkeiten. Stammheim hatte 1969 ein Gemeindezentrum erhalten, doch der zweite Bauabschnitt, eine Kirche, wurde nie realisiert. Der Gottesdienst fand weiter im Bonhoeffer-Haus statt, das den Richtlinien der Evangelischen Kirchenbautagung in Darmstadt aus dem gleichen Jahr entsprach: ein turmloser Mehrzweckbau – flach, niederschwellig, unscheinbar bis zur Anonymität. Der marode Zustand und viele Defizite – zu eng, nicht barrierefrei – ließen eine Sanierung nicht zu, und so war der Weg frei für eine neue Kirche. In dem beschränkten Wettbewerb zwischen sechs Architekten siegte das Berliner Büro Sauerbruch

Hutton. Das Budget, gerade mal 3,7 Millionen Euro, war knapp: 2,6 Millionen, dreihunderttausend davon aus Spenden, brachte die Gemeinde auf; 1,1 Millionen Euro steuerte der Kirchenverband bei. Der enge Kostenrahmen hat ein Ergebnis befördert, das so herausragend wie zukunftsweisend ist: eine Kirche aus Holz, die zeigt, wie aus weniger mehr werden und dass es die moderne Holztechnologie mit jedem Massivbau aufnehmen kann.

Der siegreiche Entwurf erhält den Platz mit dem alten Baumbestand als grüne Mitte des Ensembles und macht ihn zum Gemeindeanger. Die neue Kirche nimmt die klassische Form der Basilika auf und interpretiert sie neu. Eine breite Freitreppe markiert den Zugang und führt von der Straße in das transparente Foyer, das sich dem Besucher zuwendet und, schräg an das elf Meter hohe Mittelschiff gesetzt, dem Bau eine dynamische Komponente gibt. In den niedrigen Seitenflügeln sind Sakristei, Gemeinschaftsräume, Musikzimmer, Küche und Sanitäranlagen untergebracht, die Faltwände aus Holz lassen sich öffnen, der siebzehn mal elf Meter große Raum wird erweitert und multifunktional nutzbar für Vorträge, Konzerte, Feste. Seine Helligkeit bezieht er durch das Himmelsfenster, ein Oberlicht über dem Altar, und durch die mattierte Scheibe hinter der ansteigenden Empore, in der sich der Baum davor als Schattenspiel abzeichnet. Klarheit statt Mystik. Keine Ablenkung vom gesprochenen Wort.

Finnische Lärche außen: Die Holzkonstruktion ist mit einer Fischgrätenmuster-Verschalung verkleidet. Finnische Fichte innen: Die vorgefertigten Schichtholzelemente und Portalstützen haben weiß gewachste Oberflächen und lassen die Maserung des Holzes sichtbar. Der Grundriss ist klar, der Raum hell und ruhig, warm und nüchtern: Die Gestaltung ergibt sich, frei von jeder Versuchung durch Design, allein aus den einfachen Materialien und der Konstruktion der eng stehenden, ausgefachten Holzbinder. Altar, Kanzel und Taufbecken wurden aus dem Bonhoeffer-Haus übernommen.

Massiv und etwas klobig, passen sie nicht zur minimalistischen Ausstattung, doch die Brückenschlag-Gemeinde möchte so ihre Geschichte deutlich machen. Das Markenzeichen von Sauerbruch Hutton setzt einen sinnlichen Kontrapunkt: Ein Screen aus farbigen, nach oben heller werdenden Holzlamellen, der die – aus der Lukas-Kirche übernommene – Orgel verdeckt und den Raum für andere Nutzungen freigibt. Die Stühle stehen lose und lassen sich wegstapeln; die niedrig hängenden Lampen sind punktförmige Halogenleuchten. 160 Besucher finden im Kirchenraum, noch einmal bis zu sechzig, die Stufen sind die Sitzbänke, auf der Empore Platz. Eine Andachtskapelle, die durchgängig geöffnet ist, und ein geplantes kleines Kolumbarium arrondieren den Vorplatz. Der Turm mit den drei Glocken aus der Lukas-Kirche kündigt, ebenfalls holzverkleidet und 17 Meter hoch, vorne an der Straße das Gotteshaus an.

Stammheim und Flittard, der letzte Kölner Vorort vor Leverkusen, haben jeweils etwa 7500 Einwohner und, viele sind bei Bayer beschäftigt, eine gute soziale Mischung. Heute im Stadtbezirk Mülheim, gehörte Stammheim bis 1805 zum (katholischen) Herzogtum Berg; Protestanten zogen erst nach dem Zweiten Weltkrieg hierher, als für Flüchtlinge Wohnblocks hochgezogen wurden. An der B 8 erhebt sich die katholische Kirche Sankt Johannes der Evangelist, ein Spätwerk des Kirchenbaumeisters Karl Band, der 1969 das „Zelt Gottes unter den Menschen“ mit spitz zulaufenden Dachschrägen, die direkt aus dem Boden aufsteigen, entwarf. Als städtebauliches Zeichen besitzt sie eine Dominanz, von der ihr neues evangelisches Pendant, zwei Straßen weiter, nichts wissen will. Unaufdringlich, aber selbstbewusst, bescheiden, aber signifikant reflektiert es die veränderte Rolle der Kirche, die sich zurücknimmt, aber nicht versteckt. „Die Architektur“, so hat Pfarrer Vorländer beobachtet, „hat Menschen hierher finden lassen, die dann wegen der Inhalte wiedergekommen sind.“

WO DER SPRIT WIEDER SPRUDELT

Wie eine Tankstelle in Kalk als Baudenkmal gerettet wurde

Der Tiger darf nicht aufs Dach, auch wenn er darunter in den Tank gepackt wird. Zahm zeigt er Pfote und nimmt mit den Seitenlogen auf der Werkstatt und der Waschanlage vorlieb. Denn droben droht Schwindelgefahr, muschelförmig und spitz zulaufend, wie das weit ausladende Vordach sich, zwölf mal neunzehn Meter groß, über die Zapfsäulen schwingt. So kühn wurde eine Tankstelle nur einmal entworfen – 1959 in Köln von dem Architekten Herbert Baumann. Die nur sechs Zentimeter dünne Schalenkonstruktion gehört zu den steinernen Zeugen des Wirtschaftswunders, an dem die Tankstelle selbst nur vierzehn Jahre lang teilhatte: 1973 wurde sie stillgelegt und dem Verfall preisgegeben, den auch der Denkmalschutz, unter den sie 1982 gestellt wurde, nur bedingt aufhalten konnte.

Was wurde nicht alles, vom SB-Markt bis zum Studentencafé, von der Kindertagesstätte bis zur Kunstgalerie, an neuen Verwendungen für das Gebäude erwogen, ehe der elegante Zweckbau wieder seiner ursprünglichen Nutzung zugeführt werden konnte. Ganz im Originalzustand ließ sich die Tankstelle jedoch nicht retten. Um einen wirtschaftlichen Betrieb zu sichern, wurden dem scheinbar freischwebenden, von schlankesten Säulen getragenen Dach zwei Assistenten aus Stahl und Glas zur Seite gestellt, die die „futuristische" Gestaltung so wenig wie möglich beeinträchtigen. Der behutsame Umbau durch Walter Krause vom Kölner Büro „Stadtarchitekten" gewinnt den Raum für den unverzichtbaren Shop, indem er die Kassenhalle nach hinten erweitert, und stellt die Fassade originalgetreu wieder her.

Die „Esso-Station an der KölnArena" in der Deutz-Kalker-Straße ist nicht die erste Tankstelle, die in Deutschland Denkmalschutz genießt, aber wahrscheinlich die jüngste. Dass die beiden Eigentümer, die – mit einem Einsatz von 3,3 Millionen Mark – als Tankwarte gesprungen und als Tiger gelandet sind, aus der Türkei stammen, mag auch für die wachsende Akzeptanz des Denkmalschutzgedankens sprechen. Übrigens werden die Investitionskosten, das zumindest dürfte auch Dieter Hoffmann-Axthelm und Antje Vollmer beruhigen, nicht spürbar auf die Spritpreise umgelegt.

DUFTE!
Wie sich ein Kleintheater neue Finanzierungsquellen erschließt

Trägt Hedda Gabler Parfum? Müsste sie eigentlich, kapriziös und wirkungsbewusst, wie sie sich aufführt. Nur welches? Eine Frage der Inszenierung, der Rolleninterpretation. Im Kölner Theater am Sachsenring, einer Off-Bühne mit hundert Plätzen, greift sie an der Frisierkommode nach Farina, dem ältesten Eau de Cologne, 1709, lange vor 4711 erfunden, wie der historische Flakon, auch ohne Markenname oder Erwähnung, und vor allem der Duft dem Zuschauer verraten. Passt. Denn dieser „Duft“, so schrieb der Parfumeur Johann Maria Farina seinem Bruder Johann Baptist, „erinnert mich an einen italienischen Frühlingsmorgen“, wie ihn Hedda, von der ausgedehnten Hochzeitsreise in den Süden zurückgekehrt, noch gerne in der Nase spürt. Und der Zuschauer, olfaktorisch angefixt, vielleicht auch, weshalb er anschließend eine Probe davon, freiwillig und kostenlos, versteht sich, mitnehmen darf. Was Farina diese Duftnote wert ist, möchte das Theater nicht verraten, nur dass die „älteste Parfum Fabrik“, so steht es auf den Markisen am Stammsitz „gegenüber dem Jülichs-Platz“, schon dreimal zehn Karten für die Belegschaft bestellt hat. Wie einträglich die Wohlriech-Offensive auch sein mag, die kleine Bühne beweist einen guten Riecher. Die freie Szene – früher Talentschmiede und Nachwuchsreservoir der Stadttheater, wobei eine auffällige Regiearbeit reichte, um zum Schauspieldirektor berufen zu werden – beweist nun auch marketingmäßig ihre Pfiffigkeit und zeigt den etablierten Häusern, wie sie sich herauswinden können aus der Subventionsspirale. Mit diskretem, passgenauem Product Placement! Was für ein Markt der Möglichkeiten tut sich da auf, endlich können sich Dramaturgen mal nützlich machen. Denn ob Heddas Angetrauter, das Tantensöhnchen Jørgen Tesman, eher in einem schlank geschnittenen Kiton- oder aber, mit der Korpulenz eines Gerhard Schröder, in einem Brioni-Anzug bella figura zu machen versucht, ist eine Typ- und Besetzungsfrage; und womit sich sein labil-genialischer Studienfreund Ejlert Løvborg auf die schiefe Bahn trinkt, mit Gorbatschow-Wodka oder Gin Tonic, hängt nicht zuletzt von Stil und Tempo der Inszenierung ab. Der Beruf des Kostümbildners zumal könnte einen grundlegenden Wandel erfahren, denn wo es bisher vor allem auf Handwerk ankommt, wäre künftig die Kompetenz einer Werbeagentur gefragt. Dufte! Wenn, ja wenn unsere Goliath-Bühnen die Chancen, die ihnen der Kölner Theater-David aufzeigt, nicht längst mit vorauseilender Anpassungsbereitschaft verspielt hätten. Sieht doch heute schon jede zweite Klassiker-Inszenierung aus, als hätte H & M sie gesponsert.

DIE ERSTE MACHT AM RHEIN

Dem Soliden, Schönen, Zweckmäßigen:
das Ubiermonument, ein unterirdischer Turm

Als der legendäre Kölner Archäologe Otto Doppelfeld (1907 bis 1979), der die römische Colonia erforscht und, von der Kriegszerstörung begünstigt, großartige Entdeckungen – so 1941 das Peristylhaus mit dem Dionysosmosaik und 1953 das Praetorium (Statthalterpalast) – gemacht hat, 1965 bei Ausschachtungsarbeiten für den Neubau des Hauses „An der Malzmühle 1“ auf ein gewaltiges

Quadermauerwerk stieß, dachte er gleich eine Ecke weiter. Dass es sich um einen außerordentlichen Befund handelte, hatte das „archäologische Adlerauge" schnell erkannt, denn hier waren, anders als in der Stadtmauer, keine kleinformatigen Steine, sondern schwere Tuffsteinquader verbaut worden. Dies den Kölnern nahezubringen allerdings war, da hatte er seine Erfahrungen, so einfach nicht und wollte gut überlegt sein.

So verfiel Doppelfeld, der kein Kölner, aber bestens akkulturiert war, auf eine List, die er in seiner posthum erschienenen Studie „Vom unterirdischen Köln" (1979) beschreibt: „Um nicht wieder, wie einige Jahre zuvor bei der Erörterung, ob das Praetorium zugeschüttet oder als unterirdischer Bezirk erhalten werden sollte, im zuständigen Ausschuss zu hören, ‚wir können ja nicht alle römischen Mauern in Köln erhalten', wurde der neue Befund, um seine Bedeutung von vornherein herauszustellen, das ‚Ubiermonument' genannt – obwohl klar war, dass es ein Turm oder dergleichen zum Hafen gewesen ist."

Das öffentliche Interesse an dem Baudenkmal war damit gesichert. Den imposanten Namen hat es behalten, auch wenn er, wie die Forschung bestätigt hat, falsch oder zumindest irreführend ist. Denn nicht die Ubier, der ursprünglich am rechten Rheinufer ansässige Germanenstamm, dem der Statthalter von Kaiser Augustus zwischen 20 und 18 vor Christus Siedlungsgebiete auf der linken Flussseite angeboten hat, sondern die Römer hatten das Bauwerk errichtet, wenn auch zu einer Zeit, als Köln Oppidum Ubiorum hieß und noch nicht – das geschah erst im Jahr 50 – zur Colonia Claudia Ara Agrippinensium (CCAA) erhoben war. Dendrochronologische Untersuchungen, die zu Doppelfelds Zeit noch unbekannt waren, haben ergeben, dass die Wehrarchitektur auf das Jahr 4 oder 5 datiert: erhalten ist das sechseinhalb Meter hohe Mauerwerk des quadratischen, fast neun Meter breiten Turms, den römische Militär-Ingenieure geplant haben.

Die akkurate Verfugung verweist auf spezialisierte Bauhandwerker, die rund vierhundert zugespitzte Eichenpfähle, jeder zwei

Meter lang, dicht an dicht in den morastigen Boden und die darunter liegende Kiesschicht gerammt, darüber eine Fundamentplatte aus Opus Caementitium, einem Backstein-Kalkmörtel-Gemisch, gegossen und darauf mit Lastkränen die Steinquader gesetzt haben. Drei Reihen bilden den Sockel, auf dem sich, mit einem Rücksprung, das Untergeschoss erhebt – eine Massivbauweise, die es, so rekonstruierten die Archäologen, ursprünglich auf eine Höhe von zwanzig Metern mit drei Etagen gebracht hat. Gebrochen wurde der Tuffstein in der Vulkaneifel, wo er, im Brohltal oder im Krufter Bachtal, auch gleich nach genauen Maßangaben zugeschnitten wurde, bevor die Blöcke mit Plattbodenschiffen zum Rheinhafen Antunnacum, also Andernach, und von dort etwa achtzig Kilometer flussabwärts transportiert wurden.

Die Baustelle lag direkt am Ufer, an der Einfahrt in den als Hafen genutzten und hundert Jahre später verlandeten Rheinarm. Der Turm und sein 880 Meter nördlich, auf Höhe der Hohenzollernbrücke, stehender – und bei deren Bau 1907 gesprengter – „Zwilling“ markierten die Südost- und die Nordost-Ecke der Stadt, die die Römer auf dem hochwasserfreien Plateau mit rechteckigem Raster und genormten Grundstücken angelegt hatten: steinerne Zeugnisse der (neuen) Macht, die damit Selbstbewusstsein und Überlegenheit demonstriert. „Denen auf der anderen Rheinseite ist doch die Kinnlade runtergefallen, als sie das sahen“, sagt Marcus Trier, der Direktor des Römisch-Germanischen Museums: „Die Botschaft der Römer war klar: ‚Das haben wir drauf.‘“

Seit Fertigstellung des Büro- und Geschäftshauses 1966 ist das Ubiermonument öffentlich zugänglich, doch blieb die Präsentation lange unter seinem kulturellem Wert. Inzwischen wurde das schäbige Gitter durch einen mittig von einer Edelstahlsäule geteilten Eingang ersetzt: In dem Schutzbau, den das Kölner Büro Valentyn Architekten neu gestaltet hat, wird die Situation des Turms, an den nach Westen und Süden Reste der 91 und 92 nach Christus erbauten Stadtmauer anschließen, im Oppidum erklärt und dieser zu anderen öffentlichen Bauten, von denen Fragmente gezeigt werden, in Beziehung gesetzt. Von den drei Prinzipien, die Vitruv der „Mutter aller Künste" zuschreibt, Firmitas (Solidität), Utilitas (Zweckmäßigkeit) und Venustas (Schönheit), versetzt vor allem die erste in Staunen: Das Ubiermonument hat mehr als zweitausend Jahre überdauert und ist damit der älteste Steinbau nördlich der Alpen.

REINE FORMSACHE

Theoriegebäude: ein Gästehaus von
Oswald Mathias Ungers in Müngersdorf

Was Oswald Mathias Ungers (1926 bis 2007) in Müngersdorf, wo er fast ein halbes Jahrhundert wohnte, gebaut hat, lässt sich auch als eine Monografie über seine Architektur lesen: angefangen mit seinem Büro- und Wohnhaus in der Belvederestraße 60, einem plastisch bewegten Klinkerbau des „new brutalism" von 1959, der spätkubistisch zwischen offenen und bergenden Volumina variiert, über den schwarzen, hermetisch geschlossenen Steinwürfel der Bibliothek („Summe meines architektonischen Wissens"), um den es 1989 ergänzt wurde, bis zu seiner, kaum zweihundert Meter entfernten Residenz im Kämpchensweg 58, die 1996 fertiggestellt wurde. Klar und kühl, kantig und kompromisslos, monochrom und rational, ist dieses „Haus ohne Eigenschaften" auf das Wesentliche reduziert, ein Baustein mit glatten Fassaden aus weißem Kratzputz, der auf alles Überflüssige wie Gesimse, Leibungen oder Dachkanten verzichtet.

Ebenfalls von 1994 datiert Ungers' Entwurf für ein Gästehaus, das nun ganz in der Nähe, im Gerhard-Marcks-Weg 1, gebaut wurde: Quadratisch im Grundriss – 10,35 Meter beträgt das Außenmaß, 4,50 Meter die Höhe – hat es vier gleiche Seiten mit je zwei bodentiefen Fenstern, von denen sich keine als Zugang hervortut. Wie der monolithische Baukörper die Eigenschaft Haus abstreift, nähert er sich, auf einen Sockel gesetzt, der Skulptur.

Realisiert hat ihn nicht der Meister selbst, sondern sein Kollege Seyed Mohammad Oreyzi: das Äußere streng nach dessen Vorgaben, das Innere im Dialog mit Ungers. Statt von einem Kreuz, das den Raum in vier quadratische, doch (zu) kleine Zimmer unterteilt hätte, wird er von einem mittleren Körper halbiert, in dem auf der einen Seite ein Bad, auf der anderen Garderobe und Technik weggepackt sind. Der Übergang von Decke zu Wand wurde gleichsam auf den Kopf gestellt, indem sich nicht oben, sondern unten Hohlkehlen befinden. Die weiße Materialität durchbricht eine grüngraue Wand- und Bodenfarbe.

Seinem Ideal einer autonomen Architektur, die „nicht von etwas anderem als ihrer eigenen Gesetzmäßigkeit, ihrer eigenen, extrem reduzierten Sprache abhängig ist“ und „nur aus sich selbst heraus existiert“, wie er in seinen „Aphorismen zum Häuserbauen“ schreibt, und damit der „reinen, gegenstandslosen Form“ ist Ungers hier noch einmal einen Schritt näher gekommen: „Haus Hanstein“, wie es nach dem Bauherrn heißt, ist ein Kunstwerk des Weglassens, das keine Installation sehen lässt und alles Narrative verweigert. Das macht es auch zu einem Manifest: zur Demonstration der Weltanschauung des Architekten. Nicht was, sondern wie es gesagt ist, ist wichtig: gebaute Architekturtheorie.

THEATER DER KNOCHEN

Glaube und Geschäft: die wundersame Reliquienvermehrung in der Kirche St. Ursula

Die Büsten lächeln. Nicht alle, aber die meisten von ihnen. Dabei ist nirgends in Köln so viel Tod versammelt und ausgestellt wie hier. Bis hinauf in die Spitzen der Schildbögen stapeln sich Gebeine, in neun

Etagen, senkrecht und waagrecht geordnet, sauber sortiert wie ein orthopädisches Ersatzteillager. Sie formen Rauten und Rosetten, Kreuze und Pfeile, Zeichen und Symbole, bilden Buchstaben und ergeben Inschriften. Doch die Büsten lächeln. Genau 64 von ihnen haben hier Platz, auf Sockeln stehen sie, barock dekoriert zwischen goldenen Akanthusrahmenverzierungen oder auf dem Gesims des Altars und blicken, wenn die nicht gerade in der Restaurierung sind, auf Schädel. Der Tod ist Schönheit, künden die Knochen, Schönheit des Himmels, die seinen Schrecken überwindet. Heilserwartung geht von ihnen aus.

Wer die Goldene Kammer, die camera aurea, in der Kirche St. Ursula betritt, steht in einem begehbaren Reliquienschrein und wird zum Zuschauer einer barocken Inszenierung, eines teatrum sacrum. Kein makabrer, schauerlicher Schmuck wird dargeboten, sondern aus den irdischen Überresten der Heiligenscharen eine fromme Knochenornamentik zusammengefügt. Kein Memento mori, kein moralischer Zeigefinger. Keine „Schreckenskammer“, so heißt das Brauhaus nebenan, sondern eine religiöse Schatzkammer. Der Kölner Reichshofrat Johann von Crane hat den Kapellenraum, als die alte Goldene Kammer zu klein und eng geworden war, gestiftet, 1644 wurde der Altar geweiht. Vier Jahre vor dem Ende des Dreißigjährigen Kriegs, dessen Kampfhandlungen und Verwüstungen, Hungersnöte und Seuchen ganze Landstriche entvölkerten und den Tod Triumphe feiern ließen. Eine Nachfolgerin der Kunst- und Wunderkammern, wie sie seit dem vierzehnten Jahrhundert in Europa entstanden sind, um Sammlungen von Fürsten und reichen Bürgern aufzunehmen: „In ihrer retrospektiven Architektur und in ihrer Reliquieninszenierung feiert jesuitischer Geist der Gegenreformation die Auferstehung des Mittelalters und die Tradition der Heiltumskultur“, schreibt Anton Legner, der langjährige Direktor des Schnütgen-Museums, in seinem opus magnum „Kölner Heilige und Heiligtümer“ (Köln 2003).

Die Entwicklung der Kölner Bildhauerkunst in Gotik und Barock, vom Ende des dreizehnten bis ins späte siebzehnte Jahrhundert, lässt sich hier besichtigen. Prächtige Büsten, die als Behälter für die Reliquien hergestellt wurden, paradieren in dem umlaufenden Wandnischenwerk, das rhythmisch in verschieden hohe Gefache unterteilt und mit reich geschnitztem, vergoldetem Schleierwerk versehen ist. In den teils verglasten, teils offenen Rahmungen sind unzählige Häupter angeordnet, Schädel der Heiligen liegen in der Regalkonstruktion, die, fest eingebaut, den gesamten Raum umschließt und den Altaraufsatz einbindet. Schon die alte camera aurea hat Pilger und Reisende in Staunen und Bewunderung versetzt. Tafeln und Bilder, aus Schädeln und Gebeinen arrangiert, waren aus vielen Knochenkapellen in Europa bekannt, doch hier, „in der Goldenen Kammer“, die in den Winkel zwischen Vorhalle und Südquerschiff gesetzt wurde, „ist es“, so Legner, „nicht nur gewöhnliches Menschengebein, sondern sogar Gebein von Heiligen, das zum Lobpreis Gottes als ornamenta ecclesiae im barocken Dekorum zum frommen Anschauen und Anrufen zusammengefügt ist“.

Auch Johanna Schopenhauer, die Schriftstellerin, Salonnière und Mutter des Philosophen, die 1828 Köln besuchte, zeigte sich beeindruckt – und befremdet: „Als wir aber, nicht ohne einen kleinen Schauder zu empfinden, die seltsame Verzierung der Wände bemerkten, konnten wir nicht umhin, diese den Atem beklemmende Luft einer anderen Ursache zuzuschreiben. Viele Tausende unendlich zarter menschlicher Gebeine sind hier recht zierlich in verschiedenartigen Mustern dicht aneinandergefügt und bekleiden alle Wände von oben bis unten mit dem seltsamsten, schauerlichsten Mosaik, das sich nur denken lässt. Es sind die Überreste der heiligen Jungfrauenschar, deren auf dem alten ager Ursulanus, auf welchem die Kirche steht, von den frommen Einwohnern von Köln schon vor vielen Jahrhunderten noch ein weit größere Anzahl ausgraben wurde, als hier versammelt ist.“

Die kultische Tradition lässt sich an diesem Ort bis ins vierte Jahrhundert zurückverfolgen. An ihrem Anfang steht die um 400 entstandene Clematius-Inschrift, in der berichtet wird, dass der römische Senator dieses Namens „durch die sehr große Kraft der Majestät des Martyriums der himmlischen Jungfrauen“ nach Köln gerufen wurde, um „auf eigene Kosten“ ihre Kirche zu erneuern. Die Ursula-Legende bildet sich im zehnten Jahrhundert heraus, nachdem das Kanonikerstift „zu den heiligen Jungfrauen“ in ein Damenstift umgewandelt und nach der legendären britischen Königstochter benannt worden war. Als die Stadt 1106 erweitert und auch St. Ursula in sie einbezogen wurde, stießen die Ausschachtungsarbeiten auf zahllose Gebeine, die, obwohl es sich um einen römischen Friedhof handelte, zur Grundlage für die Legende wurden. Aus elf ermordeten Jungfrauen wurden elftausend, und da hier etwa die gleiche Zahl von Männern beerdigt war, wurden sie um genau so viele Beschützer erweitert, die gleichfalls das Martyrium erlitten hatten.

Diese wundersame Reliquienvermehrung hob den Kult dieser Märtyrerinnen und Märtyrer in eine neue Dimension, sodass eine neue Kirche St. Ursula, eine dreischiffige romanische Basilika, gebaut und 1135 geweiht wurde. Die Brüstungen ihrer Emporen sind niedrig, denn sie sollten wohl weniger dem Aufenthalt von Menschen als der Aufbewahrung von Reliquien dienen. Büsten, wie sie hier stehen, wurden als „Ursula-Büsten“ in ganz Europa verkauft und vertrieben, kündeten vom Ruhm der Kölner Goldschmiede- und Bildhauerkunst und mehrten den Reichtum des Stifts. Ihr Export boomte, und doch blieben genügend Gebeine der Heiligen in der Kirche, um einen ganzen Raum zu füllen und auszustatten: die Goldene Kammer. Doch erst im sechzehnten Jahrhundert fanden die elf Flammen Aufnahme ins Stadtwappen, „Tränen“ sagen die Kölner, für die elftausend Jungfrauen neben den drei Kronen, die Hoheitszeichen seit dem zwölften Jahrhundert, an die Heiligen Drei Könige erinnern, Colonia sacra.

Gott und Geld, Glaube und Geschäft: Die Goldene Kammer zeigt auch, wie eng in Köln beides zusammengehört.

DIE PERFEKTION UND IHR PREIS

Ein strenges Gehäuse, dem die Kunst Leben einhauchen muss: das Wallraf-Richartz-Museum von Oswald Mathias Ungers

Mit „Rembrandt" beginnt die obere, mit „Rubens" die untere Reihe. Zweimal sechs Namen zieren die Nordfassade, zweimal fünf die Ost- und die Westfassade, selbst am Einschnitt zum Treppenhaus finden, zu beiden Seiten, noch zwei von ihnen Platz: Zwei Schriftbänder mit insgesamt 36 Namen, die Ian Hamilton Finlay in altertümelnden Großbuchstaben in schwarze Schiefertafeln hat meißeln lassen, umfassen friesartig das neue Gehäuse des Wallraf-Richartz-Museums in Köln und sagen die Künstler an, die darin vertreten sind. Aus den Lichtschlitzen des siegreichen Wettbewerbsentwurfs sind die Heroen einer Geisterbeschwörung geworden, wie man sie aus dem neunzehnten Jahrhundert kennt. Dabei ist das Haus, äußerlich steinern und auf Verbund gemauert, einer der ersten Museumsbauten, der im einundzwanzigsten Jahrhundert eröffnet wurde.

Ob und inwieweit sich die Architektur in den Dienst der Kunst stellt, muss die Praxis erweisen, und die sieht sich schon wenige Wochen nach dem Einzug einer anwachsenden Mängelliste gegenüber, die als „Kinderkrankheiten" abzutun, denn doch etwas leichtfertig wäre: Die Türen sind so schwergängig, als sollte der Museumsbesuch ein integriertes Muskeltraining bieten, die Garderobe ist so klein, dass bei starken Besucherandrang im Foyer zusätzliche Ständer aufgebaut werden müssen, die Klimaanlage ist noch nicht hinreichend stabilisiert und ein funktionstüchtiges Überwachungssystem immer noch nicht installiert. „Wir haben das

Haus nicht als Selbstzweck geplant“, hatte der Architekt Oswald Mathias Ungers sich bemüßigt gesehen, vorab zu beteuern und damit ausgesprochen, was für ihn und seine Zunft keineswegs mehr selbstverständlich ist: „Wir haben es für die Kunst geschaffen.“ Doch auch gegenteilige Äußerungen gab er zum Besten, so nannte er die Bilder gleich zweimal eine „Ergänzung der Architektur“, wenn auch – und immerhin – eine „hervorragende“.

Die Stadt aber, das zumindest ist eindeutig, stand schon vor der Einweihung am 19. Januar 2001 als Gewinner fest. Heftig hatte, sechs Jahre davor, der Streit um den Standort getobt. Zwischen Domchor und Hauptbahnhof oder zwischen Rathaus und Gürzenich – das war die Frage. Monatelang hat sie die Gemüter erregt, schon länger aber redet keiner mehr darüber. Als hätte es immer hier gestanden, steht das neue Haus da: Im Zentrum der mittelalterlichen Stadt ist die letzte große Kriegswunde verheilt, der Platz vor dem Rathaus mit dem ehemaligen jüdischen Kultbad, der „Mikwe“, hat endlich eine Fassung erhalten. Die historische Achse wurde in ihrer urbanen Geschlossenheit wieder hergestellt: Das gotische Festhaus Gürzenich, in dessen ausgebrannten Mauern Karl Band und Rudolf Schwarz 1952 bis 1955 einen inspirierten Neuaufbau vornahmen, die als Mahnmal erhaltene Ruine von Alt St. Alban, und das neue Wallraf-Richartz-Museum – die Trias „verdichtet“, so Ungers, „was Köln ausmacht“.

Anspruch und Wirklichkeit: Das Gebäude kommt klassisch daher, doch es steht nicht auf einer geraden Platte, sondern auf schrägem mittelalterlichem Terrain. Bildungsbürgerlich, wie er sie vor sich herträgt, scheint der glatte, im Erdgeschoss transparente Baukörper, der im oberen Bereich mit dem sandfarbenen Tuffstein der romanischen Kirchen verkleidet ist, der Künstlernamen zu bedürfen, um sich als Museum Signifikanz zu sichern.

Der Eingang ist mittig platziert, doch wenig markant, und das kühle, karge Foyer, das zweimal vier Pfeiler dreischiffig gliedern, wartet mit dem Charme einer Schalterhalle auf: Die Böden aus schwarzem Granit und die Lichtdecke in Feldern quadratisch gerastert, öffnet es sich nach Westen, während auf der Ostseite Bistro, Garderobe und Museumsshop angeordnet sind. „Sammlung" steht, wieder in Stein gemeißelt, über der schmalen, von einem breiten Gewände gefassten Tür, die gegenüber dem Eingang ins enge, doppelgängige Treppenhaus und über dieses zur Kunst führt. (Über der nächsten, gleich dahinter, steht „Aufzug", als wäre beides inhaltlich von gleichem Wert, und auf der Rückseite „Foyer", als handelte es sich, in schwarzem Basalt, um einen Künstlernamen auf einer der Schrifttafeln, die die Fassade schmücken und im Innern des Gebäudes zu Funktionshinweisen profaniert werden.)

Das geordnete System der drei Ausstellungsetagen sichert dem Haus seine Festigkeit und seine Ruhe. Jede von ihnen hat eine andere Struktur, jede schlägt ihren eigenen Ton an, jede ist räumlich auf das raffinierteste organisiert. Durchweg ist dunkel geräuchertes Eichenparkett ausgelegt, sind die Lichtdecken wie im Foyer gerastert. Die Grundrisse und die Farben des erlesenen Freskoputzes aber variieren: Das erste Geschoss, in dem die mittelalterliche Kunst ihren Platz hat, ist in Terracottarot gehalten und hat einen kreuzförmigen Mittelsaal, um den eine Enfilade rechteckiger Kammern gelegt ist. Auch hier beruft sich Ungers auf ein klassisches Vorbild, die Villa Foscari, die berühmte „La Malcontenta" des Andrea Palladio, die freilich einem sehr viel differenzierteren Maßkanon und keinem bloß additiven metrischen System folgt.

Im mittleren Geschoss, das Veronesegrün trägt und die Barockabteilung aufnimmt, ist gleich der Eingangssaal, der der Historienmalerei gewidmet wird, der größte Raum. U-förmig umschlossen wird er von vier quadratischen Ecksälen sowie ebenso vielen zwischengeschalteten Kabinetten. Das oberste Geschoss, dem für die Kunst des neunzehnten Jahrhunderts ein helles Marmorgrau die Façon gibt, folgt in seiner Gliederung der Gebäudekonstruktion: Um einen rechteckigen Binnensaal, der in der Höhe 6,25 (statt 5,05) Meter misst, gruppieren sich vier quadratische, von kleinen Kompartiments verbundene Ecksäle, die mit 3,85 Metern deutlich niedriger sind. Alle drei Geschosse lassen nur auf der Nordostecke, wo eloxierte Leichtmetallfenster eingesetzt sind und keine Kunst ausgestellt werden soll, Außenwelt herein: Ausblicke auf die Stadt, die zumal ganz oben, ein Panorama auf den mächtigen Dom und die vielteilige Turm- und Dachlandschaft bieten.

Dass die Bilder optimal zur Wirkung kommen, wenn sie auf der gesamten Länge und Breite der Räume gleichmäßig von oben beleuchtet werden, hat der erste Museumsbesuch bereits widerlegt: Das zu harte, zu grelle Licht überstrahlt feinere Farbnuancen, das Deckenraster verhindert an mehreren Stellen eine rhythmisch angemessene, kunsthistorisch sinnvolle Hängung, und große Formate lassen die Räume nur fragmentarisch wahrnehmen. Dass selbst der „plein-air"-Malerei der Impressionisten das „helle Licht des Tages" (Rudolf Schwarz) vorenthalten wird, aber ist ein entscheidender Mangel, der das Haus museologisch nicht auf den neuesten Stand hebt. Ein Raum für Wechselausstellungen, weiß gestrichen und mit schwarzem Granit ausgelegt, befindet sich im Untergeschoss, wo sich Ungers zur Ummauerung der archäologischen Funde, zwei mittelalterlichen Kellergewölben („Haus zur roten Tür" und „Haus Sallin"), seiner postmodernen Phase erinnert und – oh Wunder! – schräge Winkel zieht.

Das gläserne Treppenhaus, das als Einschnitt und als Fuge zwischen den Ausstellungskubus und den Depot- und Verwaltungstrakt gesetzt ist, nimmt eine historische Spur auf. Der überdachte Außenraum hat durchgezogene Mauern und folgt der Gasse „In der Höhle", in der Stefan Lochner, der in der Nähe begraben liegt, seine Werkstatt hatte. Die räumliche Dimension suggeriert eine mittelalterliche Gasse, die, vom Quatermarkt aus gesehen, an die Bauhaus-Treppe von Oskar Schlemmer denken lässt. Daneben bieten die Büros eine kuriose Ansicht: Helle Holzschreibtische, Standardausführung einfach, lassen sich, als hingen sie in der Luft, durch die quadratischen Fenster „blicken".

Zwischen der Verwaltung und der Restaurierungsabteilung, die im oberen Geschoss untergebracht sind, erstreckt sich in doppelter Etagenhöhe der „Stiftersaal", der, von hochmögenden Kölner Bürgern spendiert, dreihundert Personen Platz bietet und für Vorträge und Versammlungen, aber auch für Kammermusik genutzt wird. Seine zunächst kleinkarierte, darüber schwarz paneelierte Akustikverkleidung gibt ihm, als wollte er der Zigarrenkisten-Traulichkeit der Stifter huldigen, etwas von einem Herrenzimmer. Seine nach Süden gerichtete Bühne steht an der „falschen" Seite und hinter ihr lässt ein Fenster, mit dicken Alurahmen gerastert, nicht nur Licht und Schatten herein, sondern auch die gotischen Bögen von Alt St. Alban bewundern. Wirkungsästhetisch einem Gitterrost gleich, unterbindet es die Kommunikation mit der eindrucksvollen Kriegsruine. Soviel Intransigenz lockern ungebrochene Blickbeziehungen auf, die sich aus den drei Rücksprüngen der Fassade nach Norden auf den Dom ergeben.

Die insistente Struktur des Panoramafensters hat etwas Programmatisches. Denn das „Muster" erfährt im Saal als Strukturelement und als Dekor tausendfache Wiederholungen. Aus dem Vierungsquadrat von Alt St. Alban hat Ungers das 97 Zentimeter messende Modul für das Museum abgeleitet und so rigide damit gearbeitet, dass es den ganze Bau durchzieht. Doch wendet er dieses Modul nicht in der Höhe, nur in der Fläche an. Die Räume messen, den Angaben zufolge, 5,05 Meter, das Höhenmodul beträgt mithin nicht 97, sondern 101 Zentimeter. So ist das Quadrat genau genommen ein Rechteck und der eingeschriebene Kubus ein Quader. Die Aufgabe wird gleichwohl blendend erfüllt, doch reproduziert das Modul nur auf additive Weise Maße, sodass der vielbeschworene Bezug zur Klassik, die den Raster ja nicht kannte, lediglich in einer Dimension hergestellt wird.

Der 74 Jahre alte Baumeister, der von der „Krönung meines Schaffens“ spricht, hat hier die Perfektion auf die Spitze getrieben. Klar in den Proportionen, vorbildlich in der Materialgerechtigkeit, penibel bis in jedes handwerkliche Detail. Nur eine winzige Abweichung ist – welche Erleichterung! – zu entdecken: Die Stufen, die auf die Bühne des Stiftersaals führen, schließen nicht auf die Kante der Wandverkleidung ab. Die gesamte Haustechnik ist in den Hohlräumen der Innen- und Außenwände untergebracht: Kein Hinweis auf die Klimaanlage, keine aufgesetzte Beleuchtung, keine Apparatur und kein Schnickschnack stören. Alles ist Wand oder Boden oder Decke. Alles ist glatt, rein, bündig.

Das Wallraf-Richartz-Museum, das 1824 als Sammlung gegründet wurde und 1861 sein erstes 1943 zerstörtes Gebäude bezog, ist mit diesem seinem vierten Domizil wieder zu einem Ort der Kontemplation geworden. So konkurrenzlos wie mit seinem zweiten Bau, dieser grandiosen Verbindung aus stolzem Bürgerhaus und nüchternen Fabrikgebäude, die Rudolf Schwarz 1957 auf dem angestammten Gelände des ehemaligen Minoritenklosters realisierte, steht es zwar nicht mehr da, doch hat es, das 1986 in das von Peter Busmann und Godfrid Haberer als populäre Kombination von Galerie und Kaufhaus entworfene Doppelmuseum auf dem Domhügel umziehen musste, eindrucksvoll seine Eigenständigkeit wiedergewonnen.

Mit der traditionsreichen Zweisamkeit des gelehrten Kanonikus Ferdinand Franz Wallraf (1748 bis 1824) und des Kaufmanns Johann Heinrich Richartz (1796 bis 1861) aber war es wenige Wochen nach der Eröffnung vorbei. Hundertvierzig Jahre lang standen sie ein für das Kunstengagement der Kölner Bürgerschaft, trägt doch das älteste Museum der Stadt, eröffnet am 1. Juli 1861, ihrer beider Namen. Seit dem 28. März 2001 aber drängelt sich ein Parvenü zwischen die ehrwürdigen Herren, denen er zwar nicht das Wasser reichen, aber künftig zu Füßen sitzen darf: „Wallraf-Richartz-Museum –

Fondation Corboud" heisst das Haus nun offiziell, wobei der Zusatz als Unterzeile läuft. Mit ihm quittiert die Stadt die Offerte des Schweizer Unternehmers Gérard J. Corboud, dem Museum, dem er seit mehr als vierzig Jahren verbunden ist, seine Sammlung von 170 meist kleineren Werken des Impressionismus und des Postimpressionismus – darunter Bilder von Cézanne, Courbet, Gaugin, van Gogh, Matisse, Pissarro und Renoir – als „ewige Leihgabe" zu überlassen.

Was Corboud gewährt wird, wurde Josef Haubrich, der seine gewichtige, durch Nazidiktatur und Krieg gerettete Expressionisten-Sammlung der Stadt 1946 zum Geschenk gemacht hat, bis heute verwehrt, und so wird der Vorgang zum Affront gegen die lokale Kunstgeschichte wie zum Ausweis schwindenden Geschichtsbewusstsein. Schließlich bleibt die Kollektion Eigentum der Fondation Corboud, die ihren Sitz in Liechtenstein hat und über ein Stiftungskapital in Höhe von zwanzig Millionen Schweizer Franken verfügt. Dessen Erträge sollen in Ankäufe investiert werden, welche die vorhandenen Bestände – auch außerhalb der Sammlung Corboud – ergänzen, aber im Besitz der Fondation bleiben. Umfassend vorgestellt wurde die Kollektion, aus der gegenwärtig dreiundzwanzig Bilder im Museum ausgestellt sind, bislang nicht. Doch soll das, wenn die Tinte unter dem Vertrag trocken ist, mit einer Sonderausstellung im Herbst 2001 nachgeholt werden.

Ein abschließendes Urteil fällt schwer, dafür sind die Erfahrungen der Praxis noch zu kurz. So viel aber ist sicher: Wer Ungers' System anerkennt, muss in Bewunderung verfallen, gar vor Ehrfurcht erstarren. Doch der gnadenlose Ordnungswille des Architekten gibt dem 63 Millionen D-Mark teuren Bau, der mehr als 3 400 Quadratmeter Ausstellungsfläche verfügt, auch etwas Abstraktes, Lebloses, Vergeistigtes. Als Preis von so viel Vollkommenheit droht Langeweile. So ist die Kunst als „Störfaktor" gefordert: Sie muss dem Haus das Leben einhauchen.

CIAO, CAMPI

Comeback im Funkhaus: ein Beitrag zur Entbunkerung der Anstalt

Campi ist wieder da. Pierluigi, genannt „Gigi", Campi, der Gastronom. Der umtriebige Italiener, 1928 als Sohn eines vor den Faschisten geflohenen Politikers am Kleinen Griechenmarkt geboren, ist eine Legende in der Stadt. Das Eiscafé, das der studierte Architekt und passionierte Jazzimpresario, gemeinsam mit seiner Mutter Gennarina, 1948 auf der Hohe Straße 134 b eröffnete, wurde zu dem Szenetreff im Rheinland. Die junge Romy Schneider schlotzte hier Himbeereis; Maria Callas bestellte immer Zitronenmilch zum Kaffee; Cage, Boulez und Stockhausen diskutierten hier ebenso wie Adorno, Metzger und Helms oder Grass, Bender und Böll, dem, als er noch arm und unbekannt war, der Chef oft den Kuchen zusteckte, der bis zum Abend nicht verkauft war. Brandt und Wischnewski stärkten sich im „Campi" für den Wahlkampf; Caterina Valente setzte sich ins Fenster und verursachte einen Menschenauflauf; Duke Ellington und Louis Armstrong waren zu Gast; auch alle italienischen Ministerpräsidenten kamen mindestens auf einen Espresso vorbei; Beuys und Vostell trafen sich hier mit Chargesheimer, der sie alle fotografiert hat; Kenny Clark und Francy Boland hat Gigi hier miteinander bekannt gemacht. Tempi passati! Goldene Erinnerungen, in denen manche Kölner heute noch schwelgen. Denn als Campi das „Campi" Ende 1980 aufgab, starb ein Stück Stadtkultur, heute ist, als wollte er deren Niedergang plakatieren, „Burger King" in dem Haus. Campi, der 1981 nach Mailand ging, um am Domplatz eine Konzertagentur zu betreiben, musste bald erkennen, dass das „der größte Fehler meines Lebens" war. Vier Jahre später saß er wieder in Köln, richtete den Alten Wartesaal im Hauptbahnhof her und am Frankenturm ein Restaurant ein. Seine große Zeit aber war vorbei. Auch mit seinem neuesten Engagement wird sie, und das weiß er, nicht wiederaufleben, einen Akzent von

Urbanität aber hat er schon wieder gesetzt. Am Wallrafplatz hat er, unter dem Dach des WDR, „Campi im Funkhaus“ eröffnet, und damit, zumindest äußerlich, einen Beitrag zur „Entbunkerung“ des Senders geleistet: Wo dieser früher eine von muffigen Gardinen abgeschottete Teestube unterhielt und seinen Mitarbeitern Kohl und Kartoffelsalat vorsetzen ließ, ist mit dem Segen der Denkmalpflege ein Restaurant von gediegener Schlichtheit entstanden, das im Innern mit „Stachelbeerleuchten“, den Wandgemälden von Anton Wolff und einer in drei Farben gestäbten Decke einladend vorführt, wie alles andere als piefig die Fünfzigerjahre auch gewesen sind, und mit seiner nun großzügig genutzten Durchfensterung dem Platz eine neue Dynamik verleiht. So schön wie er, gleich neben dem Dom und am Eingang der Hohe Straße gelegen, sein könnte, aber ist der Wallrafplatz deshalb noch lange nicht, zu reklamelaut sind viele Fassaden, zu schäbig der Plattenbelag. Die Stadt hat kein Geld, daran etwas zu ändern, doch Campi die Idee, wie der Platz mit neuen Steinen, auf denen sich deren Sponsoren verewigen könnten, neu zu gestalten wäre. So könnte aus dem öffentlichen Abraum eine attraktive Piazzetta werden und Köln, zumindest am Wallrafplatz, schon bald so aussehen, wie es sich selbst gerne sieht: als nördlichste Stadt Italiens.

SENDERS FLUCHTBURG

Boutiquen-Expressionismus: die WDR Arkaden
von Gottfried Böhm

Als „heiliger Lärmkotzer“ ist der Bauherr in die Literatur eingegangen: „und der WDR / unverkennbar / baut er ewig für ewig / das hat er vom Dom gelernt / die Baukräne des WDR / gehören zum Stadtbild / wie früher / bevor die Preußen kamen / die des Doms“, schreibt Heinrich Böll in seinem Gedicht „Köln III – Spaziergang am Nachmittag des Pfingstsonntags 30. Mai 1971“. Im rastlosen Stakkato eines

Reporters registriert und kommentiert der Autor die sich verändernde Silhouette seiner Heimatstadt, wobei gleich zwei Strophen auf den Westdeutschen Rundfunk als Bausünder verwendet. Schließlich begehen dessen Archiv- und dessen Vier-Scheiben-Haus, das 1970 acht Stockwerke hoch an den Appellhofplatz geklotzt wurde, zwei der schmerzlichsten Maßstabsbrüche der Kölner Altstadt.

Ähnliches lässt sich dem benachbarten Quartier, wo der WDR erst kürzlich seine Baukräne abgeschlagen hat, nicht nachsagen. Denn hier hat der Sender ein schon zur Römerzeit bebautes Areal, das – bis auf einen schmalen Rand – seit Kriegsende brachgelegen hatte, mit einem äußerlich unruhig gestalteten Gebäudegebirge aus Glas wiederbelebt, das mit der abweisenden Strenge des Verwaltungshochhauses kontrastiert. Von dort herübergezogen sind etwa dreihundertfünfzig Mitarbeiter des Senders, neben Justitiariat, Bibliothek, Pressestelle, Kantine und einem ‚gläsernen' Studio auch die Intendanz und die Fernsehdirektion. Ein programmatischer Wechsel: Statt weiter hoch über den Dächern der Stadt zu thronen, versucht die Anstalt des öffentlichen Rechts ihrem kommunikativen Auftrag auch in den Baulichkeiten zu entsprechen und Offenheit und Transparenz zu demonstrieren.

Architekt der WDR Arkaden ist kein Geringerer als Gottfried Böhm. Mit dem durch seine Verschachtelung überinstrumentiert wirkenden Ensemble, das den rechten Winkel immer wieder konterkariert, gelingt es ihm einmal mehr, dem akademisch geprägten Rationalismus spöttisch Paroli zu bieten und auf Schritt und Tritt mit Überraschungen aufzuwarten. Doch von der skulpturalen Wucht und suggestiven Schroffheit, welche die besten Bauten des gelernten Bildhauers auszeichnen, ist nicht mehr viel zu spüren. Unterstützt von modischen Applikationen und rotbemalten Betonstützen, dekorativen Glasbausteinen und spiegelnden Scheiben, ist die plastisch ausgeformte Expressivität auf Boutiquen-Gefälligkeit geschrumpft. Eine Art Dekonstruktivismus aus Betonfertigteilen.

Als Folge einer exzessiven Abstandsflächen-Akrobatik zeigt die innerstädtische Passage, die sich von sieben auf vier Stockwerke abstuft, von jeder Seite ein anderes Gesicht: Zur Tunisstraße treten die einzelnen Büros so aufdringlich aus der Flucht, dass sie wie aufeinandergestapelte Container aussehen. Dagegen gibt sich die Fassade zur Breite Straße vergleichsweise harmlos, während sie zur Straße Auf der Ruhr mit Terrassengeschossen abschließt und in der Elstergasse eine abweisende Glätte bevorzugt. Über den beiden Eingängen auf den Ecken zur Breite Straße zeigt der Sender, der gut die Hälfte der dreißigtausend Quadratmeter Bruttogeschossfläche selbst nutzt, Flagge: einmal mit einer Videoleinwand, über die Nachrichten und Programmhinweise flackern, zum anderen mit aufgesetzten Funkwellen aus blauen Neonröhren, die nachts in die Stadt blinken.

So transparent sich das 110-Millionen-D-Mark-Projekt äußerlich gibt, die Einkaufszeilen der Y-förmigen Passage, in der sich im Erd- und Untergeschoss 23 Geschäfte und Lokale, darunter auch ein Postamt befinden, wirken ziemlich duster. Ihren runden Lichthof beherrscht ein neuwild bemalter Schmetterlingsbrunnen von zwölf Metern Höhe, dessen Farben sich in den Prismen der Außenfassaden der Büros spiegeln. Größer als unten sind die Verweilangebote oben, wo Galerien und Terrassen, Vorsprünge und Balkone sich zu einer großzügigen und reizvoll gestaffelten Dachlandschaft verbinden, die freilich nur den Mitarbeitern des WDR offen steht. Gerade die Betonung kommunikativer Qualitäten aber drängt die Frage auf, wie sich das aufgeregte Sammelsurium von Formen und Farben zur Stadt verhält: Statt den öffentlichen Raum in sich hineinfließen zu lassen, schließt es sich fluchtburgartig von der Straße ab.

Aber es bedarf nur weniger Schritte, um sich, zwei Ecken weiter, der Bedeutung des Baumeisters zu versichern: Die kleine Kapelle an St. Kolumba, entstanden 1950, begründet zu Recht seinen Ruhm. Fast ein ganzes Architektenleben liegt dazwischen.

Personenregister

Verzeichnis der Erstveröffentlichung

Die Beiträge dieses Buches sind, bis auf wenige Ausnahmen, zuerst im Feuilleton der *Frankfurter Allgemeinen Zeitung* erschienen und wurden für diese Veröffentlichung vom Autor durchgesehen. Manche Überschriften wurden verändert, manche redaktionellen Kürzungen zurückgenommen.

STÄDTEQUIZ. Kleine Chronik eines Museumsbaus. FAZ (Feuilleton), 7.1.2010.

KONRAD ADENAUER. So sehen sie den Alten gern. Ein Denkmal für Konrad Adenauer an der Kirche St. Aposteln. FAZ (Politik), 12.8.1995.

ALBERTUS MAGNUS (UNIVERSITÄT). Onkel Albert ist für alle da. Murks mit Marcks: Wie dem Denkmal von Albertus Magnus mitgespielt wird. FAZ (Feuilleton), 5.11.1997.

ALDI. Raus aus der Hundehütte. Spieglein, Spieglein am Straßenrand: Ein glänzender Aldi-Markt in Ossendorf. FAZ (Feuilleton), 18.9.2014.

ARCHIV (1). Der Preis der U-Bahn. Der größte anzunehmende Unfall: Was ist aus dem Schutt des Historischen Archivs zu retten? FAZ (Feuilleton), 5.3.2009.

ARCHIV (2). Zettels Trauma oder Wenn Papier um Hilfe schreit. Fetzen, Brösel, Schutt: Sechs Wochen nach dem Einsturz entsteht eine Notfallambulanz für Archivalien. Ein Besuch im zerstörten Gedächtnis der Stadt. FAZ (Feuilleton), 14.4.2009.

ARCHIV (3). Mit Bergbaurichtlinien wäre das nicht passiert. Der Einsturz des Historischen Archivs fordert Konsequenzen in den Verantwortlichkeiten und der Verwaltungsorganisation. FAZ (Feuilleton), 23.6.2009.

ARCHIV (4). Eine Walze ist über uns gerollt. Als das Historische Archiv einstürzte, konnte sich Alfred Kotthoff in letzter Sekunde retten. Auch fünf Jahre später ist er noch nicht in einem neuen Leben angekommen. FAZ (Politik), 1.3.2014.

ARCHIV (5). Ein Bild der Stadt. Acht Jahre danach: das Archiv als Spiegel der Kommunalpolitik. FAZ (Feuilleton), 3.3.2017.

BAPTISTERIUM. Unortswandel. Vom Schandfleck zum Straßenmuseum. FAZ (Feuilleton), 6.4.2016.

BELVEDERE. Endstation? Deutschlands ältestes Bahnhofsgebäude verfällt in Müngersorf. FAZ (Feuilleton), 10.9.2011.

WALTER BOCKMAYER (1). Bizet zeigt Bizeps. Klapperndes Mundwerk: „Carmen" auf Kölsch. FAZ (Feuilleton), 31.10.1995.

WALTER BOCKMAYER (2). Dschungel alaaf! Kölscher geht's nicht: „Tarzan – wo die Datteln rappeln". FAZ (Feuilleton), 9.4.1997.

BÖHM CHAPEL. Fünf Bilder und kein Halleluja. Der Galerist Rafael Jablonka hat in Hürth eine Kirche des Architekten Gottfried Böhm erworben. FAZ (Feuilleton), 24.12.2010.

BRESLAUER PLATZ. Hinter dem Bahnhof ist vor dem Bahnhof. Abschied vom Hinterhof: ein zweites Entree in die Stadt. FAZ (Feuilleton), 3.5.2013.

DESERTEUR-DENKMAL. Der Horizont ist offen. Baldachin aus Buchstaben: das erste Denkmal für Deserteure. FAZ (Feuilleton), 3.9.2009.

DEUTZ. Fundort Fabrik. Im Dornröschenschlaf: eine Industriehalle des Jugendstil-Architekten Bruno Möhring. FAZ (Feuilleton), 4.6.2003.

DISCH-HAUS. Schiffsbug im Häusermeer. Wieder frisch: das Disch-Haus. FAZ (Feuilleton), 14.8.2008.

DOM (1). Die Wucht am Rhein. Der Dom war von Anfang an mehr als nur ein Gotteshaus: Monument für den politischen Machtanspruch der Erzbischöfe, Nationaldenkmal, Einheits-, Friedens- und Fortschrittssymbol. Doch wofür steht er heute? FAZ (Reiseblatt), 7.9.2017.

DOM (2). Verrufnummer. Woran jedes Telefonat mit der Hohen Domkirche erinnert. FAZ (Feuilleton), 13.11.2002.

DOM (3). Die Domplombe. Nach sechzig Jahren wird die Kriegswunde geheilt. FAZ (Feuilleton), 16.1.2004.

DOM (4). Die Kreuzblume. Gemütswert geht über Kunstwert. FAZ (Feuilleton), 12.12.2015.
DOM (5). Dom-Farben. Gerhard Richters Entwurf für das Fenster im südlichen Querhaus. FAZ (Feuilleton), 29.7.2006.
DOM (6). Bildlos geistig. Das Fenster von Gerhard Richter wird geweiht. FAZ (Feuilleton), 27.8.2007.
DOM (7). Geschwürfel. Außen keine Zierde, innen strahlende Pracht: die neue Schatzkammer. FAZ (Feuilleton), 21.10.2000.
EHRENFELD. Die Kreativen sind die legitimen Nachfolger der Handwerker. Ehrenfeld ist bunt, lebendig, angesagt – und trotzt im Wandel der Gentrifizierung. FAZ (Feuilleton), 26.11.2011. Erweiterte und aktualisierte Fassung: Ehrenfeld – im Wandel der Gentrifizierung? in: Peter Rosenthal, Hg., Venedig ist auch nicht viel größer als Ehrenfeld, Verlag der Buchhandlung Walther König, Köln 2017, S. 26-32.
FARINA. Ode à Cologne. Wo Köln an der Nase herumführt: „Farina gegenüber" ist die älteste „Parfum Fabrik" der Welt. Frankfurter Allgemeine Sonntagszeitung (Politik), 12.7.2009.
1. FC KÖLN. 1. FC Dom. Doppelpass zwischen Kickern und Kirche. FAZ (Feuilleton), 26.8.2016.
FLÜGELAUTO. Der Künstler, der allen den Vogel zeigt. Und auch im Wahlkampf mitmischen muss: H. A. Schult. FAZ (Politik), 1.9.2000.
HEUMARKT. Eis-Zeit. Der Dom der Schlittschuhläufer. FAZ (Feuilleton), 10.4.2001.
KALK. Kulturpolitik mit der Abrissbirne. Kunstquartier, Stadtteilentwicklung, Denkmalpflege: Mit der Zerstörung der Halle Kalk bringt sich die Stadt um große Chancen und belastet die Beziehung zur Ludwig-Stiftung. FAZ (Feuilleton), 22.4.2015.
KINDERKULTURHAUS. Kaaba der Südstadt. Die Feuerwehr ist ausgerückt: In die Wache zieht die Comedia. FAZ (Feuilleton), 2.9.2009.
KÖLNARENA. Wo ein Himmelsbogen zum Henkelmännchen wird.

Sport, Spiel, Spaßvergnügen: Der Architekt Peter Böhm baut die größte Mehrzweckhalle in Deutschland. FAZ (Feuilleton), 30.11.1998.

KÖLNER VERKEHRS-BETRIEBE (KVB). Kohlhaas heute. Der Schwarzfahrer als Sympathieträger. FAZ (Feuilleton), 26.4.2001.

KOLUMBA. Die Kunst der Fugenlosigkeit. Ziegel, Licht und der Triumph der „slow architecture": Peter Zumthor baut das Museum des Erzbistums. FAZ (Feuilleton), 15.9.2007.

KARL KÜPPER. Konfetti-Platz. Späte Ehrung für den anderen Büttenredner. FAZ (Feuilleton), 28.4.2015.

IRENE LUDWIG. Das Vermächtnis. Spektakulär: Irene Ludwig beschenkt die Kunststadt. FAZ (Feuilleton), 31.3.2011.

MARIENBURG. Altes Geld. Neben der Denkmalplakette hängt „Securitas": Auf der Marienburg, der Gartenstadt der Gutbetuchten, joggen hohe Tiere aus Sport und Politik gemeinsam. FAZ (Feuilleton), 23.10.2009.

FRIEDHELM MENNEKES. Zwar verrückt, aber katholisch. Von der Kunst zum Glauben: der Jesuit mit den zwei Gemeinden. FAZ (Feuilleton), 1.7.2008 und 1.3.2010.

WILLY MILLOWITSCH (1). Zum Ruhm des kölschesten aller Kölner. Zogehürig seit neunzig Jahren und aller Gegner ledig: Die ganze Stadt feiert den Geburtstag des Volksschauspielers. FAZ (Feuilleton), 8.1.1999.

WILLY MILLOWITSCH (2). Schilder-Schilda. Ecke St. Apern und Breite Straße wird ein Platz nach dem „leeve Jung" benannt. FAZ (Feuilleton), 24.8.2013.

MOSCHEE (1). Mit den Türmen siegt die Tradition. Ist die Moschee von gestern, bevor sie gebaut wird? FAZ (Feuilleton), 13.8.2007.

MOSCHEE (2). Neubauruine. Ist die Moschee schon ein Sanierungsfall? FAZ (Feuilleton), 25.8.2014.

MUSICAL DOME. Blaue Beule: ein Anschlag auf die Stadtsilhouette. FAZ (Feuilleton), 14.11.1996.

PETER NEUFERT. Das ist die verrückte Welle. Großform und Gesamtkunstwerk: „Haus X1“ in Hahnwald. Zeitschrift A & W, Architektur & Wohnen, Hamburg, Ausgabe 5/2014 Oktober–November, S. 96–108.

NEUMARKT. Hörnchen aufsetzen. Laden-Hüter der Pop-Art: die Eistüte von Claes Oldenburg auf der Neumarkt-Galerie. FAZ (Feuilleton), 6.1.1999.

OPER UND SCHAUSPIEL. Sturheit ist kein guter Städtebauer. In den Sechzigerjahren wurde die Trias Oper, Schauspiel und Opernterrassen zum Wahrzeichen der Nachkriegsmoderne. FAZ (Feuilleton), 10.4.2010.

OPERNHAUS. Ortstermin Offenbachplatz. Peter Zumthors Laudatio wird zur Liebeserklärung. FAZ (Feuilleton), 25.9.2006.

PATERNOSTER. Sicher ist sicher. Der Dauerläufer vom Wallrafplatz. FAZ (Feuilleton) vom 12.6.1993.

PRAETORIUM. Aus Stiefelchen wurde Augustus. Klein-Pompeji: mit dem Fahrstuhl in die Römerzeit. FAZ (Feuilleton), 30.12.2004.

RATHAUS. Kurvenkür des Zeitgeistes. So rund liefen die Fünfzigerjahre: Der Spanische Bau des Rathauses ist restauriert. FAZ (Feuilleton), 24.4.2004.

RAUTENSTRAUCH-JOEST-MUSEUM. Das Geheimnis hinter den Gegenständen. Das Kulturquartier am Neumarkt öffnet seine Tore. FAZ (Feuilleton), 23.10.2010.

RHEINHALLEN. Kahlschlag. Was von der alten Messe übrigbleibt. FAZ (Feuilleton), 30.6.2006.

RHEINPARK. Café mit Aussicht. Runde Formen, bunte Farben: Im Rheinpark wird ein Architekturjuwel der Fünfzigerjahre instandgesetzt. Frankfurter Allgemeine magazin, Mai 2017, 13.5.2017.

ROMANISCHE KIRCHEN. Auferstanden aus Ruinen. Wundersamerweise gerettet: der Kirchenkranz um den Dom. FAZ (Redaktionsbeilage XX. weltjugendtag 2005 in Köln), 15.8.2015.

RUHENDER VERKEHR. Trittbrettparker. Blitz-Aktion: Der Bananensprayer trifft Wolf Vostell. FAZ (Feuilleton), 16.3.1993.

SCHOKOLADENMUSEUM. Das Mmmuseum. FAZ (Feuilleton), 8.12.1993.

RUDOLF SCHWARZ. Es gibt keine neue Architektur. Die Aktualität des Unzeitgemäßen: über den demütigen Baumeister Rudolf Schwarz. FAZ (Feuilleton), 31.7.1997.

SCHWEBEBAHN. Wo der stahlharte Drachen schlüpfte. Die Schwebebahn fuhr zuerst in Deutz. FAZ (Feuilleton), 1.12.2003.

SKULPTURENPARK. Landnahme für die Kunst. Rübennase in die Luft, Ohren zu und Augen auf: Der Skulpturenpark im Grüngürtel. FAZ (Feuilleton), 10.8.1998.

STAMMHEIM. Aus weniger wird mehr. Es geht auch anders: Die Immanuel-Kirche von Sauerbruch Hutton. FAZ (Feuilleton), 1.11.2013.

TANKSTELLE. Wo der Sprit wieder sprudelt. Wie eine Tankstelle in Kalk als Baudenkmal gerettet wurde. FAZ (Feuilleton), 8.7.2000.

THEATER AM SACHSENRING. Dufte! Wie sich ein Kleintheater neue Finanzierungsquellen erschließt. FAZ (Feuilleton), 25.9.2014.

UBIERMONUMENT. Die erste Macht am Rhein. Dem Soliden, Schönen, Zweckmäßigen: ein unterirdischer Turm. FAZ (Reiseblatt), 24.3.2016.

OSWALD MATHIAS UNGERS. Reine Formsache. Theoriegebäude: ein Gästehaus von Oswald Mathias Ungers in Müngersdorf. FAZ (Feuilleton), 25.4.2007.

ST. URSULA. Theater der Knochen. Glaube und Geschäft: Die wundersame Reliquienvermehrung in der Kirche St. Ursula. k.west, Magazin für Kunst, Kultur, Gesellschaft. Essen, Heft 4/2018.

WALLRAF RICHARTZ MUSEUM. Die Perfektion und ihr Preis. Ein strenges Gehäuse, dem die Kunst Leben einhauchen muss: das Wallraf Richartz Museum von Oswald Mathias Ungers. FAZ (Feuilleton), 18.11.2000. Erweiterte Fassung in: Museumskunde, Band 66. Berlin, 1/2001, S. 113-116.

WDR. Ciao, Campi. Comeback im Funkhaus: ein Beitrag zur Entbunkerung der Anstalt. FAZ (Feuilleton), 12.9.1997.

WDR ARKADEN. Senders Fluchtburg. Boutiquen-Expressionismus: die WDR Arkaden von Gottfried Böhm. FAZ (Feuilleton), 19.2.1997.

Abbildungsverzeichnis

Andreas Rossmann, geboren 1952 in Karlsruhe, war von 1986 bis 2017 Feuilletonredakteur der *Frankfurter Allgemeinen Zeitung* und Kulturkorrespondent in Nordrhein-Westfalen mit Sitz in Köln. Veröffentlichungen u.a.: *Max Ernst Museum* (2005); *Der Rauch verbindet die Städte nicht mehr – Ruhrgebiet: Orte, Bauten, Szenen,* Fotografien von Barbara Klemm (2012); *Mit dem Rücken zum Meer – Ein sizilianisches Tagebuch,* Fotografien von Barbara Klemm (2017). Journalistenpreis des Deutschen Nationalkomitees für Denkmalschutz 2000, Erster Preis beim Wettbewerb des Forums Geschichtskultur an Ruhr und Emscher 2014.

Manfred Wegener, geboren 1951 in Arnsberg, lebt seit 1973 in Köln und arbeitet seit 1983 bei der *StadtRevue*. Das Kölner Sportmuseum zeigte 2006 eine große Ausstellung mit seinen Aufnahmen deutscher Fußball-Arenen, die er für sport-ARD.de gemacht hatte. Im Jahr 2008 erschien der Band „Schöne Aussichten. Köln fotografiert von Manfred Wegener" im Emons Verlag. Wegener veröffentlichte in zahlreichen Büchern, darunter „Köln nach dem Krieg", „Kinos in Köln", „Der Eigelstein", und Zeitschriften.
www.foto-wegener.de

Für Hilfe und Hinweise danke ich Anja Blöcher, Christian Deppe, Axel Föhl, Andrea Hummerich, Liesel (†) und Olaf Jacobsen, Dr. Rolf Lauer, Erich Rossmann (†)

Impressum

1. Auflage 2020

Korrektur: Ines Dickmann, Köln
Gestaltung: Harald Pridgar, Frankfurt a.M.
Herstellung: DZA Druckerei zu Altenburg

Erschienen im
Verlag der Buchhandlung
Walther König, Köln
Ehrenstraße 4, 50672 Köln
Tel. +49 (0)221/20 59 6-53

Bibliografische Information der Deutschen Nationalbibliothek:
Die Deutsche Nationalbibliothek verzeichnet diese Publikation in der Deutschen Nationalbibliografie; detaillierte bibliografische Daten sind im Internet über http://dnb.dnb.de abrufbar.

Printed in Germany

ISBN 978-3-96098-727-7

Andreas Rossmann:
Der Rauch verbindet die Städte nicht mehr – Ruhrgebiet: Orte, Bauten, Szenen

Mit Fotografien von Barbara Klemm und einem Vorwort von Karl Ganser. Verlag der Buchhandlung Walther König, Köln 2012, 2. Auflage

264 Seiten mit 25 ganz- bzw. doppelseitigen Schwarz-Weiß-Abbildungen, Personen- und Institutionsregister, Fadenheftung

ISBN 978-3-86335-179-3
14,80 €

Andreas Rossmann:
Mit dem Rücken zum Meer
Ein sizilianisches Tagebuch

Mit Fotografien von Barbara Klemm. Verlag der Buchhandlung Walther König, Köln 2017, 2. Auflage

200 Seiten mit 43 ganz- bzw. doppelseitigen Schwarz-Weiß-Abbildungen, Personen- und Institutionsregister, Fadenheftung

ISBN 978-3-96098-174-9
18,00 €